Duanna Mund

Circuito grande
Chile / Argentinien / Bolivien

Poesie des Reisens

AF236739

Aus der Reihe

Poesie des Reisens

Band 2

Duanna Mund

# Circuito grande

## Poesie des Reisens

**Chile**
**Argentinien**
**Bolivien**

BoD

Bibliographische Information Der Deutschen Bibliothek:
Die Deutsche Bibliothek verzeichnet diese Publikation in
der Deutschen Nationalbibliographie; detaillierte bibliographische Daten sind im Internet über *http://dnb.ddb.de* abrufbar.

© 2020 Duanna Mund
Umschlaggestaltung: Duanna Mund
Bildnachweise: © Birgit und Franz Winkler

Herstellung und Verlag: BoD- Books on Demand, Norderstedt
ISBN: 9783751952378

# Inhaltsverzeichnis

# Das Buch ist eine Verlängerung
## des Gedächtnisses und der Vorstellung

Jorge Luis Borges

# Vorwort
## (eine kleine Reisephilosophie)

In vorliegender Erzählung gibt es ein **Wir**, ein **Wann**, ein **Wie**, ein **Warum** und **Was**; Fakten und Fragen, auf die ich am Beginn meines Buches eingehen möchte.

Ist in der Folge vom **Wir** die Rede, meint es mich, die Icherzählerin, und den verlässlichen Partner, meinen Ehemann Franz.

Das **Wann** bezieht sich auf die Monate um den Jahreswechsel 2019/20, einen Zeitraum, der in so mancher Hinsicht als Wendepunkt empfunden werden kann. Politischer Umbruch, klimatologische Zuspitzung und die dunklen Vorboten der nahenden Corona-Krise waren Zeichen eines Wandels, der alle Menschen des Erdkreises erfasste und berührte. Das Wann bezieht sich zudem auf die Jahreszeit, die hellen Tage und erwachende Natur des Südsommers, der in weiten Teilen meiner Erzählung Niederschlag findet.

Das **Wie** bezieht sich auf die Fortbewegung als Individualreisende. In einem seiner Reiseführer bezeichnet der in Wien lebende, bulgarische Schriftsteller Ilija Trojanow die Reisegruppe treffsicher als wandelndes Ghetto. Wenngleich ich mich nicht als Backpacker im eigentlichen Sinne verstehe, da ich aufgrund meines jugendfernen Alters lieber aus Koffern denn aus Rucksäcken lebe, teile ich Trojanows Ansicht uneingeschränkt. Obwohl ich regelmäßig am vielgepriesenen ‚leichten Gepäck‘ scheitere, schaffe ich es zumindest in regelmäßigen Abständen, mein altes Leben abzustreifen und mit einer Leichtigkeit aufzubrechen, die etwas von einem luftigen Befreiungsschlag hat. Meine Reisen sind zwar akribisch durchgeplant (ein Zugeständnis an Sicherheit, Bequemlichkeit und begrenztes Zeitbudget), dennoch halte ich Ängstlichkeit, starre Erwartungen, klimatisierte Reisebusse, sterile Hotelanlagen, touristische Hauptschlagadern und Zeitnot für die wahren Hindernisse intensiven Erlebens. Wer genau das erfährt, was er sich zu Hause vorgenommen hat, wessen geplanter Ablauf durch nichts ins Wanken gebracht wird, ist unterwegs, ohne sich

11

auf eine Ortsveränderung im geistigen Sinn einzulassen. Ich positioniere mich somit in einem Diskurs, der sich um eine persönlich gewinnbringende und verantwortungsvolle Reise-Ethik entzündet. Dies leitet zur nächsten Frage über, zu meinem **Warum**.

In Zeiten wie diesen komme ich als Flugreisende schon einmal in Erklärungsnot, treibe ich mich doch ohne zwingenden Grund in den entferntesten Gegenden der Erde herum. Jeder Winkel unseres Planeten ist vielfach im Internet abrufbar, in schwelgerischen Universum-Ausstrahlungen zu bewundern und dank umfassender Sachsendungen dokumentiert. Vorhaltungen, ich solle lieber meine Heimat erforschen, paaren sich mit Erlebnis-Neid und ökologischer Schuldzuschreibung. Wer den Grünen See nicht durchschwommen hat, dem fehle die Daseinsberechtigung in irgendeinem tropischen Meer. Der Eisenerzer Reichenstein weite den Blick ebenso wie ein Andengipfel. So oder ähnlich tönt neuerdings ein patriotisch-ökologischer Gegenwind, der mich nicht unberührt lässt. Mein soziales Gewissen krümmt sich zudem unter der Tatsache, dass ich ich mich im Reisen in der Regel als Begüterte unter Ärmeren bewege und in diesen das verständliche Bedürfnis nach gleichberechtigter Teilhabe am Wohlstand nähre.

Dennoch bleibe ich eine Globetrotterin aus Leidenschaft. Reisen ist eine Kulturtechnik, die erlernt sein will und bei jedem Aufbruch verfeinert werden muss. Reisen gleicht einem Sprung ins Ungewisse und ermöglicht mir den Blick über den eigenen Tellerrand. Erstaunlicherweise begegne ich gerade in der Ferne auf geheimnisvolle Weise mir selbst. Jeder Aufbruch hat somit auch meine eigene Transformation zum Ziel.

**Was** tue ich auf meinen Reisen? **Was** tun sie mit mir? Tatsache ist, dass meine Erlebnisse in Bücher fließen, ein untrügliches Zeichen dafür, welch tiefe Inspiration ich aus meinen Erlebnissen beziehe. Was ich an einem Ort mache, lässt sich relativ leicht beschreiben. Anders sieht es aus, wenn ich auszudrücken versuche, was ein Ort in mir bewirkt. Einer Landschaft, die mich beeindruckt, stelle ich zwei Fragen. Die eine: Was erfahre ich hier, was ich nirgendwo sonst erfahren kann? Die andere: Was weiß dieser Ort von mir, was mir selbst noch verborgen geblieben ist? Dieser zutiefst animistische Zugang im Erleben bildet eine Klammer um mein Tun. Wenngleich ich auf die Frage, was mich die Natur lehrt, wohl keine kognitive Antwort erwarten kann, stelle ich sie dennoch immer wieder. Vielleicht versuche ich mich im Niederschreiben meiner Reiseerlebnisse einer intuitiven Antwort anzunähern.

‚Man sieht nur, was man weiß', lautet ein bekanntes Goethe-Zitat, das in diametralem Widerspruch zu der provokanten Ergänzung steht ‚und übersieht alles andere'. Erfahrung braucht eine gewisse Unschuld, insofern sind Reiseführer Segen und Fluch zugleich. Circuito grande enthält scheinbar Banales wie hochdramatisch Empfundenes, keine umfassende Reiseanleitung, eher die Aufforderung, mitzustaunen. Als konsequent geführtes Tagebuch liegt seine Stärke im unmittelbaren Erleben. Niemals hätte es von zu Hause aus geschrieben werden können.

Ich lade Sie ein, Sachlichkeit und Sinnlichkeit der folgenden Seiten zu genießen. Auf eine intime Art kommuniziere ich in diesem Buch mit einem Gegenüber, das sich mir vor allem in der Natur erschließt. Meine Empathie für Land und Leute drückt sich in poetischer Sprache wohl am besten aus.

Duanna Mund

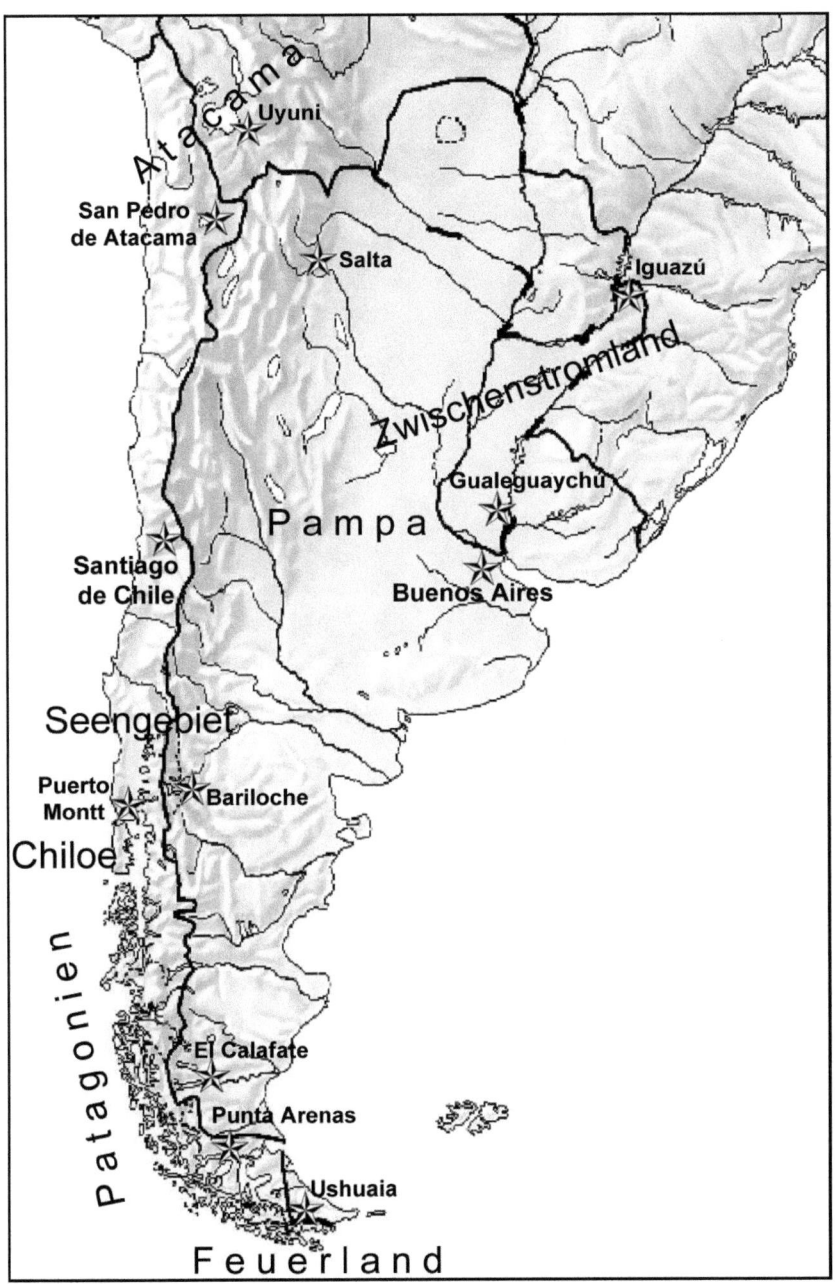

Atacama

Uyuni

San Pedro
de Atacama

Salta

Iguazú

Zwischenstromland

Gualeguaychú

Pampa

Santiago
de Chile

Buenos Aires

Seengebiet

Puerto
Montt

Bariloche

Chiloe

Patagonien

El Calafate

Punta Arenas

Ushuaia

Feuerland

# Santiago de Chile und Umgebung

# Auf Stahlflügeln ins Land der Kondore
## Santiago 1

Reisefieber? Freudige Erwartung? Endlich-so-weit-Gefühle? Wären wir in der Lage, uns auf den Schwingen des Kondors zu erheben, um in Richtung Anden aufzubrechen, gelänge es wohl, den Moment zu würdigen, in dem ein Jahr akribischer Vorbereitung und Wunschdenkens in reales Erleben übergehen. Die Wirklichkeit des Aufbruchs ist immer ernüchternd und von unbequemen Sachzwängen beherrscht. Die ineinander verzahnten Anschlussflüge in Frankfurt und Sao Paulo klappen wie am Schnürchen. Nach mehr als 12 Stunden Anreise überfliegen wir das weite Längstal zwischen Küstenkordillere und Andenhauptkette. Letztere gipfelt im Südosten von Santiago im 6.961 Meter hohen Aconcagua. Unter uns liegt die einem Kraken mit unzähligen Fangarmen gleichende Hauptstadt. Der bunte Flickenteppich des Häusermeeres wird nur von den Glasklötzen des Business-Distrikts unterbrochen. Wir lassen die Einreiseformalitäten in Santiago de Chile über uns ergehen und werden mit der PdI, einem Dokument der Policía de Investigaciones, in die südamerikanische Freiheit entlassen. Mit dem öffentlichen Flughafenbus und der U-Bahn geht es zu unserem Appartement Miguel Claro 730 in der Remodelacion San Borja, einem ruhigen Wohnbezirk nahe der Innenstadt.

Schon auf dem 10-minütigen Fußweg von der U-Bahn-Station zu unserer Wohnung fällt auf, dass sich die Stadt in einem Ausnahmezustand befindet. Die Glasscheiben der Geschäfte sind mit Blech und Spanplatten zugenagelt. Lediglich mannshohe und –breite Eingangsschlitze bleiben frei, um das Geschäft zwar am Laufen zu halten, die Verkaufsräume aber augenblicklich abzuriegeln, sobald die Aufstände gegen das Regime losgehen. Überall zerschmolzene Mistkübel, die offensichtlich in Brand gesetzt wurden, heruntergerissene Stromleitungen, zerschlagene Straßenlampen. Drei U-Bahnstationen im Innenstadtbereich sind geschlossen.

Weil auf den Straßen vorerst alles friedlich zu sein scheint, beschließen wir, die Vormittagsstunden zu nützen und brechen in Richtung Zentrum auf. Wir spazieren den Paseo Ahumada entlang, lassen uns vom Geschiebe der Menschen tragen. Eine artistische Gruppe von Perkussionisten sorgt für ohrenbetäubende Unterhaltung. Die jungen Männer stauen mit ihren umgeschnallten Trommeln ausgeklügelte Choreografien aus Schrittkombinationen und atemberaubenden Drehbewegungen den Menschenstrom. Etwas verunsichert umklammern wir unsere Fotoapparate.

Die Plaza de Armas ist ein weiter, viereckiger Platz mit prächtigen Blauglockenbäumen, europäisch anmutenden Häusern aus der Gründerzeit und einem Standbild des Stadtgründers Pedro de Valdivia. Eine weitere Statue zeigt als Allegorie der indigenen Völker Chiles ein indianisches Haupt. Die Catedral Metropolitana sowie die Hauptpost Correo Central fügen sich in das mondän wirkende Gesamtbild. Nahezu alle zentralen Plätze der lateinamerikanischen Städte weisen einen rechteckigen Grundriss auf, sind raumfüllend und tragen den Namen Plaza de Armas. Ausladende Baumkronen spenden Schatten und sorgen im Frühling mit ihrem Blütenkleid für hübsche Farbakzente.

Straßenverkäufer gehen in der Calle Puente ihrem Schattengewerbe nach, stets bereit, vor der Polizei Reißaus zu nehmen. Weil Wachbeamte wegen der Demonstrationen an jeder Ecke zu finden sind, ist die Stimmung spürbar nervös. Der Mercado Central enttäuscht. Statt des erwarteten Marktgeschehens finden wir eine Fressmeile mit aufdringlichen Kellnern vor, die uns in ihre Lokale lotsen wollen. Erst als wir so tun, als gehörten wir zu einer Reisegruppe, können wir in Ruhe die luftige Eisenkonstruktion der Halle bestaunen, die im Jahr 1872 errichtet wurde. Gleich nebenan steht die noch beeindruckendere Eisen- und Glasarchitektur des ehemaligen Bahnhofs, der Estación Mapocho. Über die hübsche Cal-y-Canto-Brücke gelangen wir zum linksseitigen Ufer des Mapocho. Das lehmfarbene Rinnsal hinterlässt in seinem überdimensionalen, betonierten Flussbett einen kläglichen Eindruck.

Wir folgen dem Rat der Beamtin des Tourismusbüros, am

Nachmittag das Regierungsviertel und die Innenstadt zu meiden, und halten uns nun im Künstlerviertel Bellavista auf. Hier sollten wir nicht Gefahr laufen, in eine der Demonstrationen hineingezogen zu werden. Die kunstvollen Graffitis an den Hausfassaden der Santa Filomena begeistern uns. Weil das Stadthaus Pablo Nerudas, die „La Chascona", geschlossen ist, bleibt uns nichts anderes übrig, als uns mit einem Erinnerungsfoto von der Straße aus zu begnügen. Schade, denn im Haus befinden sich etliche Originale seiner Werke! Der Name La Chascona bezieht sich übrigens auf die Haare seiner dritten Frau Mathilde Urrutia und bedeutet Strubbelkopf. Nach dem Tod Nerudas wurde das Haus von Pinochets Militär verwüstet und die untere Etage geflutet. Wir trösten uns mit der Aussicht auf die Besichtigung einer der prunkvollen Villen des Dichters in Valparaiso und Isla Negra.

Auf dem Heimweg auf der Avenida Maria kommen uns tausende Fahnen schwingende Demonstranten entgegen. Wenngleich sie ihrem Zorn in Sprechchören Luft machen, wirken sie nicht sonderlich gewaltbereit. In der Zusammensetzung erinnert der Menschenstrom an die aktuellen Fridays-for-future-Demos zu Hause – viele junge Gesichter aber auch Männer und Frauen, die nun bereits seit Monaten nach Dienstschluss auf die Straßen gehen und gegen Neoliberalismus und die Auswüchse einer globalisierten Wirtschaft kämpfen.

# Chile despertó!
## Santiago 2

Bereits der zweite Tag unserer Reise verläuft anders als erwartet. Weil wir den Vormittag dazu benötigen, uns vom staatlichen Anbieter WOM den Internetzugang freischalten zu lassen, ist es anschließend zu spät, eines der Ausflugsziele des Umlandes anzufahren. Zähneknirschend beschließen wir, den Nachmittag über in der Hauptstadt zu bleiben.

Mit dem Vorsatz, vorsichtig zu sein, besuchen wir erneut die

Innenstadt. Die Iglesia San Francisco ist ein steinerner Bau in der Form eines lateinischen Kreuzes. Die kunstvoll geschnitzte Decke aus Holzintarsien bildet den schönsten Schmuck des im Übrigen schlicht wirkenden Gotteshauses. Der Kirche angeschlossen befindet sich ein ehemaliges Kloster, das heute zum Museo de Arte Colonial umgestaltet ist. Ein Kreuzgang führt um den Innenhof, der eher einem verwunschenen, tropischen Dschungel denn einer gepflegten Gartenanlage gleicht. In einem der klösterlichen Räumen kann man die Virgen del Socorro bestaunen, eine kleine Marienstatue, die der Stadtgründer Pedro de Valdivia stets am Sattelknauf seines Pferdes mit sich getragen haben soll. Ob deshalb seine kriegerischen Eroberungszüge vor seinem Christengott Vergebung fanden?

Ein weiterer Raum beherbergt die Nobelpreisurkunde der chilenischen Lyrikerin Gabriela Mistral aus dem Jahr 1945. Wie zeitlos Lyrik ist, zeigt sich an einem ihrer Gedichte, lässt diese sich doch problemlos auf die aktuelle Situation ihres Heimatlandes übertragen. In einfachen Worten, die einem Kinderlied entnommen sein könnten, sehnt sich die Dichterin in eine Welt, die, in einen paradiesischen Urzustand zurückgekehrt, allen gehört. Ich gebe die Zeilen in der deutschen Übertragung von Albert Theile wieder.

## Bitteres Lied

Spielen wir, komm, mein Kind,
König und Königin!

Dies grüne Feld ist dein.
Wem soll es sonst gehören?
der wogende Klee,
für dich muss er sich wiegen.
Dies ganze Tal ist dein.
Wem sollt' es sonst gehören?
Damit wir sie genießen,
werden Äpfel honigsüß im Hain.

Nein, nicht wahr ist's,
dass du frierst wie das Kind von Bethlehem,
dass deiner Mutter Brust
vor Schmerz versiegt!
Dem Schäfchen wächst die Wolle.
Für dich wird man spinnen das Vlies.
Dein sind die Herden, die Schafe.
Wem sollten sie sonst gehören?

Und die Milch im Stalle,
die in den Eutern fließt,
und die Garben des Korns –
wem sollten sie sonst gehören?
Nein, nicht wahr ist's,
dass du frierst wie das Kind von Bethlehem,
dass deiner Mutter Brust
vor Schmerz versiegt!

Ja, spielen wir, Kind,
König und Königin!

Gabriela Mistral

Die Nationalbibliothek an der stark befahrene Avenida Bernado O´Higgins, von den Städtern auch Alameda genannt, ist verbarrikadiert, der Sockel mit martialisch anmutenden Parolen beschmiert. ‚Sin justicia no paz‘ (‚Ohne Gerechtigkeit kein Friede‘) prangt es in roten Lettern vom Sockel des Gebäudes, gleich daneben Schmähschriften gegen Piñera, den Regierungschef, in denen ihm der Tod an den Hals gewünscht wird. Das Hochhaus auf der gegenüber liegenden Straßenseite zeigt deutlich die Spuren eines Brandes.

Vom grünen Cerro Santa Lucia nimmt sich die Stadt friedlich aus. Der Blick von oben auf das Häusermeer und die Berge ringsum ist beeindruckend und irgendwie tröstlich. Allerdings stehen wir hier auf dem Huelen der Mapuche. Der Name bedeutet Berg des Schmerzes, was sich auf die spanische Eroberung bezieht, die den Indigenas des Landes in vielen Fällen den Tod, in der Gesamtheit den kulturellen Untergang brachte. Daran vermag auch das Denkmal zu Ehren der Mapuche am höchsten Punkt des Hügels nichts ändern.

Die cremerote Basilika de la Merced, auf der anderen Seite des Huelen, gilt als die schönste Kirche Santiagos. Sie wurde zum Nationaldenkmal erklärt. Ihren Hauptaltar ziert die älteste Madonna der Stadt, die Virgen de la Merced (die barmherzige Jungfrau). Sie stammt aus dem Jahr 1548 und wird kunsthistorisch der Cuzquener Schule zugeordnet.

Schon etwas müde wollen wir den Nachmittag im Parque Forestal ausklingen lassen. Doch bald merken wir, dass es hier äußerst ungemütlich zugeht. Ungewollt geraten wir in den Sog von Demonstranten, die sich, wie wir, in Richtung Plaza Baquedano bewegen. Die Straßen in den Barrio Lastarria, wo wir die Häuser Luciano Kulcewskis, der chilenischen Entsprechung von Barcelonas Gaudi, besichtigen wollten, ist unpassierbar. Brennende Straßenbarrikaden, beißender Rauch in der Luft, vor allem aber abertausende aufgebrachte Demonstranten versperren uns den Weg und ziehen uns zugleich in ihren Bann. Wir können nicht anders, als alles fotografisch festzuhalten, weil wir den Eindruck haben,

Zeugen eines politischen Umbruchs zu sein. Die fast ausschließlich jungen Widerständler verhalten sich uns Fremden gegenüber erstaunlich friedlich und scheinen auch kein Problem damit zu haben, von uns abgelichtet zu werden. In der Stadt aber legen die Radikalen unter ihnen eine Spur der Verwüstung. Jugendliche, Männer und Frauen, das Gesicht hinter Gasmasken, und harte Jungs in wüstem Outfit, hinterlassen einen widersprüchlichen Eindruck. „Chile despertó – Chile ist aufgewacht!", tönt es aus tausenden Kehlen um uns.

Auf jedem der Plätze der breiten Avenida dasselbe Bild: Abertausende Demonstranten, ein Fahnenmeer, mit grellen Farben besprühte Heldenstatuen, von aufgebrachten Menschen erklommen, die in triumphierenden Gesten ihre Kampfparolen grölen; Hupkonzerte der Autofahrer in den Straßen rundum. Schlussendlich sind wir erleichtert, die bedrohliche Szenerie hinter uns zu lassen. Während wir in sichere Gassen abbiegen, vernehmen wir das vielstimmige Dröhnen von Polizeisirenen im Rücken.

In der folgenden Nacht kommt es zu schweren Ausschreitungen.


## Von der Würde des Menschen
**Santiago 3**

An unserem letzten Tag in Santiago de Chile begeben wir uns unerschrocken in den Brennpunkt der noch weitgehend unblutigen Kampfhandlungen der Stadt, in das Regierungsviertel. La Moneda war ursprünglich die Münzprägeanstalt des Landes, ehe sie Heimstatt für die politischen Entscheidungsträger wurde. Das Gebäude stellt einen der prächtigsten Kolonialbauten Lateinamerikas dar. Großflächig von der Polizei abgeschirmt, blieb es bisher von den Beschmierungsorgien der Demonstranten verschont. Eine überdimensionale Flagge, so schwer, dass sie sich in der steifen Brise verzögert, fast wie in Zeitlupe bewegt, ziert die Plaza de la Constitución vor dem Palast. Das Gebäude gemahnt an einen

Tiefpunkt in der Geschichte Chiles. Am 11. September 1973 bombardierte das Militär unter Pinochet das Gebäude und Präsident Salvador Allende, beging darin, nachdem er sich geweigert hatte, den Regierungssitz zu verlassen, Selbstmord. Das Recht, das vom Volk ausgeht, achtete er höher als das eigene Leben.

Politisch geht es für uns weiter: Das Museo de la Memoria y los Derechos Humanos dokumentiert auf eindrucksvolle Weise die Menschenrechtsverletzungen während Pinochets Gewaltherrschaft. In einer Halle, die sich, nach oben offen, über drei Stockwerke erstreckt, zeigt eine Installation in tausenden Fotografien die Opfer der Diktatur. Der Sänger und Märtyrer Viktor Jara wird heute als Gegenstück zu Amerikas Martin Luther King verehrt und findet im Museum raumgreifend Platz. In einer Sonderausstellung wird ein Bogen zu weiteren politischen Brennpunkten der Erde gespannt, wie beispielsweise nach Palästina. Eindringliche Texte weisen auf die Würde des Menschen hin, die in den Menschenrechten deklariert, von 144 Staaten als einzuhaltendes Gebot unterzeichnet und dennoch weltweit mit Füßen getreten wird.

Obwohl es mittlerweile unerträglich heiß geworden ist, nehmen wir noch die Fahrt zum Pueblito de los Domenicos auf uns. Unser Bedürfnis nach freundlichen Menschen und kreativer Handwerkskunst ist groß. In dem kleinen Dorf stellen an die hundert Künstler ihre Werke aus. Einigen kann man bei der Arbeit über die Schulter blicken. Da gibt es Silberschmuck im Stile der Mapuche, Lapislazuli in allen Variationen, Ponchos von Babygröße bis X-large, fantastische Schnitzereien, Klangspiele, aus Pferdehaar gewebte Schmetterlinge und wunderschöne Batikbilder mit andinen Motiven; eigentlich der richtige Ort, um sich mit Souvenirs einzudecken, mit den Trophäen einer Reise, bestens geeignet, um nach der Rückkehr Familie und Freunden wie Leistungsabzeichen präsentiert zu werden. Weil mein Schreiben denselben Gesetzmäßigkeiten folgt wie das Erwerben von Reiseandenken, weitet es doch meine Erlebnisse über das Ende der Reise hinaus, bin ich in den meisten Fällen vor der Verführungskunst diverser meist überteuerter Mitbringsel gefeit. Ich reihe lieber meine Erzählungen und Reisefotos in ein Erinnerungsarchiv ein, das in den wieder eingekehrten Alltag nachklingt.

Bei unserer Heimfahrt geraten wir in die Rushhour und erleben unser blaues Wunder. In der Metro stehen die Menschen diszipliniert in einer Reihe, die bis zur geräumigen Eingangshalle, dort weiter über die Stiege ins Freie reicht und sicher noch fünfzig Meter unter freiem Himmel in plaudernde oder ins Handy vertiefte Individuen ausläuft.

## Im Camino al Volcan
### Cajon de Maipo

Eines der beliebtesten Ausflugsziele der Städter ist der Cajon de Maipo. Die fast 18 Millionen Bewohner der von Smog geplagten Metropolitana Santiago schätzen die klare Luft des tief eingeschnittenen Tales am Fuße der Andenkordillere. Wir freuen uns über die Mobilität, die uns unser Mietauto verleiht, und brechen frühmorgens auf. Nachdem wir die ärmlich anmutenden Vorstadtviertel hinter uns gelassen haben, kommen wir an Wochenenddomizilen und skurrilen Ferienanlagen vorbei, die wie Vergnügungsparks im Wildwestlook aussehen. Das schmutzig-schäumende Wasser des Maipo wälzt sein Geröll weit in das fruchtbare Valle Central hinaus. Ein riesiges Zementwerk der STRABAG, das wir am Taleingang passieren, verursacht uns heftiges Unbehagen angesichts der ökologischen Wunden, die dem Tal zufügt werden.

Die ehemalige Silberboom-Stadt San Jose de Maipo wirkt noch recht verschlafen, als wir die Plaza de Armas mit ihren bunt bemalten Adobe-Häusern und der denkmalgeschützten Kolonialkirche besuchen. Während die Verkaufsstände für die Touristen erst aufgebaut werden, verkaufen die Marktfrauen bereits Obst und Gemüse an die Dorfleute. In den hohen Bäumen singen Vögel munter ihr Morgenlied. Weiter geht es auf dem Camino al

26

Volcan in Richtung San Alfonso. Übermannshohe Kandelaber-Kakteen schmücken mit ihren hellgelben Blüten das Ufer des rostroten Flusses. Die Ortschaft San Gabriel beherbergt eine Mischung aus alteingesessener Bevölkerung und Vertretern der New-Age-Bewegung. Das Resort La cascada de las animas (Wasserfall der Seelen) bietet betuchten Gästen Luxusquartiere und Wellness für Körper, Seele und Geist. In der Casa Chocolate, einem Café im Knusperhäuschen-Stil, nehmen wir einen überteuerten Morgenkaffee ein und erfreuen uns an den fantasievollen Formen von Architektur und diversem Gartenmobiliar. Prachtvolles Zedernholz diente hier als Baumaterial. Der Geschäftsführer des Hauses, ein junger Mann, der fließend Englisch spricht, erklärt uns ungefragt die Anliegen der politischen Bewegung im Land. Um die Dringlichkeit von Veränderung zu unterstreichen, deutet er auf zwei am Eingang des Lokals befestigte Plakate: ‚Austria en Austria‘ titelt eine Aufnahme von einer intakter Alpenlandschaft (Heiligenblut am Großglockner), ‚Austria en Chile‘ zeigt ein Bild von der großflächigen Zerstörung des Maipo-Tales durch die STRABAG. Wir erfahren, dass die Regierungen des letzten Jahrzehnts nahezu alles liberalisiert hätten – Sozialsystem und lebensnotwendige Ressourcen wie Wasser und Energieträger seien in der Hand von ausländischen Konzernen. Nun bestehe die Hoffnung, dass das Land sich eine neue Verfassung gebe. Es würde nicht einfach werden, so die Einschätzung unseres Gesprächspartners, da man mit Kapitalflucht rechnen müsse, aber an einem umfassenden Wandel von Gesellschaft und Staat führe kein Weg vorbei – ein kurzes Gespräch, das aufzeigt, wie weltumfassend die Probleme unserer Zeit sind. Meine Sympathie für die Demonstranten wächst.

Weil die Szenerie immer beeindruckender wird, wagen wir uns weiter in das Tal des Vulkans Maipo, auch als sich die freundliche Asphaltstraße erst in einen steilen Schotterweg, später in eine abenteuerliche Piste voll Querrillen, Schlaglöchern und kantigem Geröll verwandelt. Im Blick nach vorne verschwindet der schmale Fahrstreifen in steilen Schutthalden vulkanischen Aus-

27

wurfmaterials. Wir können es fast nicht glauben, dass es jedes Mal irgendwie weitergeht. Längst blecken zu beiden Seiten des Tales die Fünftausender ihre weißen Gletscherzähne und das Farbenspiel von Basalt und Tuff zeigt Abrissstellen von Bergstürzen, als untrügliches Zeichen dafür, wie hochaktiv die Kräfte aus dem Erdinneren hier sind. Die Konzentration des Fahrers gilt der abenteuerlichen Piste und unserem ächzenden Auto, das sich von einem fast fabrikneuen, glänzenden Peugeot in ein stinkendes, schnaufendes, mit Schlamm bespritztes Staubmonster verwandelt. Am Ende des befahrbaren Teiles des Valle de Colina erreichen wir das Refugio Lo Valdes, eine Ansammlung von windschiefen Hütten in ca. 2.500 Metern Seehöhe, verstreut im Talboden unter den Termas Valle de Colina liegend. Amüsiert beobachten wir das entspannte Treiben in den Sinterbecken. In den ersten beiden Wannen badet niemand. Offensichtlich ist dort das Wasser zu heiß. Immerhin tritt das dampfende Schwefelwasser mit 70 Grad Celsius aus dem Berg. Die Badenden verpassen sich gegenseitig Schlammmasken und halten überaus fotogen ihre Gesichtspackung in die Sonne.

Auf dem Heimweg kommen wir an den bleigrauen Thermalquellen Baños Morales vorbei. Da wir hier noch immer keine Möglichkeit finden, unseren Bärenhunger zu stillen (es ist mittlerweile 17.00 Uhr), fahren wir rasch weiter talauswärts. In San Alfonso werden wir endlich fündig. Bei Leche con plátano (Bananenmilch), Jugo de Piña (frischem Ananassaft), Longanizas del Campo (Bratwurst) und Medallón de Arrollad Parrillero con papas salleadas y chilena (einer Art geselchtem Rindersteak mit Kartoffeln und chilenischem Tipping) stillen wir Hunger und Durst. Erwähnenswert weil überaus genussvoll: Wir sitzen eben, am Abend des 16. November, im Gastgarten und genießen angenehme 25 Grad Celsius Lufttemperatur!

# Wo der Wein regiert
## Valle Central, Reserva Nacional Río Clarillo, Viña el Prinzipal

Die Nacht vor unserem Departement in Santiago, wir wohnen hier im 7. Stock eines von Sicherheitskräften bewachten Hauses, ist erfüllt von den Tonkaskaden uns unbekannter Nachtvögel. Gegen Morgen steigert sich das Konzert in eine vielstimmige Gesangsdarbietung aus zahllosen Kehlen gefiederter Stars. Wir nehmen auf unserem Balkon das Frühstück ein. Die grünen Sittiche tun es uns im Astwerk der Bäume gleich. Selbstredend, dass unser Müsli in dieser Gesellschaft mundet.

Heute wollen wir den ländlichen Süden Santiagos erforschen. Im zentralen Längstal Valle Central erstreckt sich ein 150.000 Quadratkilometer großer Gemüse-, Obst und Weingarten, im Schutz von gewaltigen Gebirgsmassiven. Die Einheimischen vergleichen ihre fruchtbare Agrarregion gerne mit dem US-amerikanischen Kalifornien. Mehr als die Hälfte des chilenischen Weins wird im Längstal erzeugt.

Ehe wir eines des Weingüter besuchen, nützen wir die gemäßigten Temperaturen des Vormittags, um die hügelige Reserva Nacional Río Clarillo, südöstlich von Pirque zu besuchen. Der 10.000 Hektar große Nationalpark erstreckt sich entlang eines mediterran anmutenden Flusstales, das zum Wandern und Schwimmen einlädt. Den kristallklaren Río Clarillo begleitet ein Streifen üppigen Grüns, der nach oben hin in karge, steinige Hänge mit Macchienbewuchs und Kandelaber-Kakteen ausläuft. Am Horizont leuchtet der Kalkstock des Cerro Blanco unter einem tiefblauen Himmel. Kurz vor der Kontrollstation der CONAF (einer privaten, gemeinnützigen Organisation zur nachhaltigen Bewirtschaftung der Waldressourcen) endet die Teerstraße. Während wir genussvoll in einem schattigen Wald aus dornigen Hartlaubgewächsen und Kakteen dem gluckernden Flüsschen entlang wandern, entdecken wir Kleinode der Natur am Wegesrand und in der Luft. Mit Freude bestaunen wir die artenreiche

Vogelwelt, schillernde Eidechsen, unter ihnen eine chilenische Iguana, eine Spezies, welche eine Länge von bis zu 50 cm erreicht, und Schmetterlinge in allen nur erdenklichen Farben. Im dichten Unterholz entdecken wir eigenartig unregelmäßige Spinnennetze, die aussehen, als wäre die Baumeisterin betrunken gewesen. Auch die Flora ist interessant. Wie die Schautafeln des botanischen Lehrpfades erläutern, wachsen hier der Peumo (eine Lorbeerart), der Quillay (der Seifenrindenbaum) und Hartlaub-Sträucher wie der Espino (Hagedorn). Im Trockenbereich der Hänge findet eine Steppenlandschaft voller Kakteen, Bromelien und dornigen Büschen ihr Auslangen. Aufgrund der sieben nahezu regenlosen Monate der Region besteht im Naturpark erhöhte Waldbrandgefahr. Schon jetzt im Spätfrühling brennt die Sonne sengend auf das Tal herab.

Belebt von der kleinen Wanderung, fahren wir gut gelaunt in die weite Ebene des Valle Central zurück, wo wir das Weingut Viña Santa Rita in der Nähe von Pirque besuchen. Weinstöcke so weit das Auge reicht, riesige Lagerhallen und ein mondänes Herrenhaus, alte Gerätschaften, Pressen und ein gutseigener Zug bezeugen vergangene Pracht und gegenwärtigen Geschäftserfolg. Eine Flasche des Casa Real Reserva Especial 2015 ginge um 160.000 Chilenische Pesos (umgerechnet € 200,--) in unseren Besitz über, wollten wir das.

Chilenischer Wein machte in den vergangenen Jahren durch internationale Auszeichnungen von sich reden. Seither zählt der Genuss eines guten Tropfens zum kultivierten Lebensstil. Früher hingegen hatte jeder Bauer neben seinem Acker und Obstgarten einen Weinberg und kelterte für den persönlichen Bedarf. Bis vor kurzem wurde Wein noch am Straßenrand in 5-Liter-Plastikkanistern um wenig Geld angeboten. Wein trinken gehörte wie selbstverständlich zum Alltag und hatte nichts Elitäres an sich. Verkosten, gurgeln und wortreiche wie blumige Erläuterungen des Geschmackserlebnisses gelten in Chile auch heute noch als eitles Getue. Dies dürfte auch der Grund sein, warum das Angebot an Weinverkostungen dürftig ist. Aktuell scheint besonders der spritzige Riesling den Ehrgeiz der Winzer anzustacheln. Die verlässliche sommerliche Wärme bei kühlen Nächten und die salzhaltige Luft des nahen Meeres bringen das unverwechselbare Bouquet des chilenischen Weines zur Entfaltung.

## Einmal um die Welt
### Valparaiso 1

Über eine Schnellstraße erreichen wir nach eineinhalbstündiger Fahrt die 130 km entfernte Küstenstadt Valparaiso und finden, mit Hilfe unseres Navis, ohne langes Suchen das Hotel Boutique Ultramar auf dem Cerro Cárcel. Auf der sonnigen Terrasse mit herrlicher Aussicht auf das Häusermeer der weit ausschwingenden Bucht versuchen wir uns anhand eines Stadtplans einen Überblick zu verschaffen. Pablo Neruda meinte einmal, wer alle Treppen Valparaisos begangen habe, sei um die Welt gereist. Unklar bleibt, ob er sich auf die zurückgelegte Streckenlänge bezog oder auf das kosmopolitische Ambiente der Hafenstadt. Beides wäre nämlich zutreffend. Auf den 47 Hügeln der Küstenkordillere finden sich Stadtteile, die von Menschen unterschiedlicher europäischer Abstammung besiedelt wurden.

Valparaiso – das Paradiestal? Der Name klingt wie ein Versprechen, wenngleich er auf eher prosaische Weise zustande kam. Ein Konquistador benannte die Bucht nach seinem andalusischen Heimatdorf. 1541 von Spaniern gegründet, war die Stadt jahrhundertelang geschäftiger Hafen Santiagos. Viele Häuser wurden von Engländern errichtet, die sich als Kaufleute in der Stadt einkauften und den Hafen von London aus verwalteten. Immer wieder erschütterten Erdbeben, Seebeben und politische Unruhen die wachsende Siedlung.

So paradiesisch wie sein Name nahelegt, mutet Valparaiso (auf Deutsch Paradiestal) auf den ersten Blick nicht an. Noch immer brüten wir auf der Terrasse unseres Hotels über dem Stadtplan und wandeln den Gedanken Nerudas ab: Wer in Valparaiso nicht die Orientierung verliert, findet sich auf der ganzen Welt zurecht. Außerdem entspricht die mit Rauch geschwängerte Luft nicht unserer Vorstellung vom Garten Eden. Wie wir erfahren, wütet im Umland der Stadt seit vier Tagen ein Waldbrand. Auf unserer Herfahrt sahen wir Rauchschwaden und kleine Glutnester links und rechts der Straße und beobachteten Löschhubschrauber bei der Arbeit. Der feine Ascheregen verleiht unserem Kaffee eine wenig paradiesische Note. Aber nicht meckern! Immerhin wartet mit Valparaiso ein UNESCO-Weltkulturerbe auf uns, darüber hinaus eine der faszinierendsten Städte Chiles. In dem Gewirr aus Gässchen, Stiegen sowie kleinen, oft bunten Häusern und Baracken leben heute 259.000 Menschen. Der Strand wurde künstlich verbreitert, um mehr Siedlungsfläche zu schaffen. Bequem erreichbar sind die Cerros genannten Hügel mit Hilfe der Ascensores, der Aufzüge, Kabinen- und Seilbahnen.

Jeder der Stadtteile verfügt über seinen eigenen Charakter: Italienische, deutsche, kroatische und englische Elemente finden sich in der Architektur der unterschiedlichen Viertel. Russische Schiffe liegen im Hafen. Weil Valparaiso aufgrund der Geldströme aus dem Tourismus boomt, verändert sich das Stadtbild rasch. Restaurierte Gründerzeithäuser werden zu Hotels und Restaurants umgebaut. Wohnraum ist knapp.

Mittlerweile scheint sich der Wind gedreht zu haben, denn die feine Asche in der Luft ist wie weggeblasen. Gleichzeitig hat sich die Sicht gebessert. Die Lufttemperatur ist angenehm warm, der Himmel blau. Unserer fotografischen Stadtbesichtigung steht nun nichts mehr im Wege. Wunderschön sind die variantenreichen Bemalungen der Hausfronten, die ihre teilweise ärmliche Bausubstanz durch Fantasie wettmachen. Wahre Kunstwerke finden sich auf den Wellblechwänden und krummen Steinmauern. Auch Straßeneinfassungen sind verziert. Wir spazieren durch eine wahre Explosion an Gestaltungsfreude und Kreativität, die uns ebenso beeindruckt wie die unglaublichen Aus- und Tiefblicke.

Unsere Route beziehungsweise Fotostrecke: Plaza Bismark (Cerro Carcel), über den Cerro Miraflores zur Igelsia San Luis,

Cerro Alegre, Mueso de bellas Artes, Passeo Yugoslavo, Ascensor El Peral, Plaza Justicia, Armada de Chile, Plaza Sotomajor, Plaza Echauren, Iglesia La Matritz, über die Prat zum Ascensor Conecption, Paseo Gervasoni. Iglesia Luterana, Pianostiege, Paseo Atkinson, Plaza Anibal Pino.

In einem urigen Lokal an der Prat nehmen wir unser Mittagessen ein. Auch die Nachspeise mundet: dos cortados y una media luna. Die Halbmonde (media luna) sind gewöhnliche Kipferln, der Cortado eine spanische Kaffeespezialität. Letztere Bezeichnung bedeutet „Schnitt", was sich vermutlich auf die verwendete Milch bezieht, die den Säuregehalt des Espresso reduziert. Ein Cortado wird üblicherweise in einem kleinen Glas serviert und enthält weniger Milchschaum als der etwas schwächere Cappuccino.

Am späten Nachmittag fahren wir mit einem Taxi zum Fischerhafen Caleta Membrillo. Hier wacht eine Holzstatue des Petrus über die Boote im Hafen. Sehenswert ist das alte Zollgebäude, die Antiqua Anduana. Kaum zu glauben, dass hier dereinst ein weltumspannender Handel abgewickelt wurde, als spanische Galeonen mit einer Fracht aus Seide und Silber, vom peruanischen Hafen Callao kommend, in Valparaiso anlegten, ehe sie die Heimreise ins Mutterland antraten. Heute schaukeln einige Holzschiffe träge innerhalb der Mole, Pelikane sonnen sich im schrägen Licht der Abendsonne.

Unsere Heimfahrt mit dem Bus auf der aussichtsreichen Avenida Alemania rundet auf genussvolle Art und Weise unseren Tag in der Stadt ab. Unser Valparaiso-Erlebnis war zwar nicht paradiesisch aber irdisch gesehen überaus schön.

# Auf den Spuren Pablo Nerudas
## Valparaiso 2 / Isla negra

So freundlich und blau sich der Pazifik gestern gegeben hat, so deutlich macht er heute, dass er mit dem Mittelmeer wenig gemeinsam hat. Über dem kalten Humboldtstrom vor der Küste kondensiert feuchte Meeresluft und legt sich als dichter Morgennebel über die Küste. Das erste Mal auf unserer Reise empfinden wir die Luft als kühl.

Heute begeben wir uns auf die Spur des Literatur-Nobelpreisträgers Pablo Neruda (1904 - 1973). Hoch über der Stadt, auf dem Cerro Florida liegt sein Wohnhaus La Sebastiana. Glücklicherweise befindet sich unser Hotel bereits auf halber Höhe zu dem beeindruckenden Gebäude. In seinen Memoiren schrieb der Dichter: „Die Treppen beginnen unten und oben und winden sich steigend. Sie werden fein wie ein Haar, gewähren kurze Rast, sind steil. Werden seekrank. Stürzen vornüber. Wie viele Jahrhunderte von Schritten, treppab, treppab, treppab, mit dem Buch, den Tomaten, dem Fisch, den Flaschen, dem Wein?"

Das Haus des Dichters wurde von dem Spanier Sebastian Collao erbaut, der die gesamte dritte Etage des Gebäudes als Aussichtsturm anlegte. Von hier aus kann man einen privilegierten Blick über die Bucht genießen. Der Dichter brauchte drei Jahre, um die Inneneinrichtung seines Hauses fertigzustellen. Einige Fenster gestaltete er wie Schiffsoberlichter. Anlässlich einer unvergesslichen Einweihungsfeier schrieb Neruda das Gedicht „La Sebastiana". Am Beginn des Poems heißt es (sinngemäß übertragen): ‚Ich errichtete das Haus, es ist aus Luft gemacht, dann habe ich die Flagge gehisst und sie hängen gelassen in die Freiheit, den Stern, das Licht und die Dunkelheit.'

Regelmäßig empfing Neruda Gäste in seinem Heim und berichtete ihnen, welche voyeuristischen Geheimnisse ihm sein Teleskop offenbarte. Besonders gerne wartete Neruda in Valparaiso auf das Neue Jahr, weil La Sebastiana eine Rundumsicht auf das traditionelle Feuerwerk im Hafen bot. Nach Nerudas Tod und

35

dem Militärputsch 1973, den der Dichter nur wenige Tage überlebte, wurde das Haus geplündert, 1991 restauriert und 1997 als
Kulturzentrum eröffnet.

Auf unserem Rundgang mit Audioguide in deutscher Sprache
bestaunen wir die teils zirkushafte Wohnausstattung, bestehend
aus Gallionsfiguren von Schiffen, vollbusigen, geschnitzten Frau-
enkörpern und einem Karussellpferd. Das auf diversen Reisen
zusammengetragene Sammelsurium enthält überaus wertvolle
Kunstschätze sowie eigenwillige Gegenstände, deren ideeller
Wert sich wohl nur Neruda erschloss. Inmitten dieser exaltierten
Kunstwelt verbrachte der Dichter seine penibel eingeteilten Ar-
beitstage, die er diszipliniert einhielt. Das Schreibzimmer verfügt
über eine weite Fensterfront, die das Häusermeer und den Pazifik
zeigt, ein wahrhaft inspirierender Ausblick! Neruda schrieb alle
seine Werke mit grüner Tinte. Mit Sicherheit hatte er eine Erklärung dafür bereit. Gefeiert wurde ausgiebig und oft an der gut be-
stückten Bar, Erholung bot der Wolkenstuhl, ein Ledersessel mit
Blick in den Himmel.

Unser anschließender Streifzug durch die Treppengassen von
Bellavista erweist sich als weniger beeindruckend, als er in unserem Reiseführer beschrieben ist. Für die Gestaltung des kleinbür-
gerlichen Wohnviertels zeichnet sich das Instituto del Arte de la
Universidad verantwortlich. Das Museo al Cielo Abierto, das Museum unter freiem Himmel, ist eine Art bewohntes Freiluftmuse-
um, wie im Übrigen die gesamte Stadt. Nur weil hier namhafte
Künstler am Werk waren, heißt dies nicht, dass die Gestaltungskraft mehr beeindruckt als in anderen Vierteln. Vielleicht sind unsere Augen aber auch schon müde von den unzähligen Highlights
der faszinierenden Graffitiwelt um uns.

Gegen Mittag verlassen wir Valparaiso und fahren in Richtung Süden, wo wir Isla Negra, Pablo Nerudas Feriendomizil, besichtigen wollen. Nach einstündiger Fahrt durch staubtrockene
Steppenlandschaft gelangen wir bei Algarrobo wieder an die Küste und sind froh, endlich die mit Rauch geschwängerte Luft des
Waldbrandgebietes hinter uns zu lassen. Der Pazifik empfängt

uns mit einer kräftigen Brise, herrlich frisch. Mächtige Brecher rollen heran und spielen mit den frechen Austernfischern Abfangen. Eigentlich ist es ja umgekehrt, denn die schwarzweißen Vögel nutzen die wenigen Sekunden vor der nächste Welle, um mit ihrem leuchtend roten Schnabel den Sand nach Fressbarem abzusuchen. Wir nehmen in einem Strandrestaurant unser verspätetes Mittagessen ein und sind, angesichts der Szenerie bereit, ein bisschen tiefer als gewöhnlich in die Geldtasche zu greifen. Nur der Blick auf ein etwas weiter entferntes Luxusdomizil, das Tausend-und-einer Nacht entnommen zu sein scheint, und die dahinter liegenden, entsetzlich hässlichen Bettenburgen von Algarrobo stören unsere unbändige Freude am sich unbändig gebärdenden Ozean.

Isla Negra, ein einem Schiffskörper nachempfundenes Haus, liegt in herrlicher Lage, wenige Meter oberhalb einer kleinen Bucht aus rund geschliffenen Basaltfelsen. Es war Nerudas Lieblingsdomizil in Chile. Als Liebhaber des Meeres und aller maritimer Dinge gestaltete es der Dichter in der Ästhetik eines Schiffes mit niedrigen Decken, knarrenden Holzböden und engen Gängen. Weil er den Ozean zu sehr fürchtete, um ihn zu bereisen, holte er ihn auf diese Weise zu sich ins Haus. Unzählige filigrane Flaschenschiffe hängen in den Fenstern und sehen vor dem Meer als Hintergrund aus, als kreuzten sie draußen im Blau des Ozeans. Beeindruckend ist Nerudas Muschelsammlung, die man in einem eigenen ‚Unter dem Meer-Raum' vorfindet. Den Wesen der Luft fühlte sich Neruda in seiner umfassenden Schmetterlingssammlung nahe. Neruda soll einmal gesagt haben, wer als Mann aufhört zu spielen, weil er das Kind in sich verloren hat, wird dieses zeitlebens sehnsuchtsvoll suchen. Als Sohn eines Lokomotivführers, ohne Mutter aufgewachsen, entwickelte sich Pablo zu einem der größten Dichter des Landes. Seinen materiellen Wohlstand mag er zum Teil seinen drei Frauen verdanken. Die Leichtigkeit des Seins verband sich in ihm mit der Tiefe eines künstlerischen Ausdrucks, die Achtung gebietet.

Im Garten des Anwesens liegt wenige Meter über der Brandung das Grab des Dichters und seiner dritten Ehefrau Matilde Urrutia. Im Jahr 2013 ordnete die chilenische Justiz die Exhumierung von Nerudas Leichnam an, um die offizielle Todesursache Herzversagen zu überprüfen und nach direkt nachweisbaren Giften zu suchen. Im November 2015 gab das Innenministerium wörtlich in einer Erklärung bekannt, es sei offensichtlich möglich und sehr wahrscheinlich, dass Nerudas Tod durch Fremdeinwirkung verschuldet gewesen sei. Sechs Stunden vor seinem Ableben wäre ihm eine Spritze verabreicht worden. Das Verschwinden der Krankenakte und die Absicht des Schriftstellers, in Mexiko eine Exilregierung zu bilden, bestärkten die Mutmaßungen, er wäre einem Verbrechen zum Opfer gefallen.

Die letzten vier Jahre seines Lebens hatte Neruda in den Dienst seines Landes gestellt. Er kämpfte mit allen Kräften für das Gelingen der Unidad Popular, der chilenischen Revolution. Als Dichter, Journalist, Vortragsredner, als Politiker und Diplomat warb er sowohl in Chile als auch im Ausland für die von Salvador Allende geführte Regierung. Er war Kommunist, wurde als Vertreter der Antofagasta in den Senat gewählt, ging in den Untergrund, später ins Exil nach Argentinien und Europa. Als ihm am 21. Oktober 1971 der Nobelpreis für Literatur zugesprochen wurde, empfand er dies als die Krönung seines künstlerischen Schaffens und zugleich als eine Hommage an Chile. Im November 1972 ehrte ihn eine jubelnde Menge im überfüllten Nationalstadion von Santiago. Auf der Ehrentribüne klatschte auch General Augusto Pinochet Beifall, der ein knappes Jahr danach gegen die Regierung Allende putschte und in diesem Stadion seine Gegner gefangen hielt. Zu diesem Zeitpunkt war Neruda ein todkranker Mann. Die mexikanische Regierung bot ihm politisches Asyl an. Er zog es vor, in Chile zu bleiben. Seinen Freund Salvador Allende überlebte er nur wenige Tage: Am 23. September 1973 starb Pablo Neruda in Santiago de Chile. Das Begräbnis gestaltete sich als Demonstration gegen die Militärdiktatur.

*Das Meer blüht das ganze Jahr. Seine Rose ist weiß.*
*Seine Blütenblätter sind Salzsterne.*

*Hinter mir, dem Süden zu, hatte das Meer*
*die Landstriche zerbrochen mit seinem Hammer aus Eis,*
*aus klirrender Einsamkeit wurde das Schweigen plötzlich ein Archipel*
*und grüne Inseln umgürteten die Taille meines Landes*
*wie Pollen oder Blütenblätter einer Meeresrose.*
*Tief waren die von Leuchtkäfern glühenden Wälder,*
*der Schlamm phosphoreszierend.*
*Die Bäume ließen lange Seile hängen wie in einem Zirkus*
*und das Licht lief Tropfen zu Tropfen*
*wie des Dickichts grüne Tänzerin.*

*Pablo Neruda*

# Der Altiplano / die Atacamawüste

# Die Bergwerksstadt in der Wüste - Akklimatisation
## Calama, San Pedro de Atacama

Zwei Stunden dauert der Flug von Santiago nach Calama, der auf 2.350 Metern Seehöhe gelegenen Wüstenstadt im Norden des schmalen wie langgestreckten Landes. Es ist Mittag, als unser Flugzeug aufsetzt. Eine glühend weiße Scheibe steht hoch am Himmel. Der Schatten unserer Körper verkriecht sich unter die Füße. Die Sonne steht im Zenit. Öde und staubig liegen die Straßen der Stadt. Der Wüstenwind pfeift.

Weil unsere geplante Besichtigung des weltgrößten Kupfertagebaus im benachbarten Chuquicamata wegen der sozialen Unruhen abgesagt wurde, nützen wir die Zeit, um für den folgenden Tag die Busfahrt nach San Pedro zu buchen und uns in Ruhe in der Stadt umzusehen. Wenngleich in Calama 120.000 Menschen leben, unter ihnen mehrheitlich Minenarbeiter, wirkt das Zentrum auf uns wie ein Backpacker-Verschnitt aus Südostasien – Rucksacktouristen soweit das Auge reicht. Aus aller Welt strömen Menschen in die Stadt, um sich von hier aus der Atacamawüste anzunähern. Wir alle sind gut beraten, uns mit der Anpassung an Hitze und dünne Höhenluft Zeit zu lassen. Genussvoller geschieht dies allerdings im schmucken Oasendorf San Pedro, das über ein malerisches Umland mit pittoresker Formenwelt verfügt. Bemerkenswert ist in jedem Fall Calamas Geschichte.

Der Ort lag in historischen Zeiten abseits der Inkaroute, die durch San Pedro de Atacama führte. Den entscheidenden Besiedlungsimpuls erhielt er zuerst durch den Salpeter-, dann den Kupferabbau, der hier 1911 begann. Heute befinden sich in der Region zahllose Geisterstädte aus der Zeit des Salpeterbooms. Der Abbau gestaltete sich einfach. Das weithin sichtbare Nitratgestein Caliche wurde nur bis zu einem Reinheitsgrad von 50 bis 60 % geschürft, zerkleinert und abgetragen, ehe der Abbau weiterwanderte. Wo Maschinen bei weniger ertragreichem Gestein eingesetzt werden mussten, entstanden Siedlungen. Die Entlohnung der Bergleute erfolgte mit Wertmarken, die sie nur gegen Waren der Minengesellschaft eintauschen konnten. Durch die Erfindung von synthetischem Nitrat im Jahre 1914 durch den Berliner Chemie-Nobelpreisträger Fritz Haber wurde Chiles Düngemittel- und Sprengstoffindustrie die wirtschaftliche Basis entzogen. Heute hat sich der Markt aufgrund der Nachfrage nach natürlichem Nitrat und Jod, das ein Nebenprodukt der Salpetergewinnung ist, erholt.

Am folgenden Tag startet unser Pullmannbus nach San Pedro zeitig um 8 Uhr früh. Die Straße führt durch die gleichförmige Llano de la Pacienia, die Ebene der Geduld. Der Altiplano verfügt über Gegenden im Windschatten der Küstenkordillere, in denen es seit der spanischen Conquista nicht geregnet haben soll. An manchen Sommertagen schwanken die Temperaturen innerhalb von 24 Stunden zwischen den Extremen 40 Grad plus und 10 Grad minus.

San Pedro de Atacama hat nichts mehr von der Abgeschiedenheit einer Karawanserei. Wo noch vor 20 Jahren die Dorfbewohner unter sich waren und lediglich durchziehende Nomaden aufnahmen, weil kaum ein Tourist von der Existenz der malerischen Region wusste, wuseln heute Backpacker zwischen Shops voller Anden-Souvenirs, Tourismusunternehmen und überteuerten Esslokalen. Einzig die mit Pfefferbäumen bestandene Plaza mit der ältesten Kirche Chiles erhellt unser Gemüt. Der ockerfarbene Adobebau des Gotteshauses stammt aus dem 16. Jh. Türen und Fenster sind aus löchrigem Kaktusholz gefertigt. Unweit des Dorfes erhebt sich verheißungsvoll der perfekte Kegel des 5.916 Meter hohen Vulkans Licancabur. Die Vorfreude auf unsere viertägige Altiplano-Rundfahrt steigt.

Als wir uns jedoch im Büro unseres Touranbieters World-White-Travel melden (kein Schreibfehler!), um nähere Informationen zu der bevorstehenden, kleinen Wüstenexpedition zu erhalten, bekommen wir einen gehörigen Dämpfer. Mit Entsetzen stelle ich nämlich fest, dass ich meine PDI, das Immigrationspapier, das ich für die Ausreise nach Bolivien brauche, verloren habe. Das überaus wichtige Dokument gleicht einem Rechnungsausdruck und war nur lose in meinen Pass eingelegt. Da ich es

nicht für nötig erachtet habe, es zu fixieren, muss es wohl bei der
Anmeldung in einer unserer Unterkünfte herausgerutscht sein.
Wie auch immer – jetzt ist es weg. Ich werde somit morgen an
der Grenze auf den guten Willen des chilenischen Beamten angewiesen sein. Verhält dieser sich stur, wird er mich wieder zurück-
schicken. 235 US Dollar wären somit in den (Wüsten-)Sand gesetzt.

Meine Nervosität steigert sich, als ich erfahre, dass unterwegs
für die Gesundheit der Tour-Teilnehmer keinerlei Vorsorge ge-
troffen ist. Obwohl wir uns die meiste Zeit in Höhen über 4.500
Metern aufhalten und den höchsten Punkt am vierten Tag bei
fast 5.000 Höhenmetern erreichen werden, verzichtet das Unternehmen auf die Mitnahme von Sauerstoffflaschen. In den Über-
nachtungsquartieren steht keinerlei ärztliche Versorgung zur Verfügung. Ein rascher Rücktransport ist nicht gewährleistet.

Jetzt bereuen wir, bei der Planung der Reise für die Anpassung an die Höhe nicht mehr Zeit eingeräumt zu haben. Glücklicherweise verfügen wir über eine robuste Gesundheit und lassen
uns somit auf das Wüstenabenteuer ein. Dennoch – in der Nacht
meidet mich der Schlaf. Es schwefelt beim Fenster herein (rührt
sich der Vulkan Licancabur?) Die wilden Hunde machen in den
Gassen des Dorfes einen Radau. Ein Wolfsrudel in Alaska könnte
nicht schöner heulen.

## Auf dem Altiplano
### Laguna Blanca, Laguna Verde, Desierto di Dali, Geiser Sol de Mañana, Laguna Colorada

Pünktlich um halb sieben werden wir von unserem Quartier ab-
geholt und mit einem Minibus an die chilenisch-bolivianische
Grenze gebracht. Die noch recht passable, schnurgerade Straße
steigt zwar stetig an, dennoch bekomme ich nicht mit, wie unvermittelt wir an Höhe gewinnen. Als wir vor der einsamen Grenz-
station Halt machen, zeigt unser Navi 4680 Höhenmeter an. Jetzt

heißt es warten, bis der Grenzübergang geöffnet wird. Meine Nervosität steigt, zudem habe ich leichtes Nasenbluten, das wohl auf den zu rasch erfolgten Höhenunterschied zurückzuführen ist. Als ich als Letzte unserer Gruppe endlich mit wackligen Gliedern vor dem Grenzbeamten stehe, komme ich glücklicherweise mit einer Verwarnung davon und erhalte ohne PDI die Ausreiseerlaubnis.

Im Niemandsland zwischen Chile und Bolivien wartet unser Fahrer Oscar auf uns. Er spricht Quechua, Spanisch und Englisch und wird uns die nächsten Tage durch die abenteuerlichsten Landschaften fahren, die wir je gesehen haben. In seinem Äußeren entspricht er einem typischen Altiplano-Menschen: schwarzes Haar, schwarze Augen, fast immer hinter schwarzen Sonnenbrillen verborgen, schwarzes Gesicht und weiße Zähne, die wir oft zu sehen bekommen, weil er gerne lacht und immer zu Scherzen aufgelegt ist. Nachdem wir im Stehen ein improvisiertes Frühstück eingenommen haben und das schwere Gepäck, sowie ein 6-Liter-Wasserkanister pro Teilnehmer auf dem Dach unseres Jeep-4WD-Fahrzeugs verstaut sind, zwängen wir uns zu siebt in das schon in die Jahre gekommene Gefährt. Wir verbiegen unsere Glieder, um nur irgendwie Platz zu finden. In der letzten Reihe des Autos zu hocken, ist eine Zumutung, weil zwischen Sitz und Boden nur etwa 20 cm Höhenunterschied ist. Unsere Mitreisenden, ein deutsches Pärchen, das auf Hochzeitsreise ist und zwei junge Engländer aus Brighton, erweisen sich als überaus nett und umgänglich. Wir werden mit den beschwerlichen Bedingungen im Wagen umgehen und uns bei der hintersten Sitzreihe einfach abwechseln. Immerhin haben wir ja eine Wüstentour gebucht und nicht einen bequemen Pensionistenausflug.

Oscar beschallt uns von Beginn an mit schmelzenden, bolivianischen Gesängen und Panflötenklängen aus dem Autoradio und erweist sich als versierter Fahrer. Dennoch, von nun an müssen sich unsere Glieder auf ein wildes Gehopse über Pisten aus Schotter, Sand und Querrillen einstellen. Rasch noch den Eintritt in den Reserva Nacional de Fauna Andina Eduaro Avaroa gezahlt und los geht es. Nun jagt ein Höhepunkt den anderen und mir fehlt einfach die Zeit, auf meine Kopfschmerzen zu achten.

Laguna Blanca heißt der erste der vielen, mineralreichen Seen unserer Fahrt. Seine weiße Färbung ist auf den hohen Gehalt an Salz und Borax zurückzuführen. In der Laguna Verde hingegen schimmern Arsen und Kupfer grün, wenn der Wind für die nötige Durchmischung sorgt. Links und rechts der Piste machen wir die ersten Vicuñas aus. Die zarten Andenkamele verhalten sich überaus scheu. In der nach Salvadore Dali benannten Desierto di Dali liegen Vulkanbomben des schlafenden Licancabur wie ein surrealistisches Gemälde in der Gegend herum. Das erste Mal auf unserer Fahrt gewinne ich den Eindruck, auf einem fremden Planeten unterwegs zu sein. Es folgen die Aquas Thermales Polques, in denen sich einige Touristen in einem Sinterbecken suhlen. Wie sich herausstellt, sind unsere Mitreisenden ebenso verrückte Fotografen wie wir. So beschließen wir einstimmig, lieber die Kameras heißlaufen zu lassen, als uns einem Bad hinzugeben. Erstaunlich finden wir die beeindruckende Vogelwelt der Lagune.

Nach anstrengender Fahrt erreichen wir, wie wir meinen, den Höhepunkt des heutigen Tages, den Geiser Sol de Mañana, den Morgensonnen-Geysir. In gewissem Sinn haben wir mit dem Höhepunkt ja recht, denn weiter geht es heute wirklich nicht mehr hinauf. Wir befinden uns auf 4.870 Metern Seehöhe, was wir deutlich spüren. Von nun an heißt es: langsam, langsam. Wasserfontänen sehen wir zwar nicht, dazu ist der Tag zu weit fortgeschritten, aber ein Feld aus beeindruckenden, fauchenden und blubbernden Fumarolen. Der Boden ist heiß und unsicher. Stellenweise sinkt man im Untergrund ein. Dann heißt es rasch wieder festen Halt suchen. Es scheint, als wären wir in eine frühere Zeit der Erdgeschichte zurückgereist.

Gegen vier Uhr Nachmittag erreichen wir unser bescheidenes Quartier, in dem wir die erste Nacht in 4.500 Metern Seehöhe verbringen werden. Unsere freundlichen Gastleute servieren ein sehr schmackhaftes, verspätetes Mittagessen. Gleich darauf müssen wir schon wieder los. Jetzt kommt er wirklich, der Höhepunkt des Tages, die Laguna Colorada! Weil mir die Worte für die Schönheit des Schauspiels, das sich unseren Augen bietet, fehlen, versuche ich es mit einer kurzen Aufzählung: ein See, dessen Wasser wegen seiner Mikroorganismen in allen möglichen Farben schillert, zigtausende Flamingos, friedlich das Wasser mit ihren orangen Schnäbeln filternd, balzend oder streitend, eigenartige Enten und Möwen, darüber stahlblauer Himmel, im Hintergrund das Farbenspiel der Vulkankegel. Außer den Geräuschen der Tiere ist kein Laut zu vernehmen; nicht ganz – da ist noch das Säuseln des Windes und ergriffenes Pochen unserer Herzen. Oscar erklärt uns, dass hier mehr als 30.000 Flamingos nisten, die rosaroten chilenischen und die größeren, weiß-schwarzen Andenflamingos. Obwohl er die Lagune schon oft gesehen haben muss, wirkt er noch immer begeistert. Wir erfahren, dass die Flamingos 10 Jahre alt werden können, sehr widerstandsfähig sind und nur im Sommer so zahlreich an der Lagune vorkommen. In der kälteren Jahreszeit kann es nämlich geschehen, dass sie über Nacht im See einfrieren, was für einige den Tod bedeutet. Die meisten aber warten in solchen Fällen auf die Morgensonne und fliegen dann zu Seen in tieferen Lagen.

## Licancábur

keine Spur von Eintönigkeit
wohl aber die
eines wandernden Steins
wie von Zauberhand bewegt

rollt sich
aus Zeit
aus Schwerkraft
zum Trotz

Sinne weit offen
und Poren der Haut
schweißnass
im Spiegel des Selbst

das suchet und findet
die Prophetin?
die weise Frau?
in der Lagune aus Nichts?

wo Mondwissen steht im prangenden Bogen
und klirrt es Nacht
wo Tag sich beugt
dem gleißenden Hell

wo tief verschneit
die Wüste im knisternden Salz
und schneidet mit Licht
hartherzig Augen in Scheiben

wo *Atmen* fällt schwer
schwer nochmals schwer
kleinzellig trocknet
das *Fluidum* zu Tode

wo rosa stehen die *Tulpen*
langbeinig drüben
Rotstängel senken den *Hals*
und filtern Mikroben

wo *Himmel*
vermählt sich dem *Rund*
und über allem
wacht

der *Vulkan*


*Dunna Mund*

# Höhenkrank
## Laguna Honda, Canjon de San Antonio, Salar de Chiguana, San Juan

Gestern beim Abendessen brachte ich kaum etwas hinunter. Die Glieder schmerzten, in der Stirn ein Stechen, das in den Nacken ausstrahlte. In der Nacht stellte sich Übelkeit ein. Da ist sie, die gefürchtete Höhenkrankheit! Sie bleibt mir also nicht erspart. Mein zweiter Tag in der Wüste ist beeinträchtigt von den schlimmsten Kopfschmerzen, die ich je erlebt habe. Ich büße alle meine Sünden ab! Jeder Stoß des Geländewagens geht über Kreuz und Wirbelsäule direkt in den Nacken, das Zentrum des Schmerzes. Einmal muss ich mich übergeben. Aber mitgegangen ist mitgefangen! Da gibt es kein Kneifen und keinen Ausweg, nur die Hoffnung, dass der folgende Tag besser werden wird. Angesichts der fitten Jugend um mich, fühle ich mich alt, was Unsinn ist, denn die berüchtigte Soroche, oder Mal de montaña, wie sie auch heißt, erwischt jeden, dessen Körper mehr Zeit zu Anpassung an die sauerstoffarme Atemluft benötigt. Das Erkrankungsrisiko ist bei Untrainierten gleich hoch wie bei Trainierten, ältere Menschen wie Jugendliche sind gleichermaßen gefährdet. Die Verengung der Blutgefäße in der Lunge durch die verminderte Sauerstoffaufnahme kann zu einer Unterversorgung des gesamten Körpers führen. Als mögliche Komplikationen treten Lungen- und Hirnödeme auf. Fakten, die ich natürlich kenne. Dennoch versuche ich ruhig zu bleiben und vertraue auf die Widerstandskraft meines Körpers.

Der erster Halt des heutigen Tages erfolgt nach kurzer Strecke auf der gegenüberliegenden Seite der Laguna Colorada, die im Morgenlicht noch mystischer wirkt als gestern. Ein Vulkankegel spiegelt sich im Wasser, das aussieht, als hätte jemand seine Aquarellfarben darin ausgewaschen. Flauschige Lamas verzehren am seichten Ufer genüsslich Algen und Wasserpflanzen. Nebelschwaden verzaubern die Szenerie. An den Flachstellen des Sees türmt sich Salz zu Wällen, die aussehen wie Schneewechten. Das

Geschnatter der Flamingos hört sich von unserm erhöhten Beobachtungspunkt aus wie ein angeregter Morgentratsch an. Zu unserer Freude fliegen einige der prächtigen Tiere. Die Vögel mit ihren langen Beinen und Hälsen in der Luft zu erleben, ist ein Erlebnis, das man nie wieder vergisst.

Heute beobachten wir Flamingos noch an weiteren Seen, so zum Beispiel an der Laguna Honda, hier sehr nahe. Aber auch die Wüstenlandschaft ist extrem beeindruckend und mit Worten kaum zu beschreiben. Im sogenannten Steinwald türmt sich vulkanisches Eruptionsmaterial, zu meterhohen, skurrilen Formen modelliert – ein Werk des Windes und der extremen Schwankungen der Temperatur zwischen Tag und Nacht. Ein weiterer Halt erfolgt an einem etwa fünfzig Meter hohen, länglich geformten Berg, dessen Oberfläche wie eine Packung aus runden, ockerfarbenen Mehlsäcken aussieht. In den Fugen findet sich überraschenderweise Moos, hellgrün und weich, als hätte es jemand aus Irland eingeflogen und hierher verpflanzt. Wo in der Wüste etwas wächst, gibt es auch Tiere. Während ich erschöpft auf einem schattigen(!) Stein raste, nähert sich uns ein putziges Viscacha. Man stelle sich vor: etwa einen halben Meter lang, vorne Hase, in der Mitte Dackel, hinten buschiger Eichkätzchenschwanz. Das eigenartige Tier gehört zur Familie der Chinchillas.

Mittlerweile braut sich über unseren Köpfen Unheil zusammen. Dunkle Wolken ziehen auf. Mit besorgter Miene beobachtet Oscar den Himmel. Beginnt die Regenzeit dieses Jahr früher als gewöhnlich? Nach einer weiteren Stunde Fahrt besteht kein Zweifel mehr – es wird regnen. Was das für uns bedeutet, werden wir bald erfahren. Sicherheitshalber ändert Oscar die Route, weil er befürchtet, im Schlamm stecken zu bleiben. Aber auch auf der neuen Route hinter den Bergen müssen wir angeschwollene Wasserläufe queren. Damit das Auto leichter wird, steigen alle außer mir aus (ich bin mittlerweile zu nichts mehr fähig) und queren zu Fuß das reißende Wasser.

Als Entschädigung für das grenzgängige Abenteuer fährt uns Oscar an einen, wie er sagt, geheimen Ort, den sonst kein Tourist zu Gesicht bekommt. Er könnte einer schwelgerischen Fantasie entsprungen sein: der Canjon de San Antonio. Zwischen etwa 100 Meter aufragenden, sandfarbenen Wänden liegt ein grüner See, der in keiner Weise den Salzseen des Altiplano gleicht. Hier schwimmen Wasservögel im stillen Wasser, Enten in nie gesehenen Formen und Farben. Im Schilf zwitschern bunte Vögelchen, in der Luft zieht ein Raubvogel seine Kreise. Das Gras am Ufer sieht aus wie ein englischer Rasen. Wieder hat uns die Wüste überrascht und es kommt noch stärker, wenngleich nicht schöner.

Wenige Kilometer nach dem braunen Dorf Copacabana(!) kommen wir zu einem Unfall. Ein Geländewagen hat sich mehrmals überschlagen. Er steckt „kopfüber" im steinigen Geröll neben der Straße. Ein Junge liegt leblos neben dem Fahrzeug. Betroffen stehen wir vor der Tragödie, verständigen telefonisch den Arzt des Dorfes, aber es kommen nur einige Angehörige. Diese versprechen, sich weiter um den toten Jungen zu kümmern. Bedrückt setzen wir unsere Fahrt fort. Nach einer weiteren halben Stunde kommen wir zum Salar de Chiguana, eine Salzlagune, die sich in einen Schlammsee verwandelt hat. Jetzt wird es wirklich brenzlig. Niemand von uns will in dem kilometerweiten Spiegelsee steckenbleiben – undenkbar, den weiten Weg zu nächsten Siedlung zu Fuß zurückzulegen! Glücklicherweise geht alles gut. Wie nahe in der Wüste Himmel und Hölle beieinander liegen!

Als wir den Salar glücklich hinter uns gebracht haben, glauben wir, endlich am Ende unserer Tagesetappe angekommen zu sein. Aber wir halten hier nur für eine kurze Pause, obwohl es schon dämmert. Oscar spritzt das über und über mit Schlamm verdreckte Auto ab. Wenngleich jetzt die Windschutzscheibe frei ist, sieht man auf der Weiterfahrt in dunkler Nacht wenig von der Piste vor uns, weil die Leistung der Scheinwerfer unseres Wagens in etwa der eines europäischen Parklichtes entspricht. Wir hängen längst lethargisch und schicksalsergeben in unseren Sitzen, denken nur noch an unsere schmerzenden Glieder, als wir endlich im Pueblo San Juan ankommen. Erleichtert beziehen wir unsere Zimmer im Hostal de Sal, einer urigen Herberge, in der die Räume mit einem Salz-Verputz ausgekleidet sind.

# Der Salzplanet
## Salar de Uyuni, Isla Incahuasi, Cementerio des Trenes, Villa Mar

Lediglich eine kurze Nacht ist uns gegönnt, denn um vier Uhr früh heißt es schon wieder aufstehen. Ungeachtet meines bedenklichen Zustands, hat die Reisegruppe gestern Abend beschlossen zu Sonnenaufgang am Salar de Uyuni zu sein. Natürlich habe ich eingewilligt, immerhin gönne ich uns allen dieses Erlebnis. Mir fliegt zwar gleich nach dem Aufstehen das Rollon-On-Deo um die Ohren, als ich es, in Ermangelung einer Morgenwäsche zur Achsel führe und sich der Überdruck im Glas entlädt, aber das war es schon auch mit den „Katastrophen" für heute. Es geht mir wieder besser: Kopfschmerz auf Normalniveau, Übelkeit weg. Mein braver Körper passt sich an die Höhe an.

Als gelernte Geografin interessiere ich mich natürlich für Fakten und Entstehung des Naturwunders, das uns heute erwartet. Ich habe recherchiert: Der in 3.653 Metern Höhe gelegene Salar de Uyuni ist mit mehr als 10.582 Quadratkilometern die größte Salzpfanne der Erde. Die unter der Oberfläche liegende Sole reicht, unterschiedlichen Angaben nach, 72 oder mehr als 120 Meter in die Tiefe und entstand durch das Austrocknen eines urzeitlichen Sees. Sie misst an der längsten Stelle 180, an der breitesten Stelle 120 Kilometer.

Wir sind sehr erleichtert, dass das gestrige Unwetter unsere Fahrt in den Salar nicht verhindert hat, denn dieser kann sich zur Regenzeit in eine überdimensionale, kniehohe Salzlauge verwandeln. Wir rattern in die leblos erscheinende Ebene, bis die Berge zurückbleiben und uns eine Fläche aus weißem Nichts umgibt. Kurz vor Sonnenaufgang halten wir an einer besonders schön strukturierten Stelle der Salzplatte. Das Kristallgitter formt hier perfekte Hexagone, die in den schrägen, über den Horizont steigenden Sonnenstrahlen wie regelmäßig geformte kleine Gebirgsgrate wirken. Unsere Schatten scheinen in die Unendlichkeit zu wachsen.

Inmitten der Salzpfanne liegt die Isla Incahuasi, was in Quechua Haus des Inka bedeutet. Schon aus der Ferne nehmen wir die viele Meter hohen Säulenkakteen wahr, die teilweise mehr als 1.200 Jahre alt sein sollen. Meine wiedererwachte Lebensfreude lässt es zu, dass ich die etwa 100 Höhenmeter zum Gipfel der Insel erklimme. Oben klopft mir zwar das Herz im Hals, aber das Erlebnis ist es allemal wert. Abertausende beeindruckende Kaktusgestalten, viele von ihnen mit Blüten und Knospen übersät, stehen auf einem mächtigen Korallenstock, der sich unvermittelt aus der Salzwüste erhebt. Am Blick von oben beeindrucken vor allem die geradlinigen Spuren der Geländewagen, die sich in der weißen Ebene verlieren.

Wieder zurück von unserer „Bergtour" nehmen wir stehend ein improvisiertes Frühstück ein und erfreuen uns an den mitnaschenden Vögeln und einem hübschen Lama mit flauschigem Lamm. Wir brauchen alle unsere Energie zum Verdauen, deshalb fragen wir uns auch nicht, was die Tiere hier verloren haben. Anschließend fahren wir ins Zentrum des Salars, wo Oscar uns zeigt, wie man hier möglichst lustige Fotos schießt. Unsere Reisekollegen haben Minidinosaurier, ein Stofflama und einen Plastikpinguin als Modell für ein Fotoshooting der besonderen Art mitgebracht. Die Figuren wirken, direkt vor der Linse der Kamera stehend, überdimensional im Vergleich zu den weiter entfernten Menschen. So ergeben sich zahlreiche Motive: Minimenschen flüchten vor Riesendino, oder werden von diesem gefressen, Minimensch küsst Lama, menschliche Zwerge stehen auf der Hand eines Riesen, klettern aus einer Pringles-Box, tanzen auf einem Schuhband zwischen zwei Wasserflaschen und so weiter. Die fotografische Herausforderung liegt darin, eine möglichst große Tiefenschärfe zu erreichen. Nach der Fotosession sehen wir wie Salzmonster aus. Unsere Kleidung ist zum Vergessen, die Kameras haben es glücklicherweise ohne sichtbare Schäden überstanden. Der Spaß war jedenfalls kaum zu toppen. Auf dem Salar wartet jetzt noch das Museo de Sal auf uns, das anlässlich der hier durchgekommenen Dakar-Ralley vor drei Jahren errichtet wurde.

Am Rande der Salzwüste liegt in der Nähe der kleinen Stadt Uyuni der Cementerio des Trenes. Auf diesem Friedhof der Züge rosten an die fünfzig altertümliche Dampflokomotiven und Waggons ihrer vollständigen Auflösung entgegen und geben Zeugnis von der Eisenbahngeschichte Boliviens. Die Stadt selbst ist das bolivianische Gegenstück zum chilenischen San Pedro. Zahlreiche Touristenbüros bieten ihre Dienste an, es wimmelt nur so von Backpackern aus der ganzen Welt. Uns gefallen die bunten Ponchos der im Schatten hockenden Marktfrauen. Ihre dicken, schwarzen Zöpfe ragen unter hohen Zylinderhüten hervor. Leider lassen sie sich nicht fotografieren, was ich nachvollziehen kann. Natürlich respektieren wir das. In Uyuni heißt es auch Abschied nehmen von Oscar. Ein netter junger Mann namens Gabriel wird uns die 500 Kilometer zurück zur chilenischen Grenze bringen.

Die Fahrt am späten Nachmittag gestaltet sich überaus abwechslungsreich und schön. Glücklicherweise geht es nicht mehr hinauf, denn Villa Mar, der Ort, in dem wir übernachten werden, liegt auf einer Höhe von nur 3400 Metern. Zuvor führt unsere Piste durch die olivgrünen bis rostroten Hügel einer Halbwüste, an winzigen Gehöften und Alpaka-Herden vorbei. Seltener zu sehen sind die scheuen Vicuñas. Das satte Grün von Flussläufen und zahlreiche Wasservögel erfreuen unsere Augen. Nach Sonnenuntergang flammt der Himmel auf und übertrumpft die Ockertöne des Landes.

## Im Höhenrausch
### Rückfahrt nach San Pedro

Auch heute fahren wir wieder um halb fünf Uhr früh los. Wir wollen möglichst zeitig an der chilenischen Grenze sein, weil es dort aufgrund der genauen Kontrollen zu langen Wartezeiten kommen kann. Ohne Kopfweh fühle ich mich wie neugeboren und verfolge die fantastische Fahrt, während die anderen neben mir wieder friedlich eingeschlafen sind. Weil die Piste gleich hinter der Ortschaft unvermittelt ansteigt, erreichen wir in der Dämmerung eine Hochebene in 4.800 Metern Höhe. Bald leuchten die runden Bergspitzen der Sechstausender zinnoberrot auf, während wir noch in deren grauem Schatten unterwegs sind. Die staubige Piste führt an Salzseen und zugefrorenen Wasserläufen vorbei. Letztere legen ein silbernes Netz aus Schlaufen und Schlingen in die öde Fläche. Mit dem aufkommenden Tageslicht färben sich die Hänge in das Olivgrün des buschigen Tussockgrases um. Noch immer steigt die Piste an. Stellenweise verliert sie sich im Sand und Gabriel sucht sich seinen Weg, bis er irgendwo wieder auf so etwas Ähnliches wie Reifenspuren stößt. Die Grasbüschel sind mittlerweile zu Seeigeln gleichenden Zwergen geworden, zuletzt geben sie ganz auf. Unser Navi zeigt 4.982 Meter an! Vicuñas stehen in der Wüste, als hätte sie hier jemand ausgesetzt. Mittlerweile taucht die Morgensonne die Hochebene in monochromes Orange. Nebelschwaden legen sich über die Senken, unter dem stahlblauen Himmel thronen die Vulkane. Die Szenerie ist außerirdisch schön. Unwirklich erscheint auch ein Salar, den wir passieren. In der Ferne entdecke ich tatsächlich eingefrorene Flamingos. Es ist einfach nicht zu glauben.

Unser Fahrer hat offensichtlich Freude an der anspruchsvollen Strecke. Ständig wechselt der Untergrund. Am liebsten scheint ihm das Driften im Sand zu sein. Völlig durchgerüttelt, sind wir, trotz der Schönheit der Landschaft, froh, nach vier Stunden Fahrt die Grenze zu erreichen. Gabriel verabschiedet sich von uns mit einem improvisierten Frühstück und nimmt dankend unser übrig gebliebenes Obst entgegen, das wir nicht über die Grenze mitnehmen dürfen. Dann übernimmt er die nächste Sechsergruppe an Touristen, lädt das schwere Gepäck auf das Dach seines Land Cruisers und fährt los. Er wird heute auf der anspruchsvollen Route bis in den späten Nachmittag unterwegs sein, den Gästen die Gegebenheiten des einfachen Quartiers erklären und dann bis zum Sonnenuntergang mit ihnen an der Laguna Colorada die Flamingos beobachten. Zuletzt wird er den

Wagen, der einem Staubmonster gleicht, waschen, damit die Touristen am nächsten Tag die fantastische Landschaft aus dem Fenster bewundern können, ehe ihm wenige Stunden Schlaf gegönnt sind.

An der chilenischen Grenze warten wir eineinhalb Stunden, lassen die Durchsuchung unseres Gepäcks demütig über uns ergehen und dürfen endlich nach Chile einreisen. Ich bin im Besitz eines neuen PDI!!! Das Papier sieht, wie das letzte, wie ein unbedeutender Rechnungszettel aus. Dieses Mal werde ich es mit Sicherheit nicht verlieren. In San Pedro hat uns die Zivilisation wieder. Jetzt sind Duschen, Haarewaschen, Einkaufen und Mittagessen angesagt. Dann fährt Franz, der Unermüdliche, mit dem Bus 90 Kilometer nach Calama, um unser gemietetes Allradfahrzeug abzuholen. In San Pedro sind die Geländewagen nämlich schamlos teuer.

## Wüste Impressionen – Wo die Erde ihr Süppchen kocht
### Toconoa, Quebrada de Jere, Valle de la Muerte, El Tatio

Man möchte meinen, dass wir nach der Gewalttour der letzten vier Tage einen geruhsamen Schlaf verdient hätten. Aber auf den Straßen San Pedros veranstalten des nachts wieder einmal die halbwilden Hunde einen Radau. Als wir aufbrechen, um die nähere Umgebung des Oasendorfes zu erkunden, ist es bereits Mittag und die Sonne zeigt unbarmherzig, wozu sie in der Atacama fähig ist.

Unser Geländewagen der Marke Toyota Hilux ist ein bulliges, rotes Gefährt, das Querrillen, Löcher und Steine der Fahrbahn geduldig schluckt. Auf der Fahrt zum benachbarten Toconoa kommen wir an Lamaherden vorbei. Der Ort liegt wie ausgestorben in der Hitze des Nachmittags. Das einzige nur ansatzweise Sehenswerte ist die Plaza de Armas mit ihren beiden Pfefferbäumen. Wegen der eleganten Wuchsform wird diese Baumart häufig als Schattenspender in Ortszentren von Wüstendörfern kultiviert. Wenngleich ihre attraktiven Steinfrüchte auch als Gewürz, das rosa Pfeffer genannt wird, Einsatz finden, sind sie mit dem Pfefferstrauch nicht verwandt. Letzterer liefert den gebräuchlichen schwarzen, weißen und roten Pfeffer. Die kleine Kirche Iglesia San Lucas verfügt über einen freistehenden, dreistufigen Glockenturm. In dem kleinen Dorf liegen die Hütten der Armen und die vornehmeren Liparit-Häuser dicht nebeneinander.

Trotz der trockenen Hitze von mindestens 40 Grad Celsius lockt uns der malerische Friedhof Toconoas. Der böige Wüstenwind verleiht dem Ort der letzten Ruhe etwas Lebendiges. Fast klingt es, als flüsterten und tanzten die Verstorbenen und nicht der Wind in den überdimensionalen Papierblumen und Windrädern der Gräber. Unter schattenspendenden Überdachungen liegen die Grabstätten. Ihr naiver Schmuck steigert das kindliche Ambiente des Friedhofs. Getränkeflaschen, Fußbälle, Puppen und Stofftiere, sowie andere persönliche Dinge erinnern an die Bestatteten. Im Hintergrund des Friedhofs fegen Windhosen über die öde Ebene.

Für den Besuch des Valle de la Luna kommen wir leider zu spät, weil die Einfahrt in die imposante Berg- und Talformation nur bis 17 Uhr gestattet ist. Als Entschädigung bietet sich das Valle de la Muerte, das Tal des Todes an. Wir bestaunen die Sand-Boarder auf einer steilen, 100 Meter hohen Düne. Anstelle von Schnee bietet hier feiner Sand die Unterlage für ein abenteuerliches Sportvergnügen. Eine weitere beliebte Freizeitaktivität im Tal sind Reitausflüge zwischen den bizarren Zacken des vulkanischen Sedimentgesteins. Ein Erdbeben möchte ich hier nicht erleben.

Stimmungsvoll beschließen wir den Tag bei einem Sonnenuntergang auf einem Mirador (Aussichtspunkt). Obwohl das glühende Gestirn relativ unspektakulär, ohne den Himmel rot zu färben, senkrecht unter den Horizont fällt, färben sich die Gebirgsketten auf der gegenüberliegenden Seite im fliegenden Sand violett.

Der folgende Morgen – Tagwache um halb vier. Wir kennen das schon. Das letzte Ziel unseres Aufenthalts in der Atacama- wüste ist das höchstgelegene Geysirfeld der Erde. Die Wasserfon- tänen zeigen sich am Schönsten rund um den Sonnenaufgang, während sie tagsüber als heiße Quellen friedlich vor sich hin kö- cheln. In der eisigen Nacht ziehen sie sich unter dem Druck der kalten Luft in schwefelfarbene, kleine Mulden zurück, auf denen eine dünne Eisschicht wächst. Die starke Höhensonne bringt mit ihrem Erscheinen die Erstarrung zum Schmelzen und los geht es. Das gesamte Geothermalfeld pfeift, grollt und faucht. Wenn- gleich die größten Wasser- und Dampfspucker lediglich drei Me- ter in die Höhe steigen und viele kleinere einen eher witzigen als großartigen Eindruck hinterlassen, ist das Geysirfeld aufgrund seiner Ausdehnung und tollen Lage einzigartig. Für ein Bad in ei- nem der steinernen Warmwasserbecken sind wir zu durchgefro- ren. Natürlich haben wir das Schauspiel nicht für uns allein. Zahl- reiche Touranbieter fahren die Touristen zu nachtschlafener Zeit zu dem Spektakel auf 4.300 Meter Seehöhe hinauf. Wir sind froh, eigenständig unterwegs zu sein, und genießen die Rückfahrt durch die beeindruckende Landschaft auf der Rumpelpiste in un- serem Vierrad-betriebenen Geländewagen.

Den Anblick des Stratovulkans Putana empfinden wir wie ein Abschiedsgeschenk, ebenso die zahlreichen Vicuñas im Tussock- gras sowie den grünen Teich mit seinen Wasservögeln. Noch ein- mal tun unsere Teleobjektive gute Dienste und holen uns fliegen- de Flamingos direkt vor die Nase.

61

# Chiloe

# Ein Sprung ins kalte Wasser
## Isla Chiloe

Mit dem knapp kalkulierten Zeitbudget für unseren Transfer nach Puerto Montt gehen wir heute ein gehöriges Risiko ein. Aber es geht alles gut: um halb fünf Aufbruch, eineinhalb Stunden Fahrt zum Flughafen von Calama, Rückgabe des Mietautos, Flug nach Santiago (glücklicherweise starten wir eine viertel Stunde zu früh), 40 Minuten für Gepäck und Mensch, den Flieger zu wechseln, Flug nach Puerto Montt, Gepäck ist glücklicherweise angekommen, Übernahme des neuen Mietautos, Fahrt zur Fähre nach Chiloe, ruhige See – wir setzen über. Geschafft!

Auf der regenreichen Insel Chiloe ist wirklich alles anders als im hohen Norden des Landes. Wären wir zynisch veranlagt, würden wir jetzt ätzen: Wären wir doch gleich zu Hause geblieben oder nach Irland gefahren. Chiloe ist grün, es nieselt, später schüttet es. Ein kühler Wind jagt uns die Nässe ins Gesicht. Unsere an mitteleuropäische Verhältnisse gewöhnten Körper aber atmen auf. Die Hitze ist überstanden und feuchte Meeresluft belüftet die vom Wüstenwind beanspruchten Bronchien.

Wir fahren auf der Ruta 5 Sur, die uns als Teil der Panamericana eigentlich rasch voranbringen müsste, nach Ancud. Die Stadt ist mit 30.000 Einwohnern die zweitgrößte Chiloes. Statt uns an den Fischerbooten im Hafen zu erfreuen, die Küstenpromenade Costanera entlang zu spazieren und auf den Mirador Cerro Huaihuén zu steigen, fallen wir in ein uriges Kaffeehaus ein und verspeisen zu zweit ein Tiramisustück, das in seiner Größe einer viertel Torte entspricht. Weil der Regen wenige Minuten nachlässt, versuchen wir es schließlich doch noch mit einer kleinen Stadtbesichtigung. Ancud ist ein ehemaliger Stützpunkt des Robben- und Walfangs und war wichtiger Pazifikhafen zur Erschließung der Magellanstraße. Die Festung Fuerte San Antonio bezeugt die bedeutende historische Vergangenheit der Stadt.

Leider kommen wir bei unserer Besichtigung nur in einige Gassen rund um die Plaza de Armas, ehe es wieder schüttet. Ein kleines Museum in einer Holzkirche bietet uns Schutz. Wir vertiefen uns in kleine Holzmodelle der Kirchen Chiloes, von denen 16 zum Weltkulturerbe gehören.

Auf der Fahrt zur Inselhauptsstadt Castro bleibt Zeit für Recherchen: Wir befinden uns hier auf der zweitgrößten Insel des Kontinents. Chiloe ist etwa so groß wie Korsika. Während der letzten Eiszeit kam es zu großen Verschiebungen, die Anden rückten in Richtung Pazifik und das Längstal versank im Meer. Tektonisch gesehen, gehört Chiloe somit zur Küstenkordillere. Der zum Pazifik hin offene Westen ist weitgehend unbesiedelt. Der Name Chiloe leitet sich von dem indianischen Wort Chili-hue ab, was so viel wie Möwenland bedeutet. An den Küsten ist der Gezeitenwechsel mit bis zu 7 Metern Differenz gewaltig und legt bei Ebbe weite Wattlandschaften frei.

Unser erster Eindruck von Chiloe ist zwar von dunklen Wolken getrübt, aber die üppigen Wälder mit ihrem Flechtenbewuchs gefallen uns sehr. Nach der staubigen Wüste mit ihren ausgetrockneten Flussläufen sind die Moore, Seen und Bäche der Insel eine Augenweide. Rund um uns blüht es – gelber Ginster, zyklamfarbene Rhododendren, Rosen in den Gärten. Die Wälder sind besonders dicht, das Unterholz stellenweise undurchdringlich. Die Insel wird landwirtschaftlich intensiv genutzt. Schafe und Rinder grasen auf saftigen Weiden. Ab 2020 soll eine 2.800 Meter lange Brücke Chiloe mit dem Festland verbinden. Sie wird die längste Hängebrücke Lateinamerikas sein und den vielen Inselbewohnern, die auf dem Festland arbeiten, das Pendeln erleichtern. Die Holzbehausungen der Chiloten entsprechen zwar nach mitteleuropäischem Maßstab eher Hütten als Häusern, aber sie sind originell und bunt.

Nachdem wir durch den Feierabendverkehr in Castro gestaut sind, erreichen wir sehr müde unser Quartier. Patricio, unser Gastgeber, verhält sich überaus gastfreundlich und erklärt bei einer Tasse Tee seine Sicht der politischen Situation Chiles. Eine Übersetzer-App mittels Spracheingabe tut dabei gute Dienste. Anhand von zahlreichen Beispielen beschreibt er die Habgier der

Reichen, den Ausverkauf und die fatale Privatisierung von Ressourcen und Infrastruktur. Wasser, Energieversorgung und weite Teile des Landes seien im Besitz von heimischen Superreichen oder ausländischen Konzernen, während das Volk immer ärmer werde. So gehöre die gesamte südliche Hälfte von Chiloe dem Staatspräsidenten Piñera. Soziale Leistungen wie beispielsweise Gesundheits- und Pensionssystemsystem hätten sich in den letzten Jahren maßgeblich verschlechtert. Ein Lehrer verdiene in Chile umgerechnet etwa € 300,--, wobei die Lebenserhaltungskosten geschätzt nicht viel geringer seien als in Österreich. Wie alle Chilenen, mit denen wir bisher über die Aufstände im Land gesprochen haben, steht Patricio auf der Seite der Demonstranten. Danach gefragt, wie er die Erfolgsaussichten beurteile, äußert er sich wenig hoffnungsvoll. Niemals würden die Reichen ihre Privilegien aufgeben. Er befürchtet, dass es in naher Zukunft zu einem Militärputsch komme werde.

Patricio selbst ist Bankangestellter und betreibt mit seinem Partner offensichtlich sehr erfolgreich mehrere Cabañas (kleine Ferienhäuser). Sein Haus, in dem wir untergebracht sind, ist für chilotische Verhältnisse luxuriös.


# Ein Weltkulturerbe zu Gottes Ehren
## Circuito di Iglesias de Chiloe

Wie gestern am Abend leistet uns Patricio auch heute beim Frühstück Gesellschaft. Wir müssen von allem probieren, was auf den Tisch kommt: eingekochte Hagebuttenmarmelade, chilenische Salami, Käse, Passionskuchen, Müsli und Manjar. Letzteres ist ein Brotaufstrich, der nach Karamell schmeckt. Weil er uns mundet, bekommen wir gleich erklärt, wie wir ihn zu Hause zubereiten können: Kondensmilch in der Dose im Wasserbad zwei Stunden lang köcheln lassen, dabei darauf achten, dass das Wasser über den Rand der Dose reicht, sonst explodiert diese. Auf unserer Reise werden wir dem Dulce de lece genannten Aufstrich in zahllosen Varianten begegnen und erfahren, wie beliebt, um nicht zu sagen vernarrt, Chilenen und Argentinier in diesen buttrig-cremigen Karamellgeschmack sind. Versorgt mit guten Ratschlägen und einem Routenvorschlag für unseren heutigen Tag auf Chiloe fahren wir los.

Allerdings kommen wir vorerst nicht allzu weit, weil wir uns noch in der Inselhauptstadt aufhalten. Castro hat 40.000 Einwohner. Besonders schön ist die Plaza de Armas mit den hohen Bäumen und der berühmten Holzkirche Iglesia San Francisco. Die Bausubstanz des Gotteshauses besteht aus hellgelb und cyclamfarben gestrichenem Holz und Wellblech. Haltbar und kostengünstig müssen die Bauwerke auf Chiloe sein. Überaus sehenswert, weil mittlerweile schon sehr selten anzutreffen, sind die Palafitos. Bei ihnen handelt es sich um Pfahlbauten, die wegen des großen Gezeitenunterschieds von Fischern, Muschelsammlern und Schiffsbauern in Amphibienbauweise errichtet wurden. Unterhalb der Häuser liegen Boote bereit, mit denen die Eigentümer bei Flut ihrer Arbeit nachgehen. Aus dem 19. Jh. stammt die Architektur der Palafitos. Erst in jüngerer Vergangenheit wurden sie von der Regierung mit sanitären Einrichtungen versehen, um dem so romantisch anmutenden Leben seiner Bewohner einen erträglichen Standard zu verleihen. Nachdem wir an der Mole noch einen kleinen Gemüsemarkt beobachtet haben, brechen wir zu einer malerischen Fahrt nach Rilán auf. Hier bestaunen wir die erste der zahlreichen Kirchen, die auf der Runde Circuito di Iglesias liegen.

Die chilotischen Kirchen stammen aus dem 18. Jh. und sind neben den deutschen und skandinavischen Holzkirchen die einzigen historischen aus diesem Material, die bis heute überdauert haben. Ursprünglich gehörten sie zu isoliert im Land stehenden Wandermissionen der Jesuiten, später der Franziskaner. Mit der Zeit wuchsen um die Gotteshäuser Dörfer. Die Kirchen stellten ein sichtbares Zeichen für die Macht des Christengottes dar und wurden daher entsprechend groß angelegt. Ihre Innenausstattung ist meist bescheiden, weil die Missionen arm waren. Gerade deshalb kommen Farben und Architektur des Holzes besonders gut zu Geltung. Filigrane und kleinteilige Gestaltung in den Innenräumen und geschnitzten Schindeln an den Fassaden sind die kostbaren Merkmale der einzigartigen sakralen Bauten Chiloes. Die 150 Jahre alte Kirche von Rilán ist ein Nationalmonument und typisches Beispiel für die überdimensionalen Kirchen in den winzigen Dörfern.

Unsere Rundfahrt führt uns auf die Isla Quinchao, eine langgestreckte Insel, die man nach einer 5 Minuten währenden Fährüberfahrt erreicht. Ihr ländliches Ambiente spricht mich sehr an. Wir sind hier auf der sogenannten Wollstraße unterwegs. Sehr bescheidene, um nicht zu sagen ärmliche Mini-Bauernhöfe säumen den Weg. Schafe, Kühe, Gänse und Ferkel wuseln auf den Weiden durcheinander, dass es eine Freude ist. Beim Anblick der Kartoffelfelder wird mir bewusst, dass die ersten Erdäpfel, die nach Europa verschifft wurden, aus Chiloe stammten. Fast in jeder Bucht wird Lachs gezüchtet – Chiloes große Einnahmequelle und ebenso großes Umweltproblem.

Glücklicherweise hat das Wetter heute ein Einsehen und es regnet nicht. Wenngleich der Himmel meist bewölkt ist und die Leuchtkraft des Sonnenscheins fehlt, verleihen Ginster, Lupinen, Fuchsien und Margeriten dem Grün des Landes freundliche Farbakzente. Beim Anblick der zahlreichen Vögel in Luft und auf dem Wasser schlägt mein Herz höher. Schwarzzügelibisse, zutrauliche Bronzekiebitze, Magellanausternfischer, Truthahngeier und verschiedene Raubvögel lassen sich fotografieren. Bemerkenswert und überaus fotogen sind auch die winzigen Behausungen der Chiloten. Wie bei den Kirchen machen die Einheimischen das Beste aus den kargen, zur Verfügung stehenden Mitteln. Die Außenfassaden ihrer Bauernhöfe bestehen aus farbenfrohen, geschnitzten Schindeln. Wie bunte Kanarienvögel hocken die Häuschen auf den Hügeln, ein jedes individuell gestaltet.

Der Hauptort der Insel Quinchao heißt Achao. In dem Dorf steht eine der ältesten Kirchen des Landes, Santa María de Loreto. Sie ist eine ehemalige jesuitische Mission und besteht aus Alerce- und Manioholz. Wir nehmen unser Mittagessen an der Hafenmole ein: Merluza a la blancha, Congrio frito – beides überaus schmackhafte Fischgerichte, dazu jeweils ein Gläschen weißen Missionsweins. Weitere Kirchen folgen: in Quinchao die grau verwitterte Iglesia de Quinchao, eine der größten kolonialzeitlichen Kirchen, 52 Meter lang, mit 18 Meter hohem Turm, und in Curaco die grüne Iglesia de Vélez.

Wieder zurück auf der Hauptinsel Chiloe gelangen wir zum Hafenort Dalcahue. Der Name leitet sich vom indianischen Wort Calca-hue ab, was sich auf die traditionellen Ruderboote der Huiliche bezieht. Die Iglesia Nuestra Señora de los Dolores empfängt uns leider mit geschlossenen Toren, das Kaffeehaus steht glücklicherweise offen. Verführerisches Aroma lockt uns in den urigen Gastraum. Beeindruckt beobachten wir, wie die Gäste am Nebentisch zwei überdimensionale Tortenstücke verschlingen, um sich gleich darauf einen Nachschlag zu bestellen.

Der Tag ist fortgeschritten, aber es warten noch zwei Kirchen auf uns. Wir erreichen einen Ort, der sich den Beinamen ‚Ende der Welt‘ gibt. In abgeschiedener Lage liegt San Juan, ein Weiler aus etwa zwanzig grauen Schindelhäuschen, die aussehen, als stammten sie aus der Stummfilmzeit; unwirklich dazwischen die mächtige Iglesia San Juan Batista. In der ruhigen Meeresbucht dümpeln zwei Schwarzhalsschwäne. Zuletzt noch die weiß-blaue Schönheit Iglesia de Nuestra Señora del Patrocinio in Tenáun – sie strahlt wie ein prachtvoller Sommerhimmel in hellblau und weiß.

Mehr schaffen wir an einem Tag beim besten Willen nicht. Das war Chiloe bei knappem Zeitbudget: sehr komprimiert aber überaus lohnend. Ein Woche ließe es sich hier wunderbar aushalten.

# Vulkane, Seen und Pinguine an einem Tag
## Islotes de Puñihuil, Fahrt in Richtung Chilenische Schweiz

Weil heute ein wolkenloser, warmer Tag ist, beschließen wir, den Nordwesten von Chiloe zu besuchen, ehe wir in Richtung Chilenische Schweiz aufbrechen. Die sonnige Landschaft macht vergessen, wie ausgesetzt sie zum Pazifik hin ist. Der meist mystischen, oft nebelverhangenen Stimmung entspricht die reiche Mythen- und Sagenwelt der Einheimischen. Das erste bekannte Volk der Inselgeschichte war das der Chono, zähe Seefahrer, die sich mit kleinen kanuartigen Booten den Fisch- und Muschelreichtum des Meeres erschlossen. Nach deren Verdrängung durch die Mapuche kamen die Spanier, welche die indianischen Ureinwohner christianisierten. In der ausnahmsweise relativ friedlich erfolgten Durchmischung hielten sich Legenden bis in die Gegenwart und begründeten den magischen Ruf Chiloes.

Götter und Göttinnen, Geisterschiffe und eine versunkene Kaiserstadt erstehen selbst in aufgeklärten Zeiten wie heute aus der oft wolkenverhangenen Szenerie. Sie gehören zum Inselarchipel wie die Menschen. Trauco und Pincoya sind Geister, die Musik, Tanz und Volksglauben beherrschen. Ihre menschlichen Entsprechungen, die Hexer, versuchen die unberechenbaren Kräfte der Natur durch Magie zu beeinflussen. Für die Vergehen realer ‚böser Buben' musste regelmäßig der zwergenhafte Trauco herhalten, wenn es darum ging, die Urheber ungewollter Schwangerschaften oder Inzest zu verschleiern. Obwohl seine männlichen Attribute bescheiden ausfallen, verfügt er über große Verführungskünste, hypnotisiert er doch leidenschaftlich gerne junge Frauen. Wer sich ihm widersetzt, dem zaubert er einen Buckel an oder verdreht ihm gar den Hals. Kein seefahrendes Volk kommt ohne Geisterschiff aus. Das von Chiloe ist von Hexen bewohnt, birgt die Leichen Ertrunkener und segelt vornehmlich unter Wasser. Kein Reisender hat je die mit Gold und Silber gepflasterte, versunkene Kaiserstadt gesehen, selbst wenn er mitten durch sie hindurchging. Dennoch sind die Chiloten davon überzeugt, dass es sie gibt. Sie wird am Tag des jüngsten Gerichts für alle sichtbar erstehen. Ich könnte noch Seiten füllen mit Bruderschaften männlicher Zauberer, fliegenden Frauen, dem bösen Blick und schmerzhaften Initiationsriten zum Eintritt in die Geisterwelt. Aber wir haben mittlerweile das sonnige Nordufer Chiloes erreicht und wenden unsere Aufmerksamkeit der westlich von Ancud liegenden Playa Lechagua zu. Auf unserem Strandspaziergang begegnen uns keine mythologischen Gestalten. Anders als die Möwen meiden die Lichtscheuen den Saum des strahlend blauen Wassers.

Die Islotes de Puñihuil sind bekannt für überaus sympathische Spukgestalten, die Pinguine. Weil wir die ersten Touristen des heutigen Tages sind, haben wir ein Boot, in das sicher 30 Passagiere hineinpassen, für uns allein. In den Gewässern vor Chiloe treffen zwei Meeresströmungen aufeinander, deshalb findet sich hier eine der wenigen gemischten Populationen von Humboldt- und Magellanpinguinen. Die Ersten erkennt man an der einfachen schwarzen Halskrause über dem weißen Bauch, die Zweiten an der doppelten. Zahlreiche Jungtiere rutschen vor unseren Augen ins Wasser und lassen sich bei ihren Tauchspielen nicht stören. Neben den Pinguinen gibt es noch Kormorane zu beobachten, sowie Ibisse und verschiedene Möwen. Während wir nach unserem einstündigen Ausflug in einem Lokal über der Bucht Empanadas (mit Hühner-, Rindfleisch oder Schinken und Käse gefüllte Teigtaschen) verzehren, beobachten wir, wie zum Bersten volle Boote Bustouristen zu den Pinguinen schippern. Ein großer Teil der Tiere hat bereits das Weite gesucht.

Jetzt heißt es Abschied nehmen von Chiloe. In der Ferne schimmern verheißungsvoll die Schneeberge der Carretera Central, welche sich auf unserem Circuito grande leider zeitlich nicht ausgehen. Das Ziel des heutigen Tages ist die Chilenische Schweiz im Norden. Nach recht ereignisloser Fahrt auf der Panamericana halten wir in Frutillar am Lago Llanquihue. Der Vulkan Osorno wird wegen seiner perfekten Form gerne mit Japans Fujisan verglichen. Heute spiegelt er sich als weißer Zuckergusskegel im stahlblauen See. Auf der Strandpromenade und der hölzernen Mole drängen sich die Touristen, einige Tapfere wagen sogar ein Bad im frischen Wasser. Der Vorsommertag erfreut uns mit einer Lufttemperatur von 24 Grad. Keine Wolke steht am Himmel.

Gegen acht Uhr Abend erreichen wir sehr müde den Lago Villarrica. Von der gleichnamigen Ortschaft sind es nun noch 25 Kilometer über die ufernahe Straße nach Pucon. Jeder Quadratmeter der Südseite des Sees ist im Besitz von Hotelanlagen. Diese verbergen sich, wie auch der Lago selbst, hinter dichtem Gehölz. Unsere Unterkunft in Pucon verströmt den Charme einer großen Almhütte. Es duftet nach Holz, die Ausstattung ist einfach. Im Haus sind wir die einzigen Gäste, während das Ortszentrum vor Touristen überquillt. In Ruhe wägen wir die Risiken einer Vulkanbesteigung ab. Der Villarrica hat sich uns bei der Herfahrt bis zur Basis als weißer Eiskegel gezeigt. Offenbar hat es in der letzten Zeit starke Schneefälle gegeben.

74

# Chilenische Schweiz / Seengebiet

# Der weiße Feuerberg
## Volcano Villarrica

Über Nacht haben wir Mut gefasst und werden nun unseren Wunsch, den Vulkan Villarrica zu bezwingen, in die Tat umsetzten. Beim Tourismusunternehmen Summit Chile rät man uns dringend davon ab, die Tour auf eigene Faust zu machen. Einige Argumente überzeugen. Erstens trauen wir unserem Mietauto die Anfahrt nicht zu. Es ist ein müder VW T-cross mit einem Automatikgetriebe, das ein nicht zu durchschauendes Eigenleben führt. Zweitens brauchen wir ohnehin das Tour-Unternehmen, um uns Steigeisen auszuleihen und drittens bekommen wir bei der organisierten Besteigung Gasmasken, Overalls und Plastikrodeln für die Abfahrt im Schnee zur Verfügung gestellt. Ausschlaggebend für unsere Bereitschaft, umgerechnet € 100,-- pro Person zu investieren, sind zwei Guides, die den Berg mit seinen Gefahren kennen. Immerhin brach der 2.840 Meter hohe Villarrica im letzten Jahrhundert zehnmal aus. Geläutert von meinem Wüstenerlebnis, gönnen wir unserem Körper noch einen Tag zur Anpassung an die klimatischen Bedingungen und setzen uns gedanklich mit dem Feuerberg auseinander.

Während wir auf einer lohnenden Rundfahrt die nähere Umgebung des Lago Villarrica erkunden, blinzelt sein Schneekegel durch einen Wolkenschal, der ihn den gesamten Tag einhüllt. Herunten am See baden hingegen die bis zu fünf Meter hohen Ginsterbüsche in der Sonne. Wir queren das Flussbett des Rio Tolten, der den Lago Villarrica durchfließt und als das Tor zum Seengebiet gilt. 55 Vulkane der Region sind aktiv und stellen eine permanente Gefahr für die Bewohner dar. Ihre Gipfel sind zumeist vergletschert und verwandeln sich während eines Ausbruchs in Schlammlawinen. Weil die Lava rasch abkühlt, fließt sie zwar langsamer, verbrennt aber alles, was sich ihr in den Weg stellt. Eine Eruption kann eine Kettenreaktion der anderen Vulkane hervorrufen, wie es zuletzt 1960 geschah. Die Seen der Region sind, wie übrigens auch die herrlichen Alpenseen, ein Relikt aus der Eiszeit. Das Wasser staute sich nach Rückzug der Gletscher hinter Endmoränenwällen. Im chilenischen und argentinischen Seengebiet führten zudem tektonische Verwerfungen zu Absenkungen, in denen sich Regen- und Schmelzwasser sammelten.

Wenngleich die Tour auf den Villarrica wohl eine der kommerziellsten Bergbesteigung Chiles ist, stapfen doch täglich über 100 Leute den Vulkan hoch, lohnt sich der Aufstieg in jedem Fall. Wo gibt es schon die Möglichkeit, in den Schlot eines Vulkans zu blicken, in dem in regelmäßigen Abständen das Magma bis 50 Meter unter den Kraterrand hochkocht. Für den Anblick von Lava wird natürlich keine Garantie abgegeben, ist doch die vulkanische Aktivität von Jahr zu Jahr verschieden. Zudem kann die Sicht in den Schlot durch starke Rauch- und Gasentwicklung behindert werden.

Den Abend vor dem Aufstieg verbringen wir am Strand von Pucon und beobachten amüsiert das Treiben der Erholungssuchenden. Die Einheimischen lassen sich im schwarze Lavasand die weißen Bäuche bräunen und ziehen auf Tretbooten, die stählernen Ungetümen gleichen, ihre Runden auf dem See. Das Gedränge an der Playa hält sich in Grenzen, denn wir befinden uns noch in der Vorsaison. Hier hat der Sommer eben erst begonnen. In einem italienischen Restaurant gönnen wir uns zwei große Portionen cremiger Pasta – Kohlehydrate steigern die Leistungsfähigkeit, hat man uns bei Summit Chile ans Herz gelegt. Mut und Kraft werden wir morgen gut brauchen können.

Als wir am folgenden Tag um 7 Uhr in einem kleinen Bus die Straße zur Talstation eines Schigebietes hochfahren, ist der Himmel noch bedeckt. Glücklicherweise verhindert der starke Wind nicht den Einsatz des veralteten Liftes. So ersparen wir uns den Fußmarsch über die ersten 400 Höhenmeter und vertrauen uns den wild schaukelnden Sesseln ohne Sicherungsbügel an. Wie wir bald feststellen werden, ist an unserer Tagestour nichts bequem. Am Beginn unseres Aufstiegs sind wir bereits völlig durchgefroren. Wir erhalten unsere Pickel und Steigeisen, sowie eine Einführung in den Gebrauch dieser Gerätschaften. Unverzüglich geht es los.

Landschaftlich werden wir mit Blicken auf den Lago Villarrica und zu den Vulkanen Llaima und Sollipulli belohnt. Bald wird das Gelände steiler und der Weg im eisigen Schnee anspruchsvoll. Alle Konzentration richtet sich auf die Fußstapfen des Vordermannes beziehungsweise der Vorderfrau. Ein Augenblick der Unachtsamkeit kann im abschüssigen Schnee schlimme Folgen haben. Zwei Pausen von je zehn Minuten auf unserem vierstündigen Aufstieg sind uns gegönnt – viel zu kurz, um das Panorama und die einzigartige Atmosphäre der schmauchenden Vulkanschönheit in Weiß zu genießen. Es bleibt nicht einmal Zeit, das Gesicht mit Sonnencreme vor der starken UV-Strahlung zu schützen, geschweige denn uns mit einer kleine Zwischenmahlzeit zu stärken. Die Fotos, die wir mit durchgefrorenen Fingern knipsen, sind aus der Hüfte geschossen. Viele fantastische Motive unterwegs bleiben lediglich Teil unserer Erinnerung. Als wir dem Kraterrand näherkommen, liegt schwarze Asche auf der bizarr zerrissenen Oberfläche des abschüssigen Schneefeldes. Wind, Luftfeuchtigkeit und die Strahlungswärme des Vulkans haben fantastische, waagrechte Eiszapfenwechten gebildet, in denen sich die Sonne tausendfach spiegelt. Auch hier keine Zeit für ein einziges angemessenes Foto.

Der Vulkan zeigt sich uns zur Hälfte gewogen. Wenngleich sich das Magma zu weit in den Schlot zurückgezogen hat, um uns einen Blick auf das feurige Herz unserer Erde zu gewähren, haben wir doch freie Sicht in den dampfenden Kessel und mäßige Gasentwicklung. Atmen ohne Gasmasken ist somit möglich. Einer unserer Guides erklärt mir, dass das Magma auf die Anziehungskraft des Mondes reagiere und deshalb gehäuft rund um den Vollmond zu sehen sei. Der Blick in den Krater ist auch ohne Lava beeindruckend. Zudem liegt uns das Seenland mit einem lichten Teppich aus Schönwetterwolken zu Füßen. Wieder sind uns lediglich zehn Minuten gewährt, ehe wir aus Sicherheitsgründen den Gipfel unserer  Tour wieder verlassen.

78

Abwärts geht es, wie versprochen, mit einem Plastik-Rutsch-bob – ein Spaß, der lustiger klingt, als er ist. Unsere Gruppe, bestehend aus zehn Teilnehmern, begibt sich nämlich in einer Rinne, gerade einmal so breit wie unsere Hintern, auf eine wahre Höllenfahrt ins Tal. Unsere einzige Bremse ist der Pickel, den wir mit allen uns zu Verfügung stehenden Kräften, in den vereisten Schnee rammen müssen, wollen wir dem Vorderen nicht in den Rücken krachen. Kreuz, Wirbelsäule und Nacken dienen als Stoßdämpfer. Auf unsere Frage, ob der Villarica das ganze Jahr über schneebedeckt sei, erfahren wir, dass er sich ab Ende März als schwarzer Kegel mit vereister Spitze zeige, die nur für erfahrene Bergsteiger zu erklimmen wäre. Glück gehabt!

Bei der Heimfahrt bekommen wir noch weitere interessante Informationen: Der Villarica ist ein Stratovulkan, dessen Höhe von seiner Basis gerechnet, 2.450 Meter beträgt. Seine Eiskappe misst im Jahresdurchschnitt 40 Quadratkilometer. Der Krater hat einen Durchmesser von 200 Metern und eine variable Tiefe von 100 bis 50 Metern. Der ursprüngliche Name des Vulkans lautet Ruca Pillán, was in der Sprache der Mapuche so viel bedeutet wie Haus des Pillán.

Der Begriff Pillán bezieht sich dabei auf einen mächtigen Geist, der in der spirituellen Vorstellungswelt der Mapuches stets gegenwärtig ist und als eine Verkörperung der Vorfahren des Volkes interpretiert wird. Er stellt die, nach der Naturgottheit Ngen, am meisten beschworene Wesenheit der Indianer. Seine kultische Verehrung erfolgt in Form von Säulen. Unter Einfluss der christlichen Missionierung wurde er fälschlicherweise zu einem Synonym für das Böse. Die Säulen des Pillán stehen mit den Vulkanen in Verbindung, da unter ihnen ñuke mapu, die Mutter Erde, beheimatet ist. Deshalb wird der Pillán auch häufig als das Wesen bezeichnet, das die Wut der Vulkane hervorruft. Auch der Name, den das Volk der Mapuche sich selbst gab, bezieht sich auf die Feuerberge, denn er entspringt der Vorstellung, ihre Urväter hätten diese bewohnt. Mapu bedeutet Erde und che Mensch. Zwangsläufig stelle ich Querverbindungen zur indonesischen Mythenwelt her. Dort residiert in den Vulkanen Shiva, der sowohl für Zerstörung als auch für Wiedergeburt steht. Im ursprünglichen Verständnis haftet ihm somit nichts Böses an.

Wirklich böse hingegen ist mein Allgemeinzustand nach der Gewalttour. Ich tröste mich mit der Erfahrung, dass man die körperliche Krisis bald vergisst, während die Erinnerungen bleiben.


## Eine Allegorie aus Feuer und Wasser
### Siete Lagos, Lago Calafquen, Termas Geometricas, Lago Panguipulli

Glücklicherweise haben sich unsere müden Glieder über Nacht regeneriert und heute erwartet uns ein herrlicher Sommertag. So ist unsere Gewalttour auf den Eisvulkan ‚Schnee von gestern‘ und wir brechen frohen Mutes in die Region Siete Lagos auf, die als die ruhigste im Seengebiet gilt. Die Straße zum Lago Calafquen führt durch Frühlingswiesen und Wälder mit mächtigen Bäumen, vorbei an Blockhütten, von denen viele als Cabañas vermietet werden – eine Idylle, wie man sie auch im Salzkammergut vorfinden könnte, wären da nicht die Schneekegel der Vulkane Villarrica, Choshuenco, Lanin und Quetrupillan. Das Gebiet der Sieben Seen fühlt sich wie eine Allegorie aus Feuer und Wasser an.

In Lican Ray dümpeln einige Fischerboote in der Bucht des fjordartigen Sees, kleine farbenfrohe Plastikkanus warten darauf, dass die Langschläfer-Gäste ihr Frühstück beenden und sich ans Wasser begeben. Der Ort hat vor allem Ruhe zu bieten. Uns schenkt er eine erste Rast bei zwei Espresso simple auf einer sonnigen Seeterrasse. Kaum zu glauben, dass wir uns mitten im Advent befinden! Zahlreiche Evakuierungstafeln weisen darauf hin, dass sich einer der Feuerberge in unmittelbarer Nähe befinden muss. Wenige Kilometer weiter auf unserer Route öffnet sich die Hügelkette und macht einem breiten, schwarzen Lavastrom Platz, der sich in den See ergossen hat. Im Hintergrund leuchtet der ‚Übeltäter‘, unser Volcano Villarrica. Der Lago Calafquen verfügt über herrliche, schwarzsandige Buchten. Völlig unerwartet kommen wir in ein wahres Vogelparadies. Hübsche, große Enten, Wildgänse, Ibisse und Kiebitze tummeln sich am Ufer und im Wasser. In den Wiesen weiden Alpakas und Schafe. Kein Mensch weit und breit, nur eine Hütte mit einem freundlichen Hund, der dunkelblaue See, grüne Hügel und Stille.

Nach dem friedlichen Örtchen Coñaripe, dessen Name aus der Mapuchesprache stammt und Kriegspfad bedeutet, zweigt eine schmale Schotterstraße ab, die gleich zu vier Aquas calientes führt. Man darf sich hier in Chile unter Thermen allerdings keine Wellnessoasen wie in der Steiermark vorstellen. Vielmehr verbergen sich die kleinen Anlagen im wunderschönen Mischwald des Tales, der allein schon die Fahrt hierher rechtfertigt. Auf der fruchtbaren Vulkanerde gedeihen mächtige Südbuchen, Alercebäume (eine Zypressenart), Föhren und andere, mir nicht bekannte Nadelgewächse, deren ‚Maiwipferln‘ gelb in der Sonne leuchten. Lichtet sich der Wald, wechseln die Farben der Wiesen zwischen Sauerampferrot und Hahnenfußgelb. Wieder schütteln wir den Kopf, angesichts des Datums: 4. Dezember! Restlos begeistert sind wir vom wilden, kleinen Fluss. Klar und ungebändigt schwingt sich das Schmelzwasser der vulkanischen Eiskappe durch das einsame Hochtal.

Wir haben uns von den zahlreichen Warmwasserbädern der Region die Termas Geométricas ausgesucht, weil sie eine spektakuläre Symbiose von Landschaftsarchitektur und natürlicher Umgebung eingehen. Der bekannte chilenische Architekt Germán del Sol bettete seine Anlage zwischen steile Bergwände und Felsnischen, verband 20 Becken mit Laufstegen und schuf somit eine Oase des Wohlbefindens für verspannte Muskeln und überbeanspruchte Augen, die hier in Schönheit baden. Unter den mächtigen, grünen Schirmen des Riesenrhabarbers Nalca gluckert der Bach, von den Hängen rieseln feine, als natürliche Duschen dienende Wasserfälle. Allerdings ist der Temperaturunterschied zwischen den bis zu 46 Grad heißen Badebecken und dem eiskalten Schneewasser nur für äußerst abgebrühte Warmbader und Kaltduscher geeignet. Wenige Minuten in einer der Badewannen, die wir übrigens fast für uns allein haben, und der letzte Rest an Gliederschmerzen ist wie weggeblasen.

Weiter geht unsere Fahrt, vorbei am Lago Pullinque, ehe wir am Abend den Lago Panguipulli erreichen, den letzten der SeensSchönheiten für heute. Hier quartieren wir uns in einer Cabaña ein und lassen den Tag bei einem Sonnenuntergang auf unserem Balkon ausklingen. Als die Dämmerung hereinbricht, geben sich direkt vor unseren Augen neun Kiebitze gackernd dem Spiel mit dem aufkommenden Abendwind hin. Die Gastgeberin hat uns zuvor großzügigerweise mit Eiern und Kuchen versorgt, obwohl wir die Cabaña, unser einfaches Privatquartier, ohne Verpflegung gebucht haben.

# Wenn das Wasser Saltos schlägt
## Lago Panguipulli, Salto Huilo Huilo, Lago Pirihueico, Puerto Fuy, Lago Ranco

Wir haben in unserer Cabaña Villa Las Encinas gut geschlafen und starten in einen frischen, aber freundlichen Morgen. Die Straße zu Chiles größtem Wasserfall, der den lustigen Namen Salto Huilo Huilo trägt, führt das malerische Ufer des Lago Panguipulli entlang und verwöhnt uns mit zahlreichen Aussichtspunkten auf den See und Volcán Choshueno. Die von Frühlingsblumen förmlich überschütteten Wiesen fallen in weichem Schwung in das dunkelblaue Wasser ab und machen vereinzelt Schotterflächen kleiner Flussläufe Platz. Die Morgenluft ist dermaßen gehaltvoll, dass es mir vorkommt, als schmecke ich die Ausdünstungen von Blüten, Bäumen und den Atem des Wassers auf dem Gaumen.

Am Ende des Sees queren wir mehrmals den prachtvollen, wasserreichen Rio Fuy, ehe wir die Geländestufe erreichen, an der er sich wie ein Salto schlagender Wasserfall gebärdet. Wir steigen auf einem Pfad durch den Urwald hinunter zu mehreren Plattformen nahe dem Schauspiel. Die Gewalt der Elemente ist immer beeindruckend. Das Feuer der Vulkane, die Falken, Ibisse und Kiebitze der Lüfte und die ungebändigte Kraft des Wassers – Chiles urwüchsige Natur macht demütig! Im Licht der Sonne bäumt sich der Fluss gegen die Schwerkraft auf und schäumt in die Höhe. Zu Nebel zerstäubt, bricht er das Sonnenlicht in Strahlenbahnen, die aussehen, als wären sie mit feinen Tuschestiften gezeichnet. Wer genau zuhört, kann im Donnern von Milliarden Wassertropfen ein jubelndes ‚Huilo Huilo' vernehmen. Es scheint, als freue sich das Wasser über das bedeutungslose Wortspiel in seinem Namen. Wenige Meter weiter verwandelt sich der Fluss in ein grünes Band aus Smaragdbecken.

Nach einer kurzen Fahrtstrecke flussaufwärts gelangen wir zum Lago Pirihueico, den man mit einer großen Autofähre queren kann, um nach Argentinien zu gelangen, dem Ursprungsgebiet des Rio Fuy. In einer Freiluft-Artesaneria bewundern wir die urwüchsigen Motive der heimischen Holzschnitzkunst, ehe wir zurück nach Panguipulli fahren. In Ermangelung einer geeigneten Verbindungsstraße zum Lago Ranco, nehmen wir einen Umweg über Los Lagos und erreichen gegen Abend unser Quartier Cabañas Lafquinhue in Frutrono. Wir residieren hier in einem geräumigen Bungalow hoch über dem See. Auf der sonnigen Terrasse lassen sich Kiebitze, Ibisse und Falken wunderbar beobachten. Im Himmel kreuzen sich die Pfade der Vögel, Luftrouten, die unsichtbaren Gesetzen folgen, sich an Magnetfeldern orientieren oder jetzt, am Abend einfach den Schlafplatz zum Ziel haben.

Frutrono ist, wie die meisten Ortschaften, die wir in Chile gesehen haben, ein gesichtsloses Dorf. Um eine Geschäftsstraße versammeln sich zugegebenermaßen originelle Häuschen, die allerdings zusammengewürfelt wirken. Den hübschen österreichischen Ortskernen hat das schöne Chile nichts entgegenzusetzen. In einer netten Gastwirtschaft beruhigen wir unsere krachenden Mägen mit zwei Henderlgerichten.

# Von Ottowitzen und deutscher Tüchtigkeit
## Lago Ranco (Llifen, Salto del Nilahue, Salto Rininahue), Lago Llanquihue (Puerto Varas)

Bei bedecktem Himmel beginnen wir heute Morgen unsere Um-
rundung des Lago Ranco in Richtung Osten. Der schönste Teil
des Sees liegt an der Straße zur Halbinsel von Riñinahue. Nach
dem verschlafenen Örtchen Llifén nehmen wir eine kleine Berg-
wertung und kommen zum Wasserfall Salto del Nilahue. Es folgt
der ebenso beeindruckende Salto Riñinahue. Weiter geht unsere
Fahrt entlang der geschwungenen Küstenlinie des Sees, die Kraft
und Ruhe ausstrahlt. Die zahlreichen Aussichtspunkte schenken
herrliche Tiefblicke auf viele größere und kleinere Inseln. Rund
um den Lago Ranco wachsen noch Restbestände alter Araukari-
en, die wir auf unserer Reise bisher fast nur als junge Garten-
oder Parkbäume zu Gesicht bekommen haben. Die Region um
den Lago Ranco ist Landwirtschaftsgebiet, von Farmern mit relativ kleinem Landbesitz in kurzer Vegetationszeit und ganzjähri-
gem Regen bewirtschaftet. Die Einnahmen aus der Milchwirt-
schaft werden durch sanften Tourismus aufgebessert. Im Winter
suchen die Männer Arbeit in den Städten.

Gegen Mittag schließen wir die Runde um den Lago Ranco,
schwingen uns auf die Panamericana, die hier Ruta 5 heißt, und
fahren nach Puerto Varas am Lago Llanquihue. Reisende und
Abenteuerlustige erkoren das 41.000 Einwohner zählende See-
städtchen vor der Kulisse des Vulkans Osorno zu einer ihrer
Lieblingsadressen. Der Ort wurde 1845 als Seehafen und Verbindung zum Handelszentrum Puerto Montt gegründet, um die
landwirtschaftlichen Produkte der Region grenzüberschreitend
vermarkten zu können. Die Kette der Andenseen bot vielfältige
Verbindungsmöglichkeiten, auch nach Argentinien. Drei Jahre
vor der Stadtgründung hatte der preußische Seemann und Abenteurer Bernhard Philippi erreicht, dass das Siedlungsgebiet am
Lago Llanquihue der deutschen Einwanderung zugesprochen
wurde. Zuvor war die Region fast aufgegeben worden und in der

Folge in Vergessenheit geraten, weil die Mapuche ihre Heimat leidenschaftlich verteidigten. Nach der Entdeckung durch Pedro Valdivia im Jahre 1552 hatten die Spanier wegen der indianischen Überfälle die Region sogleich wieder fluchtartig verlassen. Für die Urbarmachung der Wildnis durch die Deutschen ließ man von Osorno aus einen Weg in den Urwald brennen. In den 50er Jahren des 19. Jh.s. erfolgte die größte Einwanderungswelle. Millionen Menschen kehrten wegen Missernten und politischer Unruhen ihrer europäischen Heimat den Rücken. Die Siedler wussten ihr technisches Wissen zu nutzen und spielten bald eine wichtige Rolle in Handel und Industrie. Trotz der gewöhnungsbedürftigen klimatischen Bedingungen betrieben sie Landwirtschaft und arbeiteten als Gerber, Schmiede, Zimmerer, Bierbrauer, Uhrmacher, Schlosser und Schneider. Zudem errichteten sie die ersten Hochöfen Lateinamerikas.

Die hochgepriesene mitteleuropäische Ästhetik der Bauwerke von Puerto Varas ist allerdings in die Jahre gekommen. Obwohl 20 Häuser der Gründerzeit unter Denkmalschutz stehen, verfallen diese zusehends. Auf den Holzschindeln der Villen kann man zwar noch deutsche Namen lesen, aber den Wohlstand der Einwandererfamilien sieht man ihnen nicht mehr an. Auch die Farbe an der Fassade der Iglesia Sagrado Corazón blättert von Holz und Wellblech. Den Alemanes, die von den Chilenen halb scherzhaft ,Ottos' genannt werden (Ottowitze sind in der Region sehr beliebt!), wirft man vor, einen Staat im Staat zu bilden. Angeblich schotten sie sich ab und betreiben einen missionarischen Bewahrungskult. So gibt es in der Region 24 Deutsche und Schweizer Schulen, sowie zahlreiche Lehranstalten mit germanistischen Abteilungen.

Wir beziehen im Hotel ,Mein Haus', hoch über der Stadt ein Zimmer mit Blick auf See und Vulkan.

# Zweikampf
## Lago Llanquihue, Saltos del Petrohué

Wie wir es bereits mehrmals in der Seenregion erlebt haben, klärt sich gegen Mittag der Wolkenhimmel. So nehmen wir uns vorerst Zeit für allerlei Erledigungen wie erste Recherchen zu Patagonien, schreiben unsere Weihnachtspost und geben ein kleines Paket bei der Post Correos de Chile auf. Letzteres wächst sich zu einem wahren Pakerlwahnsinn aus, der uns das erste Mal auf unserer Reise eine Art Kulturschock verpasst. Die Schachtel mit harmlosem Versandgut, das unsere Koffer etwas erleichtern soll, wird aufgeschnitten und ausgeweidet. Dann wieder umständlich neu verklebt. Drei Formulare sind auszufüllen, über den Inhalt eine ‚eidesstattliche‘ Erklärung abzugeben. Alle Dokumente werden mit diversen Stempeln versehen. Als das Paket gewogen, abgemessen und das Porto bestimmt ist, gibt es kein Zurück mehr, denn die Menschenschlange hinter uns ist schon bis ins Freie angewachsen und beobachtet uns aus ungeduldig bis verärgerten Gesichtern. Zähneknirschend zahlen wir über € 50,--, damit wir ein paar Bücher, Mitbringsel und nicht länger benötigte Kleinigkeiten loswerden. Auf den Schreck hin brauchen wir gleich zwei Espresso doble und einen Kuchen. Letzterer heißt hier wie zu Hause Kuchen. Endlich können wir aufbrechen, um das Südufer des Lago Llanquihue zu erforschen.

Unser letzter See der Chilenischen Schweiz ist der größte und trägt den Ehrentitel Großvater der Seen. Sein Name lautet Lago Llanquihue, ist der Sprache der Mapuche entnommen und bedeutet tiefe Stelle. Etliche Playas (Strände) laden an schönen Tagen zum Baden ein. Von der Laguna La Poza ginge es mit dem Boot zur Isla Loreley. Holzhäuser im Schwarzwaldstil, wesentlich schöner und besser erhalten als die deutschen Villen in der Stadt, säumen die Straße. Je näher wir dem Vulkan Osorno kommen, umso atemberaubender wird sein Anblick. Im Hintergrund noch klein, weil bereits an der argentinischen Grenze gelegen, blinkt der Volcan Puntiagudo herüber. Wir bedauern, nicht länger verweilen zu können, denn bei Ensenada steigt eine Stichstraße auf 1.800 Meter Höhe an und führt zum Schigebiet des Osorno.

Erzwungenermaßen begnügen wir uns für heute mit einem Besuch der Wasserfälle Saltos del Petrohué im Parque Nacional Pérez Rosales. Wir werden zwar morgen im Rahmen unserer organisierten Tour ,Cruce de Lagos' hier vorbeikommen, fürchten aber, dann zu wenig Zeit und Ruhe zu haben, um das Naturschauspiel in Ruhe genießen und fotografieren zu können. Zudem liegen der Vulkan und das stürzende Wasser heute in voller Sonne – ein wahrlich prachtvoller Anblick!

Ursprünglich waren die beiden Seen Llanquihue und Todos los Santos miteinander verbunden. Eine Eruption des Osorno trieb einen Lavastrom als Keil in das Wasser. Weil der flüssige Gesteinsstrom unter dem Eisschild des Vulkans abfloss, verlor er an Geschwindigkeit und lagerte sich in besonders mächtigen Schichten ab. Das schwarze Feld bildet heute das Bett des Rio Petrohué. Zweimal floss hier die Glut, verfestigte sich, zerbrach und wurde erneut von einer Schicht Lava bedeckt. In zahllosen Verzweigungen staut sich der Wasserreichtum von Regen und Schneeschmelze und sucht vor unseren Augen seinen Weg zwischen wie Obsidian glänzendem Basalt. Es tobt und faucht, als dampfe der Fluss noch immer am glühendem Grund. Wenngleich sich das Strömen schlussendlich nicht bremsen lässt, geht das Wasser aus dem Zweikampf nur scheinbar als Sieger hervor. Unmittelbar hinter dem Schauspiel erhebt sich drohend der Vulkan. Kein Zweifel! Er schläft nur und wartet auf den passenden Moment, um wieder zuzuschlagen.


## Cruce Andino
### In der Argentinischen Schweiz

Das Gegenstück zur Chilenischen Schweiz ist auf argentinischer Seite die Region um San Carlos de Bariloche und San Martin. Eine Kette aus Seen und ein niedriger Andenpass machen eine

Passage innerhalb eines Tages möglich. Alles, was man dafür tun muss, ist sich einer Agentur anzuvertrauen und tief in die Geldtasche zu greifen. Beides haben wir getan.

Um 8.00 Uhr starten wir in einem luxuriösen Bus von Puerto Varas nach Petrohué. Während der gesamten Fahrt werden wir entweder live oder via Toneinspielung über Wissenswertes informiert, wechselnd auf Spanisch und Englisch. Weil wir bereits gestern die Saltos des Rio Petrohué bestaunt haben, setzen wir uns in die Cafeteria am Eingang des Besucherzentrums, um Fotos für unseren nächsten Blogeintrag auszusuchen. Wir beobachten eine sehr mitteilsame, freundliche Frau beim Zubereiten eines traditionellen Gebäcks, der pan con chicharo. Sie besteht darauf, dass ich jeden Arbeitsschritt fotografiere und würde mich am liebsten den Teig kneten lassen. Begeistert schwärmt sie von den Grammeln, die in das Brot eingearbeitet werden. Als wir uns um 10.00 Uhr beim Treffpunkt für die Weiterfahrt einfinden, stellen wir mit Entsetzen fest, dass der Bus bereits abgefahren ist. Offensichtlich haben wir irgendetwas falsch verstanden. Jetzt ist guter Rat teuer, denn in einer halben Stunde legt in 5 Kilometern Entfernung unser Schiff ab. Glücklicherweise nimmt uns ein öffentlicher Bus mit und wir erreichen den Steg wenige Augenblicke vor der Abfahrt des Schiffes. Nicht vorzustellen, was wir gemacht hätten, wären wir nicht zur rechten Zeit gekommen. Das Gepäck wird unabhängig von uns transportiert und ist natürlich längst an Bord. Wieder einmal haben wir mehr Glück als Verstand.

Die Fahrt über den Lago Todos Los Santos, den Allerheiligensee, mit Blick auf die Vulkane Osorno und Puntiagudo ist überaus genussvoll. Wir haben selten eine so schöne Landschaft gesehen. Die Sonne verwöhnt und schenkt uns auch heute einen strahlenden Tag. Spitz wie eine Nadel sticht der Krater des Puntiagudo in den Himmel. Er verlor im Jahre 1960 bei einem Ausbruch einen Teil seines Gipfels. Der verzweigte See erinnert an einen norwegischen Fjord, nur die Vulkane passen nicht zum Eindruck, in Skandinavien unterwegs zu sein. Ehe wir in Puella anlegen, steuert der Kapitän das Schiff so nahe an einen Wasserfall heran, dass wir fast eine Dusche verpasst bekommen.

Eine der deutschen Sprache mächtige Reiseleiterin, eine junge Mapuche, sucht während der Überfahrt das Gespräch mit mir und klagt über die unsichere politische Situation Chiles. Sie erzählt, sie wisse nicht, ob sie im nächsten Monat noch Arbeit haben werde, weil die Touristen aufgrund der sozialen Unruhen vermehrt wegblieben. Die jungen Leute in Chile hätten kein Familienleben mehr, weil Mann und Frau damit zu kämpfen hätten, finanziell irgendwie über die Runden zu kommen. Zuletzt ertönt wieder das empörte Klagelied auf die in- und ausländischen Kapitalisten, die das Land aufkauften. Die junge Frau bittet mich, nach meiner Rückkehr in Europa von den schönen Seiten ihrer Heimat und den freundlichen Menschen, die uns hier begegnen, zu berichten.

In Puella entscheiden wir uns gegen ein überteuertes Mittagessen und für eine eineinhalbstündige Fahrt mit einem abenteuerlichen, offenen Allradbus durch das blühende Hochtal des Río Negro. Als Kühlerfigur des Fahrzeugs dient ein bleicher Rinderschädel. Am Ende des Allerheiligensees öffnet sich eine weite Sumpfzone voller gelber Teichlilien. Wir besuchen eine Mischung aus Farm und Tierpark mit Alpakas, Eseln, Ziegen, fantastischen Hühnern sowie zwei Nandus und holen uns die Tiere Patagoniens im Gehege direkt vor die Kamera. Auf der Weiterfahrt geht es durch zwei Furten und anschließend mit einer kleinen Barke auf das stille Gewässer des Río Negro. In der Mitte des freundlichen Strömens stellt unser Kapitän für eine Viertelstunde den Motor aus, und fordert uns auf zu lauschen. Es herrscht Stille, bis wir die leisen Töne der Natur wahrnehmen: die Schreie der zahlreichen Raubvögel in der Luft, das Rauschen der Schwingen eines großen Fischreihers, das Wispern des Wasserfalls in der Ferne …

Um 14.00 Uhr geht es mit dem Bus weiter nach Puerto Frías. Wir haben mittlerweile einen neuen Guide bekommen, der uns in die hochinteressante Botanik und Fauna der Region einführt. Auf jede unserer Fragen bekommen wir umfassende Antworten. Wir sind hier in einem außertropischen, immergrünen Regenwald unterwegs. 95% der Bäume wechseln ihre Blätter nicht. 64 % der Pflanzen sind endemisch, was sich aus der isolierten Lage Chiles ergibt. Das schmale Land bildet eine Art biogeografische Insel, abgeschottet im Norden durch die Wüste, im Süden durch das subpolare Patagonien, im Westen durch den Pazifik und im Osten durch die Anden. Die Bäume, die uns gezeigt und erklärt werden, heißen: Arrayan (Iuma Apiculata – eine Myrthenart), Chigue (Nothofagus Dombeyi) und der Chusquea culeou, die weltweit einzige Bambusart, die sich an Bäumen hochrankt, um mehr Licht zu bekommen. Besonders beeindruckend ist die Alerce. Der älteste Baum dieser Art in Chile sei 3.800 Jahre alt. Das Höhenwachstum des Baumes liege bei einem Zentimeter, das Breitenwachstum bei einem Millimeter pro Jahr. Ich fotografiere ein jugendlich anmutendes, etwa sieben Meter hohes Exemplar. Der Baum ist an die 700 Jahre alt! Llengas, eine der wenigen Laub abwerfenden Baumarten der Region, färben den Wald im März rot, schwärmt unser sympathischer Führer. Von den Tieren des Nationalparks erwähnt er den Berglöwe genannten Puma, der ein Jagdrevier von 260 Quadratkilometern für sich in Anspruch nehme. Eine Affenart bevölkere die Bäume, deren Evolution bis 200 Millionen Jahre in die Vergangenheit wissenschaftlich erforscht sei, in eine Zeit, als die Kontinentalmassen noch im Urkontinent Gondwana verbunden waren.

Auf der zwei Stunden währenden Teilstrecke über eine wilde Schotterstraße überqueren wir die Andenkordillere in nur 976 Metern Höhe. Am höchsten Punkt liegt die Grenze zwischen Chile und Argentinien. Die Aus- bzw. Einreise erfolgt in drei Schritten; hoch-offiziell die chilenischen Grenzbeamten, die wieder energisch die PDI einfordern, relaxt die argentinischen, zuletzt der Zoll. Mein Koffer wird geöffnet, untersucht, die von mir vergessene Mango darin glücklicherweise übersehen.

In Puerto Alegre erinnern eine Bilddokumentation und ein Motorrad Che Guevaras daran, dass der in Argentinien geborene Revolutionär hier auf einer großen Südamerikareise durchkam. Es folgt unsere nächste Schifffahrt über den Lago Frias – wieder eine der blauen Schönheiten des Landes. Rechts erhebt sich der Vulkan Tronadór, der Donnerberg, mit seinen sieben Gletscherzungen. Noch eine Busfahrt, noch ein See und die letzte Teilstrecke nach Bariloche – wir sind schon sehr müde. Beim Warten auf das Schiff in Puerto Blest unterhalte ich mich auf Englisch mit zwei älteren Damen aus Buenos Aires. Eine von ihnen kennt Graz und St. Johann im Pongau – wir lachen über diesen Zufall. Die Dämme sind gebrochen und ein angeregtes Gespräch entwickelt sich. Auch hier wieder die Klage über die sozialen Missstände und die Ausbeutung von Mensch und Natur. Die Revolten seien kein argentinisches oder chilenisches Problem. Ganz Südamerika sei dabei aufzustehen und für einen Umbruch zu kämpfen. Egal mit wem man spricht – alle sagen, es muss sich etwas ändern und setzen die Hoffnung auf die neue Generation.

Der letzte See des heutigen Tages ist der große Lago Nahuel Huapi. 9 km lang liegt er, die Form eines Tigers bildend, in den auslaufenden Anden. Auf der Insel Perito Moreno starb der gleichnamige, argentinische Politiker, der für die Errichtung des ersten argentinischen Nationalparks, den Nahuel Huapi, verantwortlich zeichnet. In Puerto Pañuelo bestaunen wir das luxuriöse Hotel Llao Llao des Stararchitekten Bustillo, ehe es an der Uferstraße, vorbei an überaus komfortablen Hotelanlagen und Privatunterkünften, endlich nach Bariloche geht. Selbst Kitzbühel und Zermatt könnten weder mit der Anzahl, noch mit dem Luxus von Bariloches Unterkünften mithalten! Offensichtlich hat Patagoniens Toparchitekt Alejandro Bustillo der Stadt seinen Stempel aufgedrückt. Er ist bekannt dafür, dass er in seinem charakteristischen, europäisch-andinen Stil Natur und Bauwerk in Einklang bringt. Seine bekanntesten Werke sind die Nationalparkverwaltungen Bariloches und San Martíns de los Andes, die Catedral Nuestra Señora del Nahuel Huapi in Bariloche und das Hotel Llao Llao, das wir eben bestaunt haben.

Bei unserer Ankunft im geschäftigen Städtchen ist es bereits 21.00 Uhr. In der Fußgängerzone ist der Bär los – welch ein Unterschied zu Chile! Ein Konsumtempel neben dem anderen. Wir

91

kommen uns wie in der Mariahilferstraße in Wien vor. Unsere einfache Hostería Piuke liegt zentral aber ruhig. Vor allem ist sie erschwinglich. Weil wir erfahren, dass heute Abend auf der Plaza der Weihnachtsbaum aufgestellt wird, siegt unsere Neugier über die Müdigkeit und wir werfen uns noch einmal in das Getümmel aus Menschen. Der Platz kommt zwar in seiner überaus stimmungsvollen Beleuchtung einem weihnachtlich geschmückten, alpinen Dorf nahe, aber der Christbaum ist ein Kunststoffwedel, in zuckeligen Farben illuminiert. Bariloche wurde 1902 gegründet und fristete ein bescheidenes Dasein, bis die Eisenbahn in den 1930er Jahren den Weg zum Lago Nahuel Huapi erleichterte. Heute zählt das hochtouristische Städtchen über 100.000 Einwohner. Der Parque Nacional Nahuel Huapi beginnt wenige Minuten von der Stadtgrenze entfernt.

## Beglückende Natur
### Camino de los Siete Lagos

An der Ostseite der mächtigen Kordillere führt eine Zweitagestour als herrliche Rundfahrt von Bariloche nach San Martín los Andes und zurück. Weil die Übernahme unseres neuen Mietwagens am Flughafen etwas länger dauert als gewöhnlich, geht es für uns erst gegen Mittag los.

Man möchte meinen, dass wir nach der gestrigen Fahrt für eine Weile genug von Seen haben. Dem ist nicht so, denn heute sind wir auf dem Camino de los Siete Lagos, der Route der sieben Seen, unterwegs. Die ersten 100 Kilometer führt die schmale aber gut ausgebaute Panoramastraße am Nordufer des Lago Nahuel Huapi bis zum hübschen Ort Villa la Angostura. Die Hänge sind überschüttet mit dem Gelb des Ginsters, übertrumpft von eingestreuten Inseln leuchtenden roter Feuerbäume, auch patagonischer Sylvesterbaum genannt (Embothrium coccineum Notro). An den Wasserläufen wiegen Lupinen und Islandmohn im Wind, die Ortschaften duften nach Rosen. Ganzjähriger Regen, starke

92

Sonneneinstrahlung an Schönwettertagen und die fruchtbare Vulkanerde der Region sorgen für einen fantastischen Blütenreichtum. Wie unberührte Kleinode liegen die Seen links und rechts der Straße in mächtigen Urwäldern. Ob die vielen Baumgerippe dem Klimawandel zuzuschreiben sind oder nicht, entzieht sich meiner Kenntnis. In jedem Fall verleihen die toten Riesen mit ihren bleichen Ästen und Stämmen dem Ambiente etwas Gespenstisches. Sie wirken wie ein in der Bewegung erstarrtes Heer aus Riesen mit wirren Flechtenbärten. Im Tal zwischen dem Lago Villarino und Lago Falkner rasten wir an dem Wiesenufer eines Flüsschens und verzehren genussvoll unsere mitgebrachten Kirschen und Marillen – süß, süßer am süßesten. Wir nutzen die Sonnenstrahlen, indem wir uns möglichst flach machen, um dem Wind wenig Angriffsfläche zu bieten, und bestaunen die Flugkünste der Falken über unseren Köpfen. Den kräftigen Schwingen der Raubvögel trauen wir zu, mit den Böen fertig zu werden, die kleinen Mehlschwalben hingegen scheinen auf den ersten Blick hilflose Spielbällchen des Windes zu sein. Aber der Eindruck täuscht. Die neugierigen Vögel schaffen es sogar, auf weniger als einen Meter heranzukommen. Für den Bruchteil einer Sekunde beäugen sie uns, um dann mit an die 50 km/h wieder abzuzischen und irgendwelchen für uns unsichtbaren Insekten nachzujagen. Einfach fantastisch! Dann sind da noch die grünen Sittiche, die dem Regenwald entkommen zu sein scheinen. Wie beglückend Natur in Abwesenheit des Menschen ist, erfahren wir in dieser halben Stunde stillen Beobachtens. Wie schön muss unserer Erde einmal gewesen sein!

Für die Fotostrecke die Namen der Seen und Flüsse: Lago Espejo (Spiegelsee), Lago Correntoso (strömungsreicher See), Rio Pichi Traful, Lago Escondido, Lago Villarino, Lago Falkner, Cascada Vuliñanco (benannt nach den Falken), Lago Hermosa (Der Schöne) und Lago Lácar.

Am Abend erreichen wir San Martín los Andes, ein schönes Bergdorf mit 30.000 Einwohnern. Chalets verleihen ihm ein kurstädtisches Ambiente. Unser kurzer Weg zu einem Restaurant wird zur Duftstrecke zwischen Rosen aus aller Herren und Damen Länder. Heute gönnen wir uns das erste Steak auf unserer Reise – immerhin sind wir in Argentinien. Unsere Erwartungen werden erfüllt. Wir speisen zwei Riesenstücke Beaf medium mit Beilage, trinken dazu ein Viertel Rotwein um je umgerechnet € 15,--. Die Portionen sind so riesig, dass wir uns die Hälfte einpacken lassen und morgen auch noch davon essen werden.

## Von Felsengärten, Indigenas und Schokoträumen
### Rio Traful, Valle Encantado, San Carlos de Bariloche

Ehe wir uns heute auf der östlichen Route zurück nach Bariloche begeben, drehen wir noch eine kleine Runde im morgendlichen San Martin. Das schräge Licht ist fantastisch. Die Blockhäuser, blühenden Araukarien, die Farbsinfonie der duftenden Rosenrabatte entlang der Straßen und der stahlblaue See sind einfach bezaubernd. Hochgestimmt betreten wir einen exquisiten Gaucho-Laden und erstehen zwei Mate-Becher, wie sie hier überall verwendet werden. Die Gefäße tragen den eigenwilligen Namen Curar e mate, was so viel wie ,Heile den Kumpel' bedeutet. Aus der Vielfalt an Angeboten wählen wir zwei besonders hübsche Exemplare. Die Außenseite besteht aus Pferdeleder und -haar bzw. Fischhaut, die Innenseite aus Kalbsleder. Getrunken wird durch zwei fein gearbeitete, versilberte Trinkhalme, die Bombillas genannt werden. Mit jeweils € 15,-- finden wir das originelle Mitbringsel nicht überteuert. Im nahen Supermarkt erstehen wir einen halben Kilo Yerba-Mate. Empfehlenswerte Marken hierbei sind Amanda, Union und La Merced. Jetzt müssen wir bloß noch zu Hause die Trinkgefäße mit Mate ,imprägnieren' (einmal 48, dann 24 Stunden mit aufgegossenem Matekraut stehenlassen), ehe wir das Getränk in der Runde unserer Freunde herumreichen können.

Auf einem Spaziergang durch das Dorf bemerken wir, dass

auf der Plaza eine Mapuche-Versammlung abgehalten wird. Da die Indigenas bei ihrer Demonstration die Aufmerksamkeit der Öffentlichkeit suchen, lassen sie sich auch fotografieren, was im Alltag eher abgelehnt wird. Ponchos, die für Gauchos typischen Baskenmützen und Mate trinkende alte Frauen und Männer ergeben ein überaus buntes Bild. Übermütige Kinder schlagen ihre Trommeln und pusten in mit bunten Bändern umwickelte Hörner. Die Indios haben ihre Forderungen auf leuchtende Fahnen gedruckt, Kinderzeichnungen dienen als Sympathieträger. Mapucheflaggen flattern im Wind, als solidarisiere sich dieser mit ihren Anliegen. Im Zentrum der Plaza thront das Reiterstandbild irgendeines Eroberers in typischer Macho-Haltung.

Hier, in der Provinz Rio Negro, lebt die größte Gruppe der Ureinwohner Argentiniens. Im Zuge eines wieder erwachten Indigenismo und angeregt von der Schutzgemeinschaft ‚Defensa de la Cultura Indigena', wählten die Mapuche 1995 das erste Mal seit 100 Jahren wieder Häuptlinge. In modernen Zeiten versucht die Volksgruppe in Selbstversorgungswirtschaft mehr schlecht als recht durchzukommen. Über 40 % der Indios sind Analphabeten, weil die Kinder bei der Arbeit auf den Feldern helfen, statt die Schulbank zu drücken.

Am späten Vormittag fahren wir endlich los. Die Strecke über den Lago Meliquina führt auf einer abenteuerlichen Schotterstraße durch eine Landschaft zwischen Steppe und Wald. Vor allem aber begleitet uns hier ein Spektakel aus bizarren Felsen, Andesit- und Tobaformationen. Sie stammen von 30 bis 50 Millionen Jahre zurückliegenden Vulkanausbrüchen, die sich im Zuge der Gebirgsbildung ereigneten. Unsere Fahrt führt den Rio Traful entlang, später auf der legendären Ruta 40 durch das Valle Encantado, das ‚Verwunschene Tal' des Rio Limay mit zahlreichen isolierten Felszinnen. Die Schlankeste von ihnen wird Finger Gottes genannt.

Auf der Schotterpiste sind wir so langsam unterwegs, dass wir stellenweise vom Staub, den unser Auto aufwirbelt, eingeholt werden. Wir benötigen für 70 Kilometer Strecke über vier Stunden. Zahlreiche Fotostopps sowie Holpersteine und Querrillen verlangsamen unsere Fahrt. An dieser Stelle zu erwähnen sind die besonderen ‚Qualitäten' unseres gemieteten Fahrzeugs, Marke Toyota. Das eigenwillige Auto verrät unsere Anwesenheit in der Wildnis durch zweimaliges Hupen, sobald wir es abschließen. Jeder Vogel, jede Maus weiß sofort Bescheid und sucht das Weite. Beim Öffnen gibt der Wagen einmal Laut. Wir nehmen es gelassen, werden wir uns doch schon heute Abend wieder von ihm trennen. Die Szenerie um uns beeindruckt in jedem Fall. Die durchlöcherten Felswände, Grate und Zinnen erinnern ein wenig an den Felsengarten der Calanche im Westen Korsikas, wenngleich hier die Dimension der Steinformationen grandioser ist. Die Einsamkeit des Trockentales tut ihr Übriges.

Als wir in das Tal Valle Encantado kommen, werden zwar die Straßenbedingungen besser, immerhin befinden wir uns wieder auf einem Teilstück der Panamericana, aber der Transitverkehr beeinträchtigt die Stimmung des Tales. Schön immerhin sind die Mäander des Rio Limay. In der Weite der Talsohle zieht dieser ein verschlungenes, von Pappeln begleitetes, grünes Band.

Getrieben von Hunger, durchforsten wir am Abend das Zentrum von San Carlos de Bariloche nach einem Speiselokal. Wir wollen zudem das Zentrum fotografieren, das noch halbwegs ursprünglich ist. Der Uhrenturm Torre del Reloj des Architekten Ernesto de Estrada, die Kolonaden der ehemaligen Post, sowie ein Plastikchristbaum mit von Rentieren gezogenem Santa Claus-Schlitten wären schöne Fotomotive – aber es kommt anders. Die Plaza quillt über vor Menschen, die vor einer großen Videowand singen, tanzen, toben und Fahnen schwingen. Wir vermuten, dass wir einer Übertragung des ersten öffentlichen Auftritts der neu angelobten Regierung in Buenos Aires beiwohnen. Die Leidenschaft, mit der die Menschen das Ereignis verfolgen, wäre in Mitteleuropa undenkbar. Der Präsident Alberto Fernández und die Vizepräsidentin Christina de Kirchner werden mit Vornamen angesprochen, als wären sie mit jedem Argentinier und jeder Argentinierin gut befreundet oder verwandt. Offensichtlich bezieht sich die Begeisterung des Volkes auf das Versprechen der Regierung, radikal mit der neoliberalen Politik der Vergangenheit zu brechen. Einige Männer und Frauen haben Tränen in den Augen.

Nach dem ohrenbetäubenden Bad in der Menge ziehen wir uns in die Hauptstraße zurück und suchen weiter nach einem Lokal. Etwas verstimmt stellen wir fest, dass wir uns nicht in der Food-Zone sondern in der Chocolate-Zone befinden. Bei jedem der sicher zwanzig Schokoläden bekommen wir eine cremige Kostprobe in den Mund geschoben. Mit verklebten Mägen sind wir wenigstens nicht allzu enttäuscht über die Miniportionen des Waldorfsalats und der Baby-Empanada auf den Tellern unseres Abendessens.

## This all is Mapuche!
### Cruce Andino zurück

Welch ein Geschenk Sonnenschein und blauer Himmel sind, erleben wir auf unserer zweiten Querung der Anden. Die Fahrt zurück nach Puerto Varas gestaltet sich nämlich ganz anders als vor drei Tagen. Die Vulkangipfel stecken in dicken Wolken, der Wind tobt dermaßen über das Deck der Schiffe, dass wir nur kurz unsere Nasen ins Freie halten und lieber für den Rest der Fahrt unseren nächsten Blogeintrag vorbereiten. Dennoch beeindruckt auch diese Tour unter geänderten Bedingungen. Da sitzt beispielsweise völlig überraschend ein Kondor in einem der kahlen Geisterbäume, wenig später naschen zwei Kolibris von den roten Blütenkelchen der strauchhohen Fuchsien. Die Lichteffekte im feinen Sprühregen und weißen Wellenkämme des Lago Todos los Santos entsprechen wohl eher dem typischen Erscheinungsbild dieser urwüchsigen Landschaft als das wolkenlose Postkartenimage der letzten Tage.

In Puerto Varas angekommen, besorgt uns unser Tourguide ein Taxi, mit dem wir unverzüglich nach Puerto Montt kommen. In der Stadt sind die Straßen durch eine Demonstration verstopft.

Den Eingang unseres Hotels hätten wir ohne unseren Chauffeur niemals gefunden, weil er mit Wellblech dermaßen verriegelt ist, dass wir ihn nie und nimmer als Hoteleingang identifiziert hätten. Chile hat uns wieder! Für morgen ist eine Großdemo angesagt. Unser Portier warnt uns, dass es beim Bargeld aus Bankomaten in nächster Zeit Engpässe geben könnte. Auch bei den Flügen soll es Probleme geben. Einige Touristen wären in den letzten Tagen nicht weitergekommen, weil die Flieger überbucht seien. Wir hoffen das Beste und sind fürs Erste froh, mit unserem Gepäck in Puerto Montt angelangt zu sein.

Angesichts der Ausnahmesituation des Landes, die Reisende durchaus verunsichern kann, fühle ich das Bedürfnis, von den überaus liebenswerten, höflichen und kultivierten Menschen zu berichten, mit denen wir es auf chilenischer wie auf argentinischer Seite zu tun haben. Nahezu jeder / jede hat ein Lächeln auf den Lippen, niemand echauffiert sich, wenn wir etwas falsch machen. Wir werden von uns fremden Menschen gegrüßt, die Autofahrer halten ausnahmslos an, wenn wir die Straße queren wollen. Beim Betreten eines Raumes lässt man uns immer den Vortritt. Besonders sympathisch finden wir die Mapuche, die voller Begeisterung von ihrer Heimat schwärmen. Ein junger Mann, der mich auf der heutigen Tour beim Fotografieren der Kolibris beobachtete, meinte mit vor Freude kippender Stimme: „This all is mapuche-air! Everything you can see ist mapuche!"

# Patagonien

# Ab in den Süden
## Puerto Montt, Flug nach Punta Arenas

Nachdem wir einen halben Tag in Puerto Montt verbracht haben, sind wir froh, die heruntergekommen wirkende Stadt wieder zu verlassen. Alle, wirklich alle Geschäftslokale, Banken und Beherbergungsbetriebe sind verbarrikadiert, sprich mit Wellblech oder Spanplatten behelfsmäßig vor Beschmierung und Zerstörung geschützt. Zahlreichen Menschen sieht man die Armut an. Eine Frau, die neben mir an einem Marktstand Gemüse einkauft, warnt mich vor Dieben. Angesichts der offensichtlichen Misere, erinnere ich mich an die Worte unseres Vermieters auf Chiloé. Die halbe Insel gehöre Piñera, die bäuerliche Bevölkerung müsse auf das Festland pendeln, die Jugend ziehe in die nahen Städte oder gleich nach Santiago, auf der Suche nach Arbeit und einem besseren Leben.

In Puerto Montt leben heute etwa 120.000 Einwohner. Das wirtschaftliche Zentrum bildet der Fischereihafen, der nach einem verheerenden Erdbeben im Jahre 1960 wiedererrichtet wurde. Von der, in einem unserer Reiseführer beschriebenen, hervorragenden Gastronomie und dem Meeresfrüchteangebot der Stadt bekommen wir nichts mit. Letzteres soll das Vielfältigste des Landes sein. Ob sich die Restaurants hinter den Verschlägen verbergen? Jedenfalls macht es keinen Spaß, sich in diesem Ambiente auf die Suche zu begeben. So speisen wir in einem gut frequentierten Lokal Geselchtes mit Sauerkraut und Wienerschnitzel mit Pommes – zugegebenermaßen eine Niederlage, aber es schmeckt so halbwegs. Dann verlassen wir die Stadt, ehe die Demonstrationen wieder losgehen. Wie oft auf meinen Reisen, wird mir bewusst, welch Privileg es ist, in sozial sicheren Verhältnissen leben zu dürfen.

Nach einem zweieinhalbstündigen Flug in Richtung Süden landen wir in Punta Arenas. Die Hauptstadt der zwölften Provinz des Landes, welche Magallanes und die chilenische Antarktis umfasst, ist wichtiger Umschlagplatz für Erdöl, Erdgas, Kohle, Holz und Fisch sowie Wolle und Schaffleisch. Eine steigende Bedeutung kommt dem Tourismus zu, hier speziell dem Luxussegment der Kreuzfahrten. Die hübsche Stadt liegt in einem Bogen auf ansteigendem Terrain, an der an dieser Stelle relativ breiten Magellanstraße und gewährt bei Fernsicht einen beeindruckenden Blick hinüber nach Feuerland. Von den zahlreichen erhöhten Aussichtspunkten kann man zudem das Mosaik einer überaus bunten Dachlandschaft bewundern, die sich noch einiges vom ursprünglichen, gründerzeitlichen Flair erhalten hat.

Wir steigen in der Airbnb-Unterkunft Cosyroom ab. Eine gemütliche Wohnung gehört uns für eine Nacht allein, weil die Gastgeberin sich außer Haus aufhält. Eier, Brot, Butter, Milch, Kaffee und Tee stehen zu freien Entnahme bereit, obwohl wir keine Verpflegung gebucht haben. Ab morgen werden wir in die Wildnis Patagoniens aufbrechen und wohl für vierzehn Tage der Welt der Menschen abhandenkommen. Wir freuen uns darauf.

# Wo sich der Himmel türmt
## Wohnmobil-Übernahme, die Magellanstraße, Fahrt nach Puerto Natales

Patagonien empfängt uns mit Regenwetter. Der Süden Chiles ist die einzige Landmasse in den sogenannten ‚Roaring forties‘, einer erdumspannenden Zone zwischen dem 40. und 50. südlichen Breitengrad. Heftige Westwinde prägen diese Region. Die stetige Luftströmung erreicht wegen der großen Luftdruckunterschiede zwischen subpolarer und subtropischer Zone besonders im Sommer nicht selten orkanartige Geschwindigkeiten, wovon wir uns gleich bei der Übernahme unseres Pickups überzeugen können. Im Firmengelände des Autovermieters Holiday Rent, etwa 45 Kilometer südlich von Punta Arenas, steht ein völlig zertrümmertes Wohnmobil, das eine Böe von der Straße geweht hat. So dreht sich das Übernahmegespräch zuerst um das Wetter. Der erste Rat, den wir bekommen, ist, unser Fahrtempo der Windgeschwindigkeit entgegengesetzt anzupassen. Der zweite lautet: Glaube nicht dem Wetterbericht, denn dann kannst du gleich einer Kartenlegerin vertrauen. Der dritte: Betrachte den Himmel, er sagt dir, wie das Wetter im Moment ist. Mehr brauchst du nicht. Eine meteorologische Variante der Lebensphilosophie ‚Lebe den Augenblick', stelle ich schmunzelnd fest.

Einer der Hauptgründe für die Wahl unseres Autovermieters ist der Umstand, dass der hiesige Geschäftsleiter Timo ein Deutscher ist. Es redet sich leichter, wenn man in der Muttersprache kommuniziert. Wie wir gehofft haben, bekommen wir zahlreiche Tipps und eine ausführliche und kompetente Einführung in den Gebrauch des Fahrzeugs. Timo erzählt, dass er vor sieben Jahren nach Chile ausgewandert sei, einige Hektar Land gekauft und seinen Entschluss, hier zu leben, bisher nicht bereut habe. Begeistert berichtet er von den Vögeln, Walen und Orkas die sich quasi vor seiner Haustüre tummeln. Sein besonderer Liebling sei eine große Eule, die jeden Tag sein Haus besuche. Während wir uns unterhalten, lässt sich ein Schwarm von Smaragdsittichen neben dem Haus, auf einem Baum nieder. Die hübschen wie geselligen Vögel gehören zu der am südlichsten lebenden Papageienart weltweit.

Nachdem wir unser Equipment für die kommenden 14 Tage im Auto verstaut und die Koffer in der Geschäftsstelle zurückgelassen haben, decken wir uns in einem Supermarkt von Punta Arenas mit Proviant ein und los geht es in Richtung Norden. Von Beginn an zeigt sich Patagonien romantisch: Die Straße zu den prachtvollen Nationalparks in den Anden trägt den poetischen Namen ‚Ruta del Fin del Mundo'. Unser erster Halt, wenige Meter neben einem Strand an der Magellanstraße, beschenkt uns mit dem Anblick einer Delphinschule. Während wir das Mittagessen zubereiten, gleiten die eleganten Tiere unweit von uns durch die Meeresstraße. Für wenige Sekunden zerbrechen sie den Spiegel der Wasserfläche, die einem See aus Quecksilber gleicht. Offensichtlich schlagen auch sie sich gerade den Bauch voll.

Im Laufe des Nachmittags lugt die Sonne durch die Wolkendecke. Sie macht vom ersten Augenblick an klar, dass mit ihr nicht zu spaßen ist. Sonnenschutz bei heller Haut ist hier oberstes Gebot. Innerhalb von fünf Minuten ist es im Auto erstaunlich heiß. Unsere Fahrt führt durch ebenes, von Tussockgras bestandenes Land, links und rechts Schafe, nichts als Schafe. Die Straße weist schnurgerade nach Norden. Wie das Rückgrat eines Buckelwals vollzieht sie die Hügel und Senken des weiten Landes mit. Bei uns glüht das Brennglas der Sonne, zwei Kilometer weiter legen sich Regenschleier aufs Land. Von den Tieren Patagoniens zeigen sich uns bereits heute die prachtvollen Magellangänse und Sturzbachenten in großer Zahl und ein Darwin-Nandu mit zehn Küken, gut getarnt die Kleinen, auffallend der Große. Während das Muttertier mit seinem Nachwuchs in elegantem Galopp das Weite sucht, bauscht der Wind sein prachtvolles Gefieder. 50 km/h erreicht ein ausgewachsener Nandu. Selbst die Küken düsen ab wie ‚Pfitschipfeile‘.

Die klangvollen Namen der zahlreichen Estancias (Landwirtschaftsgebäude) weisen auf die Geschichte der europäischen Besiedlung hin. Wir lesen: Maria Antoinetta, Estancia Palermo, Iwan und Jeronimo. Da und dort weht vor dem Haupthaus eine schottische Flagge im Wind. Lustig finden wir, dass die Postkästchen an den Straßen Miniaturausgaben der Gebäude sind, stets in den Farben der Estancia gestaltet.

Der Himmel kann mit den spektakulären Anblicken des Landes locker mithalten. Offenbar findet er monochromes Blau langweilig. Wie eine Vorahnung der vergletscherten Andengipfel türmen sich die Wolkenberge im Norden. Im Osten liegen graue Fetzen auf den Kuppen. Dazwischen jagen sich wollene Cumuli, während im Hintergrund ein Stratus Wasser verliert und seine Regenfinger in den Flechtenwald hängt. Im Rückspiegel türmt sich ein weißer Atompilz ins Blau.

Am Abend erreichen wir nach 280 Kilometern Fahrt Puerto Natales am Meerbusen ‚Letzte Hoffnung‘. Der Name der Bucht bezieht sich auf einen der zahlreichen vergeblichen Versuche, eine Meeresstraße zu finden, die das stürmische Kap Hoorn umschifft. Wir entscheiden uns für einen Parkplatz direkt am Meer und hoffen, dass er die Nacht über halbwegs windstill bleibt. Bei unserem Abendessen beobachten wir von unserem Wohnmobil aus an die zwanzig Schwarzhalsschwäne, die den Tag gemütlich schaukelnd ausklingen lassen.

## Sturm
### Parque Nacional Torres del Paine, Lago Grey

Nach einer kurzen, weil lauten Nacht, offensichtlich ist der Parkplatz ein Liebesnest, machen wir aus der Not eine Tugend und stehen früh auf. Wir besuchen einen zu einer kleinen Konditorei umfunktionierten Bus und gönnen uns einen belebenden Espresso mit zwei Alfajores, typisch-chilenischen Biskuittörtchen, gefüllt mit Dulce de leche. Auf der vergeblichen Suche nach einem Supermarkt, der um acht Uhr geöffnet hat, entdecken wir eine beeindruckende Bildergeschichte auf einer Mauer entlang einer zum Meer geneigten Straße. Die Darstellungen widmen sich dem Leben der Tehuelche, der ausgestorbenen Indigenas. Streetart-Künstler haben idealisierte Darstellungen von in Guanakofellen gekleideten Indianern angefertigt, die diese in verschiedenen Lebenssituationen zeigen. Unter anderem bestaunen wir eine Jagdszene mit der Boleadora, einer Wurfvorrichtung mit sternförmig an Lederriemen befestigten Steinkugeln.

Ich verabschiede mich von der beeindruckenden Vogelwelt Puerto Natales und los geht es. Weiß leuchten die Gletscherzungen des riesigen Eisfeldes Campo de Hielo Norte zu uns herüber und nähren die Hoffnung, heute noch einen der Torres, der berühmten Bergzinnen des Nationalparks, zu Gesicht zu bekommen. Auf der landschaftlich reizvollen Fahrt sichten wir einen Schopfkarakara und einen Schwarzbrustadler, beides Vögel von beeindruckender Größe mit erfreulich wenig Respektabstand zu uns. Sie geben schöne Fotomotive ab.

Mispeln, Bartflechten und das Pan del Indio, auf Deutsch Indianerbrot, ein gelblich-runder Baumpilz, wachsen auf den von

Wind, Sonne und Nässe arg lädierten Bäumen. Diese erinnern als Ensemble stellenweise an einen Bonsaigarten. Die immergrünen Südbuchen beispielsweise sind gerade einmal so hoch wie ein Mensch und tragen fingernagelgroße, geringelte Blätter. Bald sind es die Berge, die unsere Blicke auf sich ziehen. Aus Sorge, sie könnten sich verhüllen, nützen wir bei unserer Annäherung jeden Stopp, um sie fotografisch festzuhalten. Ein schlechter Ruf eilt ihnen voraus. Wem sie sich zeigen, gewähren sie oft nur kurze Audienz, ehe sich der Wolkenvorhang erneut schließt. Ihre Zinnen stehen der Westwinddrift entgegen und bilden ein Hindernis für die über dem freien Ozean um die Erde jagenden Winde. Weltweit tun es ihnen nur die neuseeländischen Alpen gleich.

Die in sich verdrehten Granitsäulen der Cuernos del Paine sind von beeindruckender Schönheit. Sie sehen aus, als wären sie in Puderzucker getunkt. Im Verwaltungsgebäude des seit 1959 bestehenden Nationalparks zahlen wir je umgerechnet € 25,-- Eintritt, was für uns in Ordnung geht, dürfen wir doch drei Tage im Naturschutzgebiet bleiben. Die unbewohnte Bergregion ist ein atemberaubendes Wandergebiet mit Trekkingpfaden von 250 Kilometern Länge. Die Granitzinnen der Torres zählen zu den schwierigsten Kletterbergen der Welt.

Nach dem großen Lago del Toro erreichen wir die Unterkunft des Refugios am Lago Grey. Von hier kann man mit einem Touristenschiff zum gleichnamigen Gletscher und zurück fahren. Die mächtige Zunge ist eine der südlichsten des Campo de Hielo, der nach dem antarktischen und grönländischen Eisschild das drittgrößte Gletschergebiet der Erde darstellt. Weil der zweieinhalb Stunden dauernde Ausflug umgerechnet € 100,-- kostet, verzichten wir zähneknirschend. Ausnehmen lassen wir uns nicht! Stattdessen ziehen wir es vor, die Eisberge auf dem grauen See zu bewundern, die der tobende Wind nahe ans Ufer getrieben hat. Ihre blaue Eleganz gibt es gratis. Zudem zeigen die Schollen im kleinen Maßstab, was der Gletscher im großen zu bieten hat – alles nur eine Frage des Blickwinkels. Die vom Gletscherwind angetriebene Gischt gebärdet sich wie die Brandung eines Meeres –

ein grandioses Naturschauspiel! Den Blick auf die Details der Formen und Lichteffekte zu fotografieren ist bei Sturm und fliegendem Wasser eine echte Herausforderung. Aber wir sind begeistert! Vor uns schaukeln blitzblaue Gestalten, denen man, wären sie von Dauer, mit Sicherheit fantasievolle Namen geben würde.

Eigentlich haben wir mit dem Lago Grey schon das heutige Tagespensum absolviert. Weil wir uns aus Kostengründen den Gletscher gespart haben, bleibt noch Zeit, weiter in den Nationalpark vorzudringen. Obwohl es immer wieder so aussieht, als gewänne die Schlechtwetterfront Oberhand, bleibt uns das Glück gewogen. Während über der Cordon Olgun am Glacier Grey längst Regen niedergeht, erheben sich vor uns die Torres in wachsender Klarheit. Je näher wir ihnen kommen, umso deutlicher erkennen wir die beiden Schichten der senkrechten Zinnen, die folgendermaßen erklärt werden: Das Massiv mit seinen senkrechten Wänden ist das Ergebnis vulkanischer Aktivität und tektonischer Verschiebung. Während der Granit sich in die Vertikale türmte, hob er die darüberliegenden, marinen Sedimente eines urzeitlichen Meeres an. Die Torres tragen sozusagen Hüte aus Kalkgestein.

Als wären die Zinnen nicht schon attraktiv genug, führt die Straße den zu einem See erweiterten, türkisgrünen Rio Paine entlang. Wenige Kilometer hinter dem Aussichtspunkt Mirador Condor schäumt der Fluss im Salto Grande über eine Basaltschwelle. Der Wind hat sich zu einem böigen Sturm ausgewachsen, der mit geschätzten 100 km/h über uns hinwegfegt. Heldenhaft, todesmutig oder lebensmüde? Das ist Ansichtssache. Unsere Hände umklammern das Geländer des Miradors. Bei besonders starken Böen legen wir uns flach nieder, weil wir die Bodenhaftung verlieren. So werden wir im Angesicht der majestätischen Felstürme förmlich in die Knie gezwungen – ein symbolischer Akt, der unvergesslich bleiben wird.

Wenige Meter neben dem Parkplatz hat sich eine Herde Guanakos in einer Senke in Sicherheit gebracht. Wir folgen ihrem

Beispiel und parken unser Auto auf einem ebenen Platz im Hochtal mit der schmalen Wagenfront zum Wind. Ein Tag, der dem Drehbuch einer Universum-Dokumentation entstammen könnte, geht zu Ende. Ein bisschen fürchte ich mich vor der Nacht. Das Handy ist tot. Wir könnten nicht einmal Notrufe absetzen, wäre dies vonnöten. Franz ist noch immer unerschrocken und überlegt, heute Nacht Sterne zu fotografieren. Hat er einen Höhenkoller? Wohl eher nicht – die Seehöhe liegt bei 57 Metern über Null. Meinem Vorschlag, noch ein Glas Wein zu trinken, damit wir das Schaukeln des Womos weniger spüren, wird wohlwollend Folge geleistet. Die Sternefotografie erübrigt sich.

## Stimmungstief
### Parque Nacional Torres del Paine

Es gibt Tage für Höhenflüge und Tage zum Jammern. Heute wollen wir eigentlich den Park von Süden her aufrollen und dabei etliche Miradores erwandern. Leider kommt es anders. Waren es gestern die starken Winde, so ist es heute der Regen, der den Aufenthalt im Freien wenig attraktiv macht. Die Berge scheinen wie verschluckt. So fahren wir relativ lustlos zum Nationalparkzentrum Refugio Torres. Selbst die Tierwelt geht bei diesen unfreundlichen Bedingungen auf Tauchstation. Auf der gesamten Strecke zeigen sich nur einige Guanakos, diese allerdings sehr nahe. Das Refugio ist der wichtigste Ausgangspunkt für Mehrtagestouren im Park und entsprechend überlaufen. Wir sind hier eindeutig die Oldies. Starter und Heimkehrer unterscheiden sich deutlich. Den Ersteren steht alles noch bevor und sie genehmigen sich hoch motiviert ein Bier nach dem anderen. Zweitere haben es hinter sich und sind über und über mit Dreck beschmiert. Wir hatten gehofft, unsere Essensvorräte auffüllen zu können, aber die Menschen hier scheinen sich von Chips, Keksen, Eis, Alkoholika und diversem Zuckerwasser zu ernähren. Auf den Anblick der Torres del Paine müssen wir noch warten. Für heute geben wir uns damit zufrieden, einen ebenen und ruhigen Schlafplatz zu finden, für den man uns allerdings umgerechnet € 18,-- abknöpft.

Das Leben in unserem Pickup wird bei Schlechtwetter zusehends ungemütlich. Drei Quadratmeter Stehfläche, den Rest füllen Tisch, Bank und Bett aus, sind selbst für geübte Camper, zu denen wir uns zählen, nicht gerade viel. Einer von uns beiden steht immer im Weg. Unser Müll ist mittlerweile im Radkasten verstaut, denn im gesamten Park gab es bisher keine Entsorgungsmöglichkeit. Nasse Wäsche und schmutziges Schuhwerk sind verboten, denn für sie haben wir ganz einfach keinen Platz. Nebel und Nässe kriechen durch jede Ritze und setzen sich auf unsere Wahrnehmung. Es mag wehleidig klingen, aber die Mühen einer Reise wollen auch erwähnt sein. Und jetzt ist ohnehin wieder Schluss mit Jammern.

## Das Wunder
### Base de las Torres del Paine

Über Nacht hat es aufgeklart. Sonne und vielstimmiger Vogelgesang wecken uns und der Blick aus dem kleinen Fenster im Alkoven zeigt die von Morgennebeln umwölkten Torres del Paine, nach denen der Park benannt ist. Sie sind das vielversprechende Ziel unserer heutigen Wanderung. Sollte das freundliche Wetter halten, wollen wir uns dem Base de las Torres annähern, um einen Blick auf das Tripple der über 2.000 Meter senkrecht in die Höhe ragenden Granitwände zu erhaschen.

Vorerst aber lasse ich mich noch von einer orangebauchigen, langschwänzigen Wiesenlerche bezaubern, die ihr Spiegelbild in der Windschutzscheibe eines neben uns abgestellten Autos entdeckt hat. Offensichtlich glaubt der hübsche Vogel im Glas einen Rivalen oder eine potentielle Angebetete zu erblicken. Wie wild begehrt er Einlass, indem er Türschnallen und Gummidichtungen bearbeitet. Offensichtlich verfolgt er sein Vorhaben bereits seit geraumer Zeit und findet die Aussichtslosigkeit seines Tuns beschissen, denn das Fahrzeug ist bereits über und über mit Kot bedeckt.

Nach drei Tagen Aufenthalt im Nationalpark sind unsere Essensvorräte fast aufgebraucht. Deshalb besteht der Proviant für die heutige Tour aus einer Banane, einem Apfel und einer Flasche Wasser. Während wir im Talboden in Richtung Hotel Torres del Paine marschieren, verschwinden die senkrechten Zinnen hinter einer Wand aus schwarz glänzendem Basalt. Es geht durch Margeritenwiesen mit hunderten Vögeln bis zum Einstieg in das Hochtal, dessen wildschäumender Bach uns den Weg weist. Wohin das Auge blickt, blüht es um uns. Bäume, Sträucher und stachelige Polsterpflanzen erinnern an die Macchie des Mittelmeerraums. Den Beeren fehlt so früh im Sommer noch die Süße. Dafür ist die Wanderung eine einzige Duftstrecke. Wenngleich die Blüten eher klein, im Einzelnen unscheinbar sind, überschütten sie die Hänge mit ihren Farben.

Bei der Chileno Lodge legen wir nach zwei Gehstunden einen kurzen Stopp ein und beobachten einige Reiter, die gerade dabei sind, ihre Lastpferde abzuladen. Ich erinnere mich an ähnliche Situationen bei Almhütten während meiner Jugendzeit. An einem Brunnen füllen wir unsere Flaschen mit herrlichem Gebirgswasser auf. Weil sich die Torres noch nicht zeigen, beschließen wir die Wanderung fortzusetzen. Nach einer weiteren Stunde durch einen verwunschen wirkenden Südbuchenwald stehen wir vor der letzten Herausforderung, einer 350 Meter hohen Steilstufe hinauf zum Base de las Torres. Noch immer nichts zu sehen von dem Naturwunder – also Zähne zusammenbeißen und rauf! Franz eilt voraus, aus Sorge die Torres könnten sich doch noch in Wolken hüllen, während ich mich von einem Fotostopp zum nächsten langsam hocharbeite. Die Tiefblicke, die sich mir bieten, sind mit Worten nicht zu beschreiben. Ich muss einen recht erbärmlichen Eindruck machen, denn viele der entgegenkommenden Wanderer, die es schon geschafft haben, muntern mich auf. „You are doing good work!", heißt es da, oder „It´s a miracle! Worth to do it!".

Und sie haben Recht. Nach insgesamt fünfeinhalb Stunden stehe ich vor den Torres, schöner als sie jedes Kalenderfoto zeigen kann. Drei spiegelglatte, weiße Granitzinnen erheben sich aus einem schwarz-weiß gestreiften Bassin, in dem ein türkisgrüner See die Wände spiegelt. Abgesehen von den leuchtenden Torres bestehen die Berge ringsum aus kohlrabenschwarzem Basalt. Dass bei der Entstehung des Gebirgsmassivs auch ein urzeitliches Meer beteiligt war, beweisen die zahlreichen marinen Fossilien in den Kalkeinschlüssen. Soweit die sachliche Beschreibung dieses Ortes, der heute neben uns noch tausende andere Wanderer anlockt. Trotz des Wirbels am Ufer überträgt sich die majestätisch anmutende Ausstrahlung des Ortes auf jeden und insbesondere natürlich auf mich. Hoffnungslos romantisch denke ich an das im ersten Moment altertümlich anmutende und doch über Jahrhunderte gültige Credo des gelehrten Wanderers Lavengro. Er schrieb in seiner Autobiografie aus dem Jahre 1851 in einfachen Worten: „Es gibt Tag und Nacht und beide sind schön; die Sonne, der Mond und die Sterne, sie alle sind schön; und auf der Heide gibt es den Wind. Das Leben ist schön, wer wollte da sterben?"

Gänzlich anders reagiert ein Mann, der offensichtlich ebenso erschöpft ist wie ich, auf den ergreifenden Augenblick. Er ruft laut: „If I die on this place, it´s ok!"

Wie so oft in Patagonien, ergänzt der Himmel das Naturschauspiel. Wolkenfetzen jagen um die Felsfinger, blaue Inseln legen sich als Sonnenflecken auf die Wände und umschmeicheln die Grate, ehe sich diese wieder verdunkeln. Man könnte hier ewig bleiben und einfach nur staunen.

Beim Abstieg – eine Erscheinung für drei Sekunden: Wie aus dem Nichts erhebt sich ein Kondor, höchstens zwanzig Meter unter uns aus einer Felsnische. Einen Wimpernschlag lang zeigt er uns seine mächtigen Schwingen von oben, den weißen Federkranz um den Geierhals, die Anmut seines Fluges. Einer der Augenblicke unserer Reise, die sich in unsere Erinnerung eingraben werden, gerade weil sie unerwartet und auf gewisse Weise unfassbar geschehen.

Natürlich ist der Rückweg eine Quälerei. Aber es zeigt sich, dass unsere Hochstimmung ausreicht, den Körper bis zum Schluss zu motivieren. In der Lodge verschlingen wir mit Heißhunger zwei Burger mit saftigem Beef, ehe wir das letzte Steilstück hinunter angehen. Am Abend stellen wir uns auf einen schönen Wiesenplatz an einer Flussschlinge, wenige Kilometer weiter, da wir nicht wieder € 18,-- für eine Nacht berappen wollen. Außer Knabbereien und einem Tee gibt unser Vorrat nichts mehr her.

## In der Meseta Patagoniens
### Fahrt nach El Calafate

Sonne, Regen, Sonne, Regen – offensichtlich ist dies der tageweise wechselnde Rhythmus des Wetters in Patagonien. Da wir heute den Grenzübertritt nach Argentinien bei Cerro Castilio und die 240 Kilometer weite Fahrt nach El Calafate vor uns haben, sind wir wegen der unfreundlichen Stimmung nicht sonderlich enttäuscht. Die ebene, braune Steppe mit ihren dunklen Seenaugen unter dem bleifarben glänzenden Himmel bildet den ultimativen Kontrast zu unserm gestrigen Erlebnis. Im Niemandsland zwischen der chilenischen und argentinischen Grenze queren vor unserem Auto an die tausend frisch geschorene Schafe die Straße. Die berittenen Hirten in ihren Ponchos grüßen freundlich, als wir unser Fahrzeug langsam durch die wie ein einziger Körper erscheinenden Tiere navigieren – stolzes Lachen in dunklen, baskenbemützten Gesichtern. Auf der Fahrt durch die Einöde begegnen wir lediglich einem Touristenbus an der Grenze und zwei offensichtlich masochistisch veranlagten Radfahrern, die ihre Überlebenskünste auf schwer bepackten Drahteseln unter Beweis stellen. Gestern beobachteten wir einen dieser einsamen Wölfe neben unserem Schlafplatz, auf einem Klappsessel am Flussufer sitzend, stundenlang in das Studium einer Karte vertieft. Als es zu regnen begann, baute er in Windeseile sein Minizelt auf und ward für den Rest des Abends nicht mehr gesehen.

Wir nehmen die Ruta 40, die uns als Abkürzung 70 Kilometer Strecke erspart, aber eine Rumpelpiste über die gleiche Anzahl an Kilometern beschert. Es wird noch einsamer. An Querrillen sind wir ja mittlerweile gewöhnt, aber hier bekommen wir es mit einem Belag aus großen runden Steinen variabler Größe zu tun, die dem mächtigen Schotterkörper des Umlandes entnommen sind. Nähert sich ein Fahrzeug, was selten genug vorkommt, erblickt man es Minuten, bevor es da ist, als kleinen Punkt am Horizont. Die Konturen verwischen und es sieht aus, als gehe das Land in der Ferne in einen grauen Ozean über. Belebte und nicht belebte Natur ebnen sich ein. Das Tussockgras duckt sich, die Straße scheint sich in keine Kurve mehr zu wagen. Selbst der Himmel ist weniger hoch, begrenzt von stromlinienförmigen Wolkenschiffen. Mein Bewusstsein kappt die Gedanken, fällt in einem Punkt zusammen, der nichts anderes will, als sich der Leere des Landes zu öffnen. Die Einöde der patagonischen Steppe spricht mit aller Macht.

Die wenigen Schafe, braun wie das Gras, gehören niemandem, ebenso wenig wie die Guanakos. Eine Nandufamilie ergreift auf kräftigen Beinen vor unserem Auto die Flucht. Die bleichen Knochen eines verendeten Tiers am Wegesrand erzählen eine unklare Geschichte. War es ein Puma, der seine Beute in die windgeschützte Senke schleppte, um sie dort in Ruhe zu verzehren oder entdeckte einer der Adler das Aas, für das sich der König der Lüfte nicht zu fein ist? Wir steigen für kurze Momente aus und finden uns in absoluter Stille wieder. Selbst der Wind schweigt und lauscht. Das Wispern eines winzigen, schwarzen Vogels auf dem toten Gehölz und die Ahnung vom Blöken eines Schafes, eine gefühlte Ewigkeit entfernt – das Nichts schärft die Sinne. Wäre man hier ausgesetzt von einem missgünstigen Geschick oder als adoleszenter Junge, um in der Wildnis die Inkarnation zum Mann zu erfahren – ich kann mir gut vorstellen, hier einem Totemtier zu begegnen, das, nach indianischem Verständ-

nis, das Tor zur jenseitigen Welt öffnet. Der blaue Himmelsstrei-
fen vor uns scheint einer anderen Welt entnommen. Ein geister-
hafter Gesang, mehr imaginiert als vernommen, steht in der Luft.
Ich ahne, dass er von den Hochspannungsmasten herrührt, die
über die Ebene zu marschieren scheinen. Im realen Leben weisen
sie den Weg zurück in die Zivilisation.

## Memento viento

Er kämmt das Blond der Meseta,
glättet das Gras zu straffem Schnitt.
Was du nicht festzurrst,
macht er zu Faltern.

Taubenweiß
schrecken Gedanken auf.
Glaubst du, er sieht sie?
Unser Friedensangebot?

Gib Acht, mein Leben,
auf die stehende Wolke!
Das Schwingen der Strömung
behalte im Blick!

Lerne von dem großen Nandu,
von seiner Beine Kraft und dem Gefieder,
das zum Fliegen nicht taugt,
wohl als Segel der Flucht.

Achte die krummen Rücken der Bäume!
Sämlinge senkte der Siedler ins Land
um Haus, um Schafe,
um Frau und Kind,

dass nichts zerschelle am Torres del Paine.
„Memento viento",
wispert Erde, wie ehedem,
denn eines ist sicher,

er kommt auch heute
und rippt dich hinüber
und säbelt
dein Herz frei.

Duck dich wie Kraut,
im Boden verankert!
Sei weder Blut noch Fleisch,
täusche den Jäger!

Nicht einen Finger gehoben!
Du zeichnest nur Leere in diese Luft,
verblasen zu Staub,
ehe du blutest.

Noch besser, verschwinde
und mach dich vergessen,
einen Schritt weiter
fehle die Spur!

Des Nachts, im Dunkel
zünde kein Licht an!
Und tust du es doch,
aus Furcht,

schau nicht hinüber
zum äußersten Rand.
Denn fällt dein Bild
in sein windiges Licht,

bleibt nichts mehr,
als die Taschen umzudrehen
und frei zu zeigen, was du hast
an Murmeln und klopfender Angst,

*zu flennen, du seist noch nicht fertig*
*mit deinem Lied an die Erde.*
*Sollten deine fliegenden Finger ihn rühren,*
*weil er sie für sein Junges hält,*

*schreibe dich schnell mit Worten fest.*
*Gürte Zeilen um deinen Leib,*
*die halten für immer.*
*Er wird sie lesen, glaube mir,*

*für heute vorbeiwehen,*
*und alles so stehen lassen,*
*wenn er dich nimmt;*
*Später.*


Duanna Mund

Am See Lago Argentino liegt El Calafate, ein Städtchen, das sich stolz den Beinamen Welthauptstadt der Gletscher gibt. Wir erblicken bei unserer Annäherung zuerst nur sanfte Hügel und den See, der, doppelt so groß wie der Bodensee, einem Meeresarm gleicht. Die hochtouristische Infrastruktur des Ortes bietet den besten Ausgangspunkt für Unternehmungen im Nationalpark Los Glaciares. Der Name der Stadt bezieht sich auf die blauen Beeren des Calafatestrauchs, eine Berberitzenart, deren Früchte zu schmackhafter Marmelade verkocht werden. Es heißt, wer von ihnen kostet, kehrt immer wieder nach Patagonien zurück.

Nachdem wir getankt, eingekauft, die Wäsche in die Wäscherei gebracht und im Campingplatz AMSA eingecheckt haben, besuchen wir die Reserva Laguna Nimez, ein Vogelschutzgebiet am Stadtrand. Ein etwa 2,5 km langer Lehrpfad führt durch die Schilfzone zweier vom großen See getrennten Feuchtgebiete. Eine beim Eingang erhaltene Broschüre verrät uns die Namen der gefiederten Geschöpfe, die wir teilweise auf unserer Reise bereits bewundert haben.

# Der ultimative Gletscher
## Perito Moreno / Nationalpark Los Glaciares

Um an den relativ kleinen Parkplatz des Perito Moreno zu gelangen, ohne auf den Shuttlebus angewiesen zu sein, warten wir bereits um 8.00 Uhr vor dem Schranken der Kassa, am Beginn der Halbinsel Peninsula Magallanes, 30 Kilometer vor dem Gletscher. Wir bezahlen den uns moderat erscheinenden Eintritt (umgerechnet € 12,-- pro Person) und erhalten mit dem Ticket zudem eine Einfahrtberechtigung um den halben Preis für einen der beiden folgenden Tage. Der leichte Nieselregen verleiht unserer Fahrt entlang des Brazo Rico, eines Seitenarmes des riesigen Lago Argentino, etwas Mystisches. Glücklicherweise haben wir es in unserem Wohnmobil warm genug, um vorerst einmal abzuwarten, bis sich die Wetterlage verbessert. Während unseres zweiten Frühstücks tönt mehrmals dumpfes Donnern vom Perito Moreno herüber. Die richtige Stimmung also, um uns gedanklich auf eine Begegnung mit dem ultimativen Gletscher vorzubereiten.

Die Region Los Glaciares wurde bereits im Jahre 1937 zum Nationalpark erklärt und gehört seit 1981 zum UNESCO-Weltnaturerbe. Sie ist das größte Schutzgebiet Argentiniens. Zwei Drittel des Parks dienen der Forschung, ein Drittel wird mit Auflagen touristisch genutzt. Der Perito Moreno, dem wir heute unsere Aufwartung machen, gehört zum Campo de Hielo Sur und ist einer der 48 beeindruckenden Hauptgletscher, die sich vom Eisschild in die Täler wälzen. Benannt wurde er nach Francisco Pascasio Moreno (1852 – 1919), dem patagonischen Forscher und Naturwissenschaftler, welcher Starthilfe für das Nationalparksystem des Landes leistete. Sein Beiname Perito bedeutet Experte. Als Kartograph und Landvermesser genoss er hohes Ansehen und trug dazu bei, dass die lange währenden Grenzstreitigkeiten mit Chile beigelegt wurden.

Wenngleich wir bereits viele Abbildungen des Gletschers gesehen haben und wissen, was uns erwartet, ist die Begegnung mit ihm eine völlig andere Erfahrung. Die in allen Grau-, Weiß und Blautönen schillernde Abbruchkante ist 40 bis 70 Meter hoch und misst in ihrer Breite 4 bis 5 Kilometer! Jedes Jahr soll ihre Höhe geringfügig abnehmen, obwohl der Perito Moreno zu den wenigen wachsenden Gletschern der Welt zählt. Der Koloss aus Eis streckt uns seine zerrissene Zunge entgegen, die aus hochhausgroßen Eisnadeln und abgrundtiefen, dunkelblauen Schluchten besteht. Wir stehen vor einem Relikt der Erdgeschichte, das gegen seine Vergänglichkeit anzukämpfen scheint. Mit donnergrollender Stimme verschafft der Gletscher sich Gehör, sendet Pistolenschüsse der Druckentlastung in den Himmel und speit das Eis, das er nicht mehr halten kann, wütend in das Wasser des Sees. Mit urzeitlichem Getöse ertrinkt der Eisbruch in weißer Gischt, taucht taumelnd wieder auf, um als Eisbergkind über den See zu treiben.

Mit einer Geschwindigkeit von etwa 2 Metern am Tag schiebt

sich der Perito Moreno über den Seearm Brazo Rico, dem er etwa alle zwei Jahre den Durchfluss zum Lago Argentino blockiert. Dadurch entsteht in der Wasseroberfläche ein Höhenunterschied zum Hauptsee von bis zu 25 Metern. Wenn der Druck zu groß wird, bricht der gesamte vordere Teil der Gletscherzunge zusammen und die Wassermassen donnern nach Norden. Aber auch außerhalb dieser gigantischen Ereignisse, zeigt sich die Dynamik der Gletscherzunge, die, wie wir beobachten können, sehr stark kalbt.

Durchaus gelungen und sehr bequem angelegt führen mehrere Wege auf Eisengittern und -stufen über den bewaldeten Hang, direkt gegenüber dem Gletscher, sodass man dessen Schönheit aus unterschiedlichen Blickwinkeln und Höhen bestaunen kann. Da die Verwendung von Drohnen im Nationalpark verboten ist, bleibt die beste Sicht den Kondoren vorbehalten.

Einen ganzen Tag verbringen wir beim Gletscher, ehe wir die Straße rund um die Peninsula Magallanes zurückfahren. Während uns das wechselhafte Wetter am Gletscher nicht willkommen war, fasziniert es uns nun. Am Himmel stehen Sonne und dunkle Wolken in einem Gefecht. Das Licht lässt seine Schwerter blitzen, das Dunkel antwortet mit einem breit gespannten Regenbogen. Wenn die Sonne die Ebene bestrahlt, verwandelt sich der unvermittelt aus ihr aufragende Cordón de Los Cristales in einen olivgrün leuchtenden Ayersrock. Der Urwald des Nationalparks wirkt ebenso aus der Zeit gefallen wie die gesamte Umgebung. Junge und alte Bäume stehen kreuz und quer, dazwischen die stolzen Recken, die längst ihr Leben ausgehaucht haben. Wer letztere für gebrochen und nutzlos hält, versteht den Rhythmus von Leben und Tod nicht. Ihre blanken Knochen gleichenden Äste folgen den Gesetzen einer urwüchsigen Ästhetik. Mispeln saugen vom Rest der Lebenskraft und hängen wie gelbe und rote Lampions im Geäst. Schopfkarakaras achten sie als Aussichtsbaum, Spechte als schier unerschöpfliche Nahrungsquelle. Im Unterholz lebt ein Gürteltier.

Im Hafen Punta Bandera beenden wir unseren heutigen Tag

und gehen hinter Bäumen in Deckung vor den heftigen Böen. Der kleine Hafen liegt verlassen da, zwei große Katamarane trotzen dem Wind. Sie könnten uns morgen zu zwei weiteren Gletscherschönheiten des Lago Argentino bringen. Aber das ist eine andere Geschichte.

## Ein Hauch von Antarktis
### Glaciar Upsala, Glaciar Spegazzini

Punta Bandera um 8.00 Uhr Früh: mehr als hundert Touristen drängeln sich im Hafenbüro vor den Kassen zweier Touranbieter. Offenbar sind wir hier richtig für die Fahrt zu den Gletschern Upsala und Spegazzini. Unser Katamaran ist bis auf den letzten Platz ausgebucht. Im Innenraum des Schiffes hocken wir inmitten von Passagieren in Feierlaune und blicken sehnsüchtig durch die großen Glasfenster, denn an Deck zu gehen ist vorerst verboten. Wir beobachten die Argentinier, wie sie ihre Matebecher mit dem silbernen Trinkhalm herumreichen, bis zum Rand mit Kraut gefüllt. Offensichtlich stimmt, was wir gehört haben: Ohne ihren Mate werden Argentinier verrückt. Dicke Thermoskannen schaffen Nachschub an heißem Wasser, wenn die Flüssigkeit ‚ausgezuzelt' ist.

Sobald das Schiff Fahrt aufgenommen hat, strömen alle an Deck, um sich vom Fahrtwind durchblasen zu lassen. Gehüllt in Winterjacken, Windhose, Handschuhe, Schal und Haube tun wir es ihnen gleich. Von Beginn an sind wir von der Szenerie begeistert. Der riesige Lago Argentino streckt seine Krakenarme in das Land. Zu beiden Seiten erheben sich senkrechte Felswände in schwarz (Basalt), rosa (Granit) und weiß (Kalk). Man könnte meinen, in Norwegen unterwegs zu sein. Das Wasser des Sees ist die leuchtendste Gletschermilch, die ich je gesehen habe. Der Abrieb der gigantischen Gletscher ringsum lässt es in cremefarbenem Türkis erstrahlen.

Etwa eine Stunde geht es durch den Brazo Norte, später den

Brazo Upsala, wo die ersten Eisberge auftauchen. Zuerst sind sie klein, hübsch anzusehen und natürlich werden alle fotografiert. Aber die Steigerung ist enorm. Aus den zierlichen Eisschiffchen werden Hochseekreuzer und schließlich tiefblaue Ungetüme in fantastischen Farbschattierungen und Formen. Weil unser Katamaran geringen Tiefgang hat, wagt sich der Kapitän nahe an die Eisberge heran, von denen, wie wir wissen, nur die Köpfe aus dem Wasser ragen, während der Leib tief in das Wasser reicht. Einer der Passagiere pfeift den Titelsong der Titanic und grinst voll Galgenhumor. Ein Liebespärchen lehnt sich an der Spitze des Bugs mit weit ausgebreiteten Armen über die Reling. Glücklicherweise gehen wir nicht unter.

Der Upsala-Gletscher ist die drittgrößte Zunge des Eispanzers. Mit seinen 60 Kilometern ist er fünfmal so groß wie der längste Alpengletscher, der Aletsch in der Schweiz. Er fließt mit einer Geschwindigkeit von 10 Metern am Tag ins Tal und kalbt in einem beängstigenden Ausmaß. Was dem Gletscher nicht bekommt, ist uns eine Augenweide. Schöner kann eine Antarktisfahrt nicht sein! Wir tümpeln eine Stunde lang in dem schwimmenden Eisfeld herum und verfallen, wie alle anderen, in den Fotografier-Irrsinn. Jeder Blickwinkel auf die charaktervollen Eiswesen birgt neue Lichteffekte, Glitzerwelten und blaue Grotten. Bis zu 20 Meter hohe Eisgebirge mit Graten und Tälern schweben vorbei. Im Hintergrund, grau und viel zu gefährlich, um sich ihm anzunähern, die Breitseite des mächtigen Upsala. Zwei Männer der Mannschaft fischen einen Minieisberg heraus, der später, zu einem Herz behauen, für den Whisky on the rocks an der Schiffsbar verwendet wird.

Im Brazo Spegazzini, einem weiteren Nebenarm des Lago Argentino, hängt über eine Geländeschwelle ein kleiner Gletscher, der den See nicht erreicht, der Glaciar Secco. In Österreich wäre er eine Sensation, hier kann er froh sein, einen Namen zu haben. Im Nationalpark gibt es über 30, wegen ihrer geringeren Größe, namenlose Gletscherzungen. Erstaunlich finde ich, dass wir uns auf einer Seehöhe von ungefähr 500 Metern befinden. Von den etwa 150 Gletschern Argentiniens halten nur vier ihre Größe konstant, alle anderen schwinden dahin. Der Glaciar Spegazzini ist einer, der dem Klimawandel trotzt. Als wir uns seiner 140 Meter hohen Abbruchkante nähern, schwimmt kein einziger Eisberg im Wasser. Die Zackenfront sieht wie ein überdimensionales Sägeblatt aus – unvorstellbar, sich auf diesem Eisfeld fortzubewegen. Einer unserer Guides erzählt, dass die Innsbrucker Universität in den 1960er Jahren die ersten wissenschaftlichen Instrumente zur Erforschung der argentinischen Gletscher zur Verfügung stellte.

Während eines kurzen Landgangs ist ein Pfad von etwa 300 Metern Länge zu einem Lokal vorgeschrieben. Selbst diese limitierte Bewegungsfreiheit auf kurzer Strecke schenkt uns einen genussvollen Spaziergang durch den wilden Wald. Als auf unserer Rückfahrt der Spegazzini zurückbleibt, kommt Wehmut auf. Die Gletscher Patagoniens werden mir immer in Erinnerung bleiben. Sie sind Edelsteine in der Schatzkiste meiner unbezahlbaren Reiseerfahrungen.

Kurz vor El Calafate zweigen wir an die Uferstraße ab und bewundern noch einmal die reiche Vogelwelt der Lagune. Der türkise See ist mit rosa Punkten gesprenkelt – Flamingos in sicherer Entfernung von Menschen und Hunden des Ortes. Weil das Tageslicht nicht weichen will und wir daher nicht zur Ruhe kommen, werfen wir uns nach zehn Uhr in den Trubel aus Touristen, die sich von überteuerten Touristenbüros Fahrten in die Gletscherregion anbieten lassen und jeden Abend in die gut ausgestattete Gastronomie einfallen. Souvenirshops der schlimmsten Sorte säumen die Straßen. Auch wir werden hier unser Geld los. Bei gegrillter Schaflende und Lachsforelle, einer CD ‚Mercedes Sosa – 40 Fundamentales' und Kartenmaterial für Feuerland können wir nicht widerstehen. Der heutige Tag geht als der bisher teuerste unserer Reise in die Aufzeichnung ein.

# Eine alte Bekannte – die Ruta 40
## Lago Vietma, El Chalten

Körperpflege, Auto entsorgen und versorgen, einkaufen und schon ist der Vormittag vorbei. Wir versuchen uns darüber klar zu werden, in welche Richtung wir heute aufbrechen sollen. Ursprünglich hatten wir geplant, die letzten 6 Tage mit Wohnmobil im chilenischen Teil Feuerlands unterwegs zu sein. Die fast menschenleere Region wurde uns von unserem Autovermieter wärmstens ans Herz gelegt. Als wir die Entfernungen auf unserer Karte zusammenrechnen, stellen wir fest, dass wir Gefahr laufen, in der Wildnis hängenzubleiben, weil wir mit dem Tank unseres Autos eine zu geringe Reichweite haben. Die Zapfsäulen liegen so weit auseinander, dass wir laut unserer Karte zweimal zum Auftanken einen weiten Umweg mit Grenzübertritt nach Argentinien machen müssten mit all den nervenden Formalitäten. Hätten wir, wie eigentlich vereinbart, einen Reservetank mitbekommen, brauchten wir uns jetzt keine Sorgen zu machen. So aber entscheiden wir uns für die Nordregion des Nationalparks Los Glaciares, wo bei El Chalten ein schönes Wandergebiet liegt. Wenngleich die Zinnen des Fitz Roy und Cerro Torre wetterfühlige Gesellen sind, die gerne unter dichten Wolken auf Tauchstation gehen, wollen wir es mit ihnen versuchen.

Also fahren wir 30 Kilometer zurück zur Ruta 40 und halten uns auf dieser nordwärts. Mittlerweile ist uns klar geworden, welch abenteuerlicher Ruf dieser längsten aller argentinischen Straße anhaftet. Sie verbindet Gletscher, Vulkane und leuchtende Seen. Streckenweise ist sie in miserablem Zustand und führt durch Regionen, in denen man eher Guanakos, Straußen oder Raubvögeln begegnet als Menschen. Unsere heutige Teilstrecke führt erneut durch öde, sandfarbene Meseta, die nach der artenreichen Region um den Lago Argentino wie der Landstrich eines außerirdischen, leblosen Himmelskörpers wirkt. Nur der Rio Santa Cruz bietet kurze Lichtblicke. Die runden Kuppen mit den eingefrästen Mäandern liegen da wie die Hirnwindungen des Landes.

Der Boden ist sandig und stark erodiert. Wir fragen uns, was die Zäune links und rechts der Straße bedeuten, entdecken wir doch kein einziges Nutztier dahinter, nur Disteln und hysterische Vögelchen, kleine Kamikazepiloten. Sie schlagen beim Anblick unseres Autos mit angelegten Flügeln in das nächstgelegene Dorngebüsch ein. Als wir den Lago Vietma erreichen, hoffen wir auf etwas Grün und lenken in die geschotterte Süduferstraße ein. Aber auch hier nichts als staubige Halbwüste. Enttäuscht drehen wir um und nehmen die letzten 100 Kilometer nach El Chalten am Nordufer des Sees in Angriff.

Die Andenkette, die sich langsam aber sicher vor uns aufbaut, ist beeindruckend. Das ewige Eis leckt in die Täler, der See bietet dem Abendlicht einen gleißenden Spiegel, im Himmel stehen ufoähnliche Föhnwolken. Der baumlose Berg, der unsere Fahrt rechts der Straße begleitet, trägt den vielsagenden Namen Meseta del Viento (Plateau des Windes). Eine Warnung? Jedenfalls müssen wir, wenn wir die Türen unseres Fahrzeugs öffnen, diese mit beiden Händen festhalten, damit sie der Wind nicht aufreißt – kein Wunder, liegt doch hinter den Felswänden des Cerro Torre und Fitz Roy das riesige Eisschild Hielo Sur. Wer hier seine Fahrtgeschwindigkeit nicht den Böen anpasst, wird von der Straße gefegt. Der Name El Chalten ist indianischen Ursprungs. Die Tehuelche bezeichneten den höchsten Berg der Region als El Chalten, was Rauchender Berg bedeutet und sich auf seinen hartnäckigen, wilden Wolkenhut bezieht. In Erinnerung an die Ureinwohner sprechen die Einheimischen bis in die Gegenwart von der Stimme der Tehuelche, wenn der Berg wieder einmal seine stürmischen Furien loslässt. Auch heute heulen sie und der Torre treibt sein unermüdliches Verhüllungsspiel.

Mutig wählen wir für unser Nachtlager einen Picknick- und Fischerplatz am Seeufer, kurz vor dem winzigen Hafengebäude von Puerto Bahia Tunél. Wir stehen hier zwar nicht windgeschützt, aber wunderschön an den Schlingen und Schlaufen eines Wiesenbächleins mit springenden Fischen.

# Geduld! Geduld! Geduld!
## El Chalten

Die Trekkinghauptstadt von Nationalparks Los Glaciares Norte liegt auf einer Seehöhe von 400 Metern. Sie ist die jüngste Stadtgründung Argentiniens. Im Jahr 1985 richtete man hier eine Verwaltungszentrum ein, um die Ansprüche auf die Region um den See Lago del Desierto gegenüber Chile zu rechtfertigen. Heute nimmt der 2.000 Einwohner zählende Ort im Sommer zahlreiche Touristen, Abenteurer und Extrembergsteiger auf. Elektrischer Strom wird von einem Dieselgenerator produziert.

Die Berge, die sich unmittelbar hinter der Sohle des geschützten Durchbruchtals des Rio Fitz Roy erheben, galten lange als unbezwingbar aufgrund technischer Höchstschwierigkeit und extrem unberechenbarer Wetterverhältnisse. Der höchste Berg des Nationalparks ist der 3.405 Meter hohe Cerro Fitz Roy. Die eisgepanzerte Nadel des Cerro Torre gilt als eine der schwierigsten Berge der Welt. Ebenso beeindruckend erhebt sich der Fitz Roy (3.375m), der von dem Österreicher Thomas Bubendorfer im Jahre 1986 das erste Mal allein bezwungen wurde. Er ist benannt nach Fitz Roy, dem Kapitän der Beagle, Charles Darwins Forschungsschiff.

Von der prachtvollen Szenerie sehen wir heute vorerst nichts. Es regnet bis in den Nachmittag hinein, was uns Zeit für die Vorbereitung unseres nächsten Blogeintrags gibt. Zum Hochladen ist die Internetgeschwindigkeit zwischen den Bergen zu gering. Die Temperatur im Auto entspricht in etwa der im Freien. Also hüllen wir uns in Decken und sagen uns gebetsmühlenartig, es kann nur besser werden. Geduld! Geduld! Geduld!

Gegen Abend klart es glücklicherweise auf, bevor wir einen Wohnmobilkoller bekommen. Erleichtert wandern wir auf die Miradores Condor und De la Aguilas. Die Luft ist von einer Klarheit, wie man sie in Mitteleuropa wohl selten bis gar nicht erlebt. Wir befinden uns im Lee einer Schlechtwetterfront, was sich optisch als überaus reizvoll erweist. In Richtung Anden wölkt es bedrohlich über den Gletscherbrüchen. Die Gipfel der berühmten Berge zeigen sich nur in Ansätzen. In Richtung Meseta strahlen die gelben Hügel und der silber-türkise Lago Vietma in der Sonne. Ich betätige mich als begeisterte Miniblumen-Fotografin und genieße die zweistündige Wanderung in vollen Zügen.

Am Abend fallen wir in ein sympathisch-uriges Lokal namens El Rey del Bife (König des Rindes) ein und speisen, wie könnte es anders sein, Beef.

## Zeig mir den Platz an der Sonne
### Fahrt nach El Calafate

Der Blick aus dem Fenster am frühen Morgen bestätigt, was wir in der Nacht zu hören bekommen haben: Es regnet. So dehnen wir unser Frühstück aus und gehen anschließend in eine Waffleria, in der Hoffnung auf ein WLAN. Unsere aus dem vielfältigen Angebot gewählte Waffel ist süß und lecker, aber es gibt kein Internet und der Regen hört nicht auf. Bei der Touristeninformation gelingt es uns schließlich, den neuen Blogeintrag abzusetzen. Auf die Frage nach der Wettervorhersage zuckt die Dame hinter dem Schalter die Schulter und deutet auf die Wolken. „Lluvia" (Regen), kommt es schicksalsergeben aus ihrem Mund. An die fünfzig gestrandete Wanderer geistern in triefenden Gewändern in dem Gebäude herum. Die meisten beißen die Zähne zusammen und brechen irgendwann zu einem der Trecks auf. Die Fahrerkabine unseres Wohnmobils leckt mittlerweile. Das Glas der Innenraumbeleuchtung steht unter Wasser. Bei anhaltendem Regen fotografieren wir die originellen Häuschen des Bergdorfes. Die Ortschaft El Chalten bemüht sich offenbar, das wechselhafte Wetter durch stylische Unterkünfte und Gastronomiebetriebe wettzumachen und es gelingt. Ebenso ungewöhnlich wie die Gestaltung der Gebäude sind deren Namen. Da gibt es eine ‚Mikrobrauerei', eine ‚Hamburguesa', eine ‚La Pancheria' (eine Würstelbude), eine Cervecaria Artesana (ein Kunst-Bierladen?) und eine

‚Fabrica de Pastas' (eine Pastafabrik). Weil wir keine Lust haben, uns noch einmal den Bauch vollzuschlagen, und wir uns im Wohnmobil wie Fische in einem Aquarium vorkommen, geben wir die Hoffnung, den Fitz Roy zu Gesicht zu bekommen, auf und fahren zurück nach El Calafate in die Sonne.

Am Abend parken wir in einer etwas ruhigeren Seitenstraße inmitten von Ibissen (Bandurria austral), die den Gehsteig entlang spazieren wie Menschenfamilien am Sonntagabend. Queren sie die Straße, halten die Autofahrer an und lassen die ulkigen Vögel passieren. Die Bewohner von El Chalten scheinen überhaupt tierliebend zu sein, denn die Straßen sind bevölkert von halbwilden Hunden, die allesamt einen wohlgenährten Eindruck machen. Glücklicherweise sind die durchwegs großen Köter friedlich. Sie liegen in Geschäftseingängen, sodass alle, die rein oder raus wollen, über sie steigen müssen, hocken im Fenster von Lokalen und schauen den Gästen beim Essen zu. Nicht wenige von ihnen warten auf der Straße auf den nächsten Mopedfahrer, um diesen zu verbellen. Mit etwas Hundeglück erwischen sie dabei ein menschliches Wadel.

# El Condor pasa
## Cerro Cristal

An die hellen Sommernächte Patagoniens muss man gewöhnt sein. Gegen elf wird es finster, gegen fünf Uhr dämmert der Tag. Die Einheimischen halten nichts von zeitiger Nachtruhe. Deshalb sind in den Morgenstunden fast nur Touristen auf den Straßen unterwegs. Wir sind am Abend meist hundemüde und morgens bald wieder auf den Beinen, sofern unser Schlaf nicht von diversen Grillfeten mit anschließender Discobeschallung beeinträchtigt wird. Die Tierwelt nützt die langen Tage des Sommers, das Leben pulsiert, solange die Sonne das Land mit wärmenden Strahlen und Licht verwöhnt. In den frühen Stunden ist die Lagune von

El Calafate bereits belebt mit hunderten Vögeln. Auf unserer Fahrt zum Lago Roca halten wir an der Uferstraße und erfreuen uns an dem bunten Bild der Schwäne, Wildgänse, Kiebitze, Ibisse, Möwen und Flamingos. Und – das Wetter hält! Ein schöner Tag erwartet uns.

Ich erkläre den Lago Argentino ab sofort zu meinem Lieblingssee. Die leere Wasserfläche, auf der kein einziges Boot unterwegs ist, stattdessen die Schatten der Wolken ihre Bahnen ziehen, vor allem aber die reiche Tierwelt an seinen Ufern begeistern mich. Alle hundert Meter quert ein Wildtier die Straße, sodass wir nur langsam vorankommen. Wir taufen die geschotterte Ruta provinzial 15 in Häschen-hüpf-Straße um. Kaninchen und große Feldhasen wetzen durch die Gegend, dass es nur so eine Freude ist. Schopfkarakaras lassen sich nicht einmal beim Liebesspiel von uns stören. Halbwilde Pferde, ein Adler auf einem verendeten Gürteltier, Schwarzhalsschwäne in einer Lagune – in mir ertönt der Ruf der Wildnis. Klein wie Stecknadelknöpfe kreisen im Himmel zwei Kondore. El Condor pasa, summt es in meinem Kopf – der Kondor zieht vorbei! Die nach dem Wanderalbatros größten Vögel der Erde sind mir ein Rätsel. Was treiben sie da oben, mehr als tausend Meter über dem Grund? Um das Aas auszumachen, mit dem sie ihren Hunger stillen, reichte eine geringere Höhe und der Sturzflug zur Futterquelle erfolgte kräfteschonender. Was bringt die großen Vögel dazu, sich in die schiere Unendlichkeit hochzuschrauben? Die Freude an der Schwerelosigkeit? Die Schönheit des Blicks auf die Erde? Der Gesang des Windes? Werden die dunklen Geier da oben ein bisschen zu außerirdischen Wesen? Es sind Gedankenspiele, wie ich sie liebe. Als zeigte der See Verständnis für meine weltabgewandte Sicht, zerfällt sein Spiegel unter dem Gletscherwind in weiße Schaumkronen.

Im Jahre 1873 wurde der gewaltige Zungenbeckensee, der den Rio Santa Cruz speist, von einer Expedition entdeckt. Die Forscher wollten auf ihrer endlos erscheinenden Flusswanderung schon kehrtmachen, als sie an das prächtige Gewässer gelangten. Sie hinterließen ein in den Boden gerammtes Ruder mit der argentinischen Flagge und eine in einer Flasche hinterlassene Botschaft. Die Besitzansprüche auf den herrlichen Naturraum waren damit besiegelt. Der Patagonien-Pionier Francisco Moreno gab dem türkisfarbenen Gewässer den stolzen Namen Lago Argentino.

Obwohl der langgestreckte Lago Roca ein Seitenarm des großen Sees ist, unterscheidet er sich von diesem durch seine dunkelblaue Farbe. Er schmiegt sich an die olivgrünen Hänge des Cordón de los Cristales. Den 1.282 Meter hohen Cerro Cristal wollen wir heute besteigen. Das klingt harmloser als es ist, denn es gilt 1.000 Höhenmeter in sehr steilem Gelände zu überwinden. Gleich zu Beginn unseres Aufstiegs schrauben sich zwei Kondore in unserer unmittelbaren Nähe in die Höhe. Wie immer sind wir mit unseren Kameras zu langsam. Was bleibt, ist die Eleganz ihres Fluges zu bestaunen. Schon wieder: El condor pasa und kein Foto! Während der gesamten restlichen Wanderung halte ich das Teleobjektiv im Anschlag, aber der Himmel über den Bergen bleibt leer.

Der Anstieg führt durch Südbuchenhaine und blühende Matten mit zahlreichen Wildorchideen, unter ihnen Miniaturformen eines endemischen Frauenschuhs. Schließlich werden die Bäume kleiner, legen sich flach und nehmen latschenähnliche Formen an – die Gesetze der Natur wirken in Anden und Alpen gleich. Oberhalb der Baumgrenze fegt der Gletscherwind. Der Blick zur leuchtenden Zunge des Perito Moreno jenseits der Seenarme ist atemberaubend. Je höher wir steigen, umso beeindruckender zeigen sich die Ausmaße des Lago Argentino. Wüssten wir es nicht besser, würden wir ihn für mehrere Einzelseen halten. Wie verschlungene Fjordtäler wirken seine Finger und Lagunen mit den unterschiedlichen Farbnuancen. Das variable Erscheinungsbild ergibt sich aus der in jedem Seitenarm verschiedenen Menge und Zusammensetzung des Gletschergeschiebes. Gigantischen Walzen gleich, befördern die Eisströme auch farbige Einlagerungen des Untergrunds wie Grünerde und Chromoxid in den See, wo die Partikel jedem ertrunkenen Tal sein individuelles Wasserleuchten verleihen. Von oben sieht es aus, als hätte jemand Farbe in den See gegossen.

Als wir nach drei Stunden erleichtert auf dem Gipfel des Cerro Cristal stehen, sind wir sehr glücklich. Zum einen habe ich wieder einmal meine körperlichen Grenzen ausgelotet, zum anderen erahnen wir zwischen den Wolkenfetzen den Campo Hielo, das drittgrößte geschlossene Eisfeld der Erde. Welch ein erhebendes Gefühl! Wie erstaunlich, dass wir uns im Angesicht dieses Rekordes lediglich auf einer Seehöhe von 1.282 Metern befinden. Kontrastreich ist unser Rundblick vom windumtosten Gipfel, der auf der einen Seite das Gebirge, auf der anderen Seite runde Bergrücken und die goldenen Farbtöne der Meseta zeigt. Die Sicht reicht in alle Richtungen hunderte Kilometer weit. Die Luft ist klarer, als ich es je für möglich gehalten habe.

Tausend Meter hinauf ist mühsam, tausend Meter hinunter ist ‚Knieschnackeln‘, in diesem Fall allerdings mit der fantastischen Aussicht auf den Perito und seine ‚Kumpels‘. Den Tag beenden wir im herrlich gelegenen wie gut ausgestatteten Campingplatz Lago Roca, auf einem Wiesenplatz, wenige Meter oberhalb des Sees. Gesellschaft leisten uns ein Schopfkarakara und zahlreiche streitlustige Möwen. Körperpflege ist angesagt. Vor der Dusche: Bergschratt! Nach der Dusche kann man uns wieder riechen.

# Verstehen
## Ein kleiner essayistischer Einschub

Die Sprache des Landes, in dem man sich länger aufhält, zumindest in Ansätzen zu erlernen, sollte jedem Reisenden ein Anliegen sein. Fehlt die Möglichkeit zu kommunizieren, bleibt die Fremde fremd und nach Wochen des Vagabundierens kann es vorkommen, dass sich Momente der Einsamkeit einstellen. Hier in der Weite Patagoniens erscheint der zwischenzeitige Kontakt zu Menschen besonders wichtig.

Lateinamerikaner, zumindest der überwiegende Teil derjenigen, die mir auf meinem Circuito grande begegnen, scheinen eine Aversion gegen das Englische zu haben. Lediglich die Touristenführer geben sich professionell mehrsprachig. Der/die gewöhnliche Latino/Latina spricht Castellano, eine Form des Spanischen, die in Sprachmelodie und Wortschatz vom europäischen Ursprung stark abweicht. Wenn ich, die Gringa, nicht verstehe, wird derselbe Satz wiederholt nur dieses Mal ungeduldiger und rascher. Dann knattert es wie Gewehrsalven einer mir völlig unbekannten Sprache aus dem Mund der Einheimischen und ich tue gut daran, verstehend zu nicken oder irgendeine Antwort zu improvisieren. Glücklicherweise hellt sich das Gesicht meines Gegenübers sofort auf, sobald ich auf Spanisch zu stammeln beginne. Gelingt mir ein Satz, folgt meist das überschwängliche Lob: „Tu Español es perfecto!"

Obwohl sich mein Wortschatz nur geringfügig erweitert, gewinne ich im Laufe der Reise an Leichtigkeit und versuche den Sinn des Gesagten intuitiv zu erfassen. Damit komme ich recht gut durch. Mit der Übung wächst auch die Gabe der Eingebung. Mimik, Gestik und die Situation, in der das Gespräch stattfindet, helfen ungemein.

Für mich beinhaltet Kommunikation auf Reisen einen weiteren wesentlichen Aspekt. Mein Wille, die Menschen eines Landes zu verstehen, paart sich mit dem Wunsch die Sprache der Natur zu erfassen. Wenngleich der Gedanke esoterisch anmutet, ist er der wesentliche Beweggrund für die Wahl vieler meiner Reiseziele. Sagt einem die Natur nichts, und das meine ich im wortwörtlichen Sinn, sollte man sich die Leere Patagoniens nicht zumuten. Erholung findet hier nur, wer in der Lage ist, sich mit der Natur zu arrangieren, mehr noch, sich auf gewisse Weise auf sie einzulassen. Der Sturm muss einem liegen, der Wechsel der Extreme von Licht und Temperatur verlangt Widerstandskraft und ist alles andere als bequem. Dafür fördern gerade die Anwesenheit gewaltiger Naturkräfte und das Fehlen menschlicher Spuren Erfahrungen, wie man sie in Mitteleuropa nicht machen kann. Die Alpen, mit denen wir in Österreich gesegnet sind und deren Schönheit hier in Chile und Argentinien viele kennen und überschwänglich loben, sind kleinräumig und von Menschen besiedelt. Das Wetter bleibt berechenbar.

In Patagonien lehrt die Natur den menschlichen Geist Bescheidenheit. Wer sich ihr öffnet, wird reich beschenkt und wächst im Inneren. Kein Peso ist verschwendet angesichts dieser Erlebnisse. Der Wind wispert, grollt, heult anders als zu Hause. Findig sucht er sich Resonatoren, um seine Melodien zu verstärken und Klänge zu erweitern. Die Vögel trällern in nie gehörten Tonkaskaden. Dennoch verstehe ich sie und deute ihren Gesang als Warnschrei, Liebesballade oder müden Kommentar zum Regen. Dieser wiederum spricht unmissverständlich sein Machtwort. Er und der Wind entscheiden, ob ich einen Fuß ins Freie setze. Der Tierkadaver liegt stumm in der Einöde. Um ihn webt beredtes Schweigen, das an das Geheimnis von Leben und Tod rührt. Die Erzählungen der ungezähmten Flüsse könnten allein schon ein Reisetagebuch füllen. Ich ahne, dass alles, was ich vernehme, eine Variation des einzigen Ausdrucks ist, der jedem irdischen Ton zugrunde liegt.

Lausche ich den urwüchsigen Elementen der Natur, empfinde ich Ehrfurcht, aber niemals Einsamkeit. Hier lerne ich, mich am Beispiel der Wildnis aufzurichten. In meiner Imagination wachsen mir die Beine eines Guanakos. Laufe ich, begleiten mich die prachtvollen Federn eines Nandus. Wenn ich spreche, dann in dem Wunsch, von einem einzigen der uralten Flechtenbäume gehört zu werden. Was mir am wenigsten gelingt, ist die Vorstellung zu fliegen, obwohl hier der Himmel voll ist mit Künstlern der Lüfte. Langsam wie eine Schnecke quäle ich mich den Cerro Cristal hoch, während über mir zwei Kondore ohne einen einzigen Flügelschlag ihre Kreise ziehen. Es ist die Schwere meiner Glieder, die mich an den Boden fesselt. Vielleicht wird der körperlose Geist einmal das Wagnis eingehen, sich auf unsichtbaren Schwingen zu erheben.

Bis dahin erkläre ich die Wildnis zu meiner Heimat und versuche, eine neue Sprache zu erfinden, etwas Ähnliches wie Schopfkarakara-Menschisch oder Gletscher-Musik, wie Windjammer oder Südbuchenwispern. Etwas, womit ich kommunizieren kann mit dem Land und seinen Geschöpfen. Wenngleich am Anfang meiner Bemühungen stehend, spüre ich deutlich, dass etwas mächtig auf mich zugreift, dass sich Patagonien in jedem einzelnen seiner Lebewesen mit meinem Bewusstsein verbindet.

# Weihnachten für Menschen mit Weihnachtsphobie
## El Calafate

Wer glaubt, das Heimatland des Papstes schwelge in Weihnachtseuphorie, irrt. Vielmehr rate ich Menschen, denen der heimatliche Adventtrubel zu viel wird, nach Argentinien zu reisen, denn Weihnachten geht zumindest am öffentlichen Leben Patagoniens fast spurlos vorüber. Gearbeitet wird am 24. Dezember wie an jedem Wochentag bis in die Nacht. Ein paar fantasielose Plastikchristbäumchen stehen verloren in den Auslagen – das war es auch schon. Kein „Feliz navidad" als Gruß, einfach nichts! Weil wir uns etwas verloren vorkommen, beschließen wir, in El Calafate ein Steak essen zu gehen. Die Ähnlichkeit mit einem Weihnachtsbraten reicht nicht, um uns nur in Ansätzen in Stimmung zu versetzen. Das Telefongespräch mit der Familie zu Hause hilft etwas.

Dabei ist unser Tag nicht zum Jammern: 15 Grad Außentemperatur, wenig Wind, zu weiten Teilen sonnig, die Fahrt zurück nach El Calafate spannend. Unsere Häschen-Hüpf-Straße von gestern wirkt heute entvölkert, obwohl die Böschung gesäumt ist mit Eingängen zu Kaninchenbauten. Halten die Langohren alle Siesta? Die Botanik gibt sich der Frühlingsseligkeit hin und duftet nach Jasmin statt nach harzigen Christbaumnadeln. Die Südbuchen schmücken sich mit blühenden Mispeln, ihr Lametta besteht aus cremefarbenen Bartflechten. Wen wundert es? Hatten wir doch vor drei Tagen Sommersonnenwende.

Es lässt sich nicht leugnen: Ich habe einen Weihnachtsblues-Durchhänger. Eine Whatsapp-Nachricht nach der anderen mit Christbaumschönheiten diverser Freunde, offenem Kaminfeuer und stimmungsvollen Lichterketten flammt am Display meines Handys auf. Damit an diesem Heiligen Abend noch irgendetwas passiert, verlassen wir gegen neun Uhr abends unseren Pick-up samt heruntergebrannter Duftkerze. Auf dem Streifzug durch die Gassen wird mir klar, dass die halbwilden Hunde des Städtchens jeden echten und verkleideten Weihnachtsmann gnadenlos jagen würden. Als ich meine Christmas-Spurensuche endgültig aufgebe, kommen wir an einer kleinen Kirche vorbei. Eine Christmette! Es ist ja doch die Nacht der Wunder. Wir treten ein.

Den Wortlaut der Messfeier verstehen wir nur in den wortgleichen Gebeten des Vater Unsers und Glaubensbekenntnisses, aber der Abfolge der Liturgie können wir natürlich folgen. Schön sind die rhythmischen Gesänge, die teilweise der berühmten lateinamerikanischen Messe Misa Criolla entnommen sind. Lauthals ist wichtiger als richtig, scheint hier die Devise zu sein. Der Kirchenraum ist zum Bersten voll. Die Darsteller eines Krippenspiels, Joseph und Maria, die Hirten und Heiligen drei Könige haben Probleme, bis zum Altarraum vorzudringen. Ein Engel bricht sich dabei den Flügel. Nach dem Abendmahl wird eine Krippe unter dem Altartisch stimmungsvoll beleuchtet, in der Puppen mit Porzellangesichtern die Heilige Familie darstellen.

Die Zusammensetzung der Gemeinde zeigt das bunte Spektrum der Bevölkerung der Region. Wir stehen eingekeilt zwischen festlich gekleideten Nachfahren europäischer Einwanderer, Farmern, die aussehen, als kämen sie direkt von der Arbeit und Indios. Beim „Friede sei mit dir" wechseln die Latinos für uns ins Englische. „Peace on you" heißt es freundlich und dann werden wir von allen Seiten abgebusselt. Während der gesamten Messfeier steht vor der gläsernen Eingangstür ein großer braun melierter Hund mit Dackelblick. Jedes Mal, wenn neue Menschen die Kirche betreten, versucht er hereinzukommen. Dreimal hat er Erfolg und schiebt sich durch die dicht an dicht stehenden Menschen auf der Suche nach seinem Herrl. Den Aufstand, den ein Köter bei einer Christmette in Österreich verursachen würde, will ich mir erst gar nicht vorstellen. Amüsiert beobachte ich, wie die Leute das große Tier freundlich wieder hinausbugsieren.

Unser den Abend beschließendes Bier in einer Patagonia-Brewery passt nicht zur Weihnachtsstimmung. Immerhin sehen wir hier, wie die große Mehrheit der Bevölkerung den Heiligen Abend begeht – laut, ausgelassen, mit US-amerikanischem Beat in den Ohren. Ich werte nicht, sondern beobachte nur. In jedem

Fall ersparen sich die Argentinier unseren Adventkitsch und Einkaufsirrsinn der Vorweihnachtszeit. Mit Sicherheit sind sie weniger gestresst, ihr Haushalt ist so wie immer und der Magen wölbt sich höchstens um ein paar Alfajores, das allseits beliebte Gebäck mit klebriger Dulce-de-leche-Füllung maurisch-spanischer Herkunft. Kekserlmanie kennt hier niemand.

## Die unheiligen Heiligen Patagoniens
**Fahrt nach Puerto Natales**

Da uns die Einwegmiete unseres Wohnmobils zu teuer war, treten wir heute die Rückreise in Richtung Punta Arenas an. Einen großen Teil der Strecke kennen wir schon, und doch erscheint er uns in neuem Licht. Die Meseta leuchtet gelb in der Sonne. Anfangs beschleunigt der Rückenwind unsere Fahrt. Allerdings ist bei den Fotostopps äußerste Vorsicht geboten. Es droht dreierlei Gefahr: das windangepasste Aussteigen erfordert zwei Hände, um sich nicht am Aufreißen oder Zurückschlagen der Autotür zu verletzen. Die wenigen passierenden Fahrzeuge kann man im Sturm nicht hören und nimmt sie deshalb erst wahr, wenn sie bereits da sind. Ein Schritt ins trockene Gras genügt, und ein Heer aus stachligen Samen klammert an Hose, Socken und Schuhbändern. Es bedarf jedes Mal einiger Minuten schmerzhaften Klaubens, ehe wir weiterfahren können. Dennoch sind wir unverbesserlich und bremsen bei jeder fotoverdächtigen Stelle. Überaus amüsant finden wir die Hinweistafeln für heftigen Wind, die eine vom Sturm gebeugte Palme zeigen. Erstens weht es einen hier ohnehin überall davon, zweitens haben wir in der gesamten Pampa noch keine Palme entdeckt.

Weniger erfreulich als gestern auf der ‚Häschen-hüpf-Straße' sind wir heute auf der ‚Häschen-tot-Straße' unterwegs. Aber es zeigt sich zu beiden Seiten der Fahrbahn auch genügend Lebendiges: kleine Herden von Guanakos (die Stammform des domestizierten Lamas), Nandus und, wenn eine Estancia in der Nähe ist, Schafe. Bevölkert ist die Straße offenbar auch mit Santos populares, den argentinischen Volksheiligen, denn in der Monotonie der Steppe finden sich Hüttchen mit Votivbildern diverser himmlischer Helfer. Die zu deren Verehrung aufgestellten Fahnen sind abgenutzt vom Knattern im Wind und gleichen schmutzig-roten Fetzen. Die Heiligen Patagoniens scheinen eigenwillige und überaus lebendige Wesen zu sein, deren Bedürfnisse gestillt sein wollen. Da ist die Difunta Correa, deren Hütten mit einem Kranz aus Wasserflaschen umgeben sind. Sie leidet offenbar an unstillbarem Durst, was natürlich Unsinn ist. Vielmehr erinnern die Flaschen daran, dass die Frau auf der Suche nach ihrem verschollenen Mann in der Wüste verdurstet sein soll. Dem Volksglauben nach fand man ihr Kind lebend, an der Brust der toten Mutter.

Der heilige Bandit Gauchito Gil wohnt nur in roten Andachtshäuschen und San La Muerte, die argentinische Variante des Sensenmanns, legt Wert auf kleine Geschenke. Santa Jorge kommt immer beritten daher, während das Antlitz der Virgen Urkupina milde lächelt. Die Volksheiligen haben mit dem römisch-katholischen Kanon der Heiliggesprochenen nichts gemein. Es sind reale Personen, deren meist tragische Lebensläufe über viele Generationen überliefert wurden. In vielen Fällen führten die Verehrten kein mustergültiges Leben, im Gegenteil: Viele von ihnen bewegten sich am Rande des Gesetzes und waren von der Gesellschaft verachtet. So bieten sie viel Identifikationsfläche für das unterprivilegierte Volk. In den kleinen Altären, die man ihnen baut, wähnt man die Untoten real anwesend und noch immer in der Lage, Wunder zu vollbringen. Weil ich diese Hintergründe erst am Abend recherchiere, stelle ich ahnungslos Vergleiche mit den thailändischen Geisterhäuschen an. Die Heiligen sind großmütig und lassen mich ungestraft ziehen.

Die letzte Stadt vor der chilenischen Grenze ist Rio Turbio, eine Siedlung die auf der windabgewandten Seite eines Kohletagbaus und kalorischen Kraftwerks liegt. Das in die Ebene eingeschnittene Tal eines Baches nützen die Einheimischen, um mit Grillerei bei Discobeschallung den Christtag zu feiern. Rauch von unzähligen Feuerstellen steigt hoch. Die Kinder springen im eiskalten Wasser des Flüsschens herum, die Stimmung ist ausgelassen. Wieder zeigt sich, wie bedeutend das Mikroklima in Patagonien ist, denn in der Senke wachsen Bäume, die die Ausläufer der Windböen abfangen. Die Strahlen der Sonne sind offenbar warm genug für das sommerliche Treiben, das wir hier beobachten.

Gegen Abend erreichen wir die Grenze und stellen uns auf die bereits bekannte Prozedur ein. Auf argentinischer Seite lässt man uns wegen eines Stromausfalls eine Stunde warten, dafür geht es diesmal bei den Chilenen entspannter zu, als wir es von ihnen gewohnt sind. Zwei junge Frauen durchsuchen unser Auto nach verbotenen Früchten, unverkochten Tierprodukten, Alkoholika, Zigaretten und Pflanzen. Man merkt ihnen an, dass sie am liebsten unsere Abenteuerreise mitmachen würden.

Sechzehn Kilometer nach der Grenze erreichen wir das windige (wen wundert es?) Puerto Natales am Meer. Wir suchen Deckung in einer schmalen Gasse und erhoffen uns Ruhe für die Nacht.

## Auf den Spuren großer Forscher und Entdecker
### Fahrt nach Punta Arenas

Heute stehen uns 270 km Fahrt bevor. Von nun an geht es nur noch nach Süden. Zu Silvester werden wir, wenn alles gut geht, am finis terrae angelangt sein, am Vorposten zur Antarktis. Wir werfen im Fischerhafen einen letzten Blick auf das Ufer des Ultima Esperanza Sounds, des Meerbusens der letzten Hoffnung, und die Cordillera Riesco. Wehmut erfüllt uns, denn wir sind im Begriff, Patagonien den Rücken zu kehren. Noch einige Tage

bleiben, unseren Pickup zurückzustellen und Punta Arenas zu erkunden, dann geht es nach Feuerland.

Obwohl es heute wieder einmal wolkenverhangen ist, gibt es
Lichtblicke während unserer Fahrt. Die Besitzer der Estancien
scheinen wohlhabender zu sein als im kargen Norden. Viele ihrer
Einfahrten sind malerisch eingerahmt von Holztoren sowie blü-
hendem Ginster und Lupinienwällen. In der Ortschaft Tehuel-
ches halten wir für eine kurze Rast. Offensichtlich handelt es sich
bei der kleinen, von Indigenas bewohnten Siedlung um ein geför-
dertes Regierungsprojekt. Die Holzhäuschen sind gut instandge-
halten, bunt bemalt und weihnachtlich herausgeputzt. Während
eine Busladung Touristen in einer stillosen Empanaderia, der lateinamerikanischen Version eines Fastfoodlokals, abgefertigt
wird, finden wir in der winzigen Gaststube eines Indios Unter-
schlupf. Hier gibt es zwar nur Instantkaffee, aber hausgemachten
Rhabarberkuchen. Überdies sitzen wir inmitten von typischem
Gaucho-Accessoire, wie Messern, Ledergürteln und Matebechern
sowie Schnitzereien. Der Wirt freut sich über unser Interesse und
wir radebrechen so gut es geht.

In der Hoffnung, die Weiterfahrt abwechslungsreicher zu gestalten, nehmen wir einen Umweg über Schotterstraßen zum
Seno Skyring und Seno Otway, zwei flache Meeresbuchten, die
unter dem dunklen Himmel Quecksilberseen gleichen. Abgesehen von den hübschen Gebäuden der Estancia Rio Verde und
den hunderten beigen Schafen im großen Weideland, ist auf der
Fahrt nichts erwähnenswert.

Am nördlichen Stadtrand von Punta Arenas befindet sich das
Museum Nao Victoria. Hier stehen zwei maßstabsgetreue Nach-
bildung von historisch bedeutungsvollen Schiffen: die Nao Victoria, Magallanes' Schiff, das 1510 um die Welt segelte (die letzte
Passage ohne den berühmten Kapitän) und die Beagle, Charles
Darwins Forschungsschiff, das Kapitän Fitz Roy dreihundert Jahre nach dem Entdecker durch die unruhigen antarktischen Gewässer steuerte. Die Schiffe sind innen und außen begehbar und
vermitteln einen Eindruck von den mehr als beschwerlichen Le-

bensbedingungen auf den Schiffen. Wie groß muss der Forscherdrang vor allem des ersten Weltumseglers gewesen sein, sich in ein Abenteuer zu stürzen, dessen Erfolgsaussichten mehr als unwahrscheinlich waren! Fernão de Magalhães (hispanisiert Fernando Magallanes), der Portugiese in spanischen Diensten, war auf der Suche nach einer Westpassage zu den Gewürzinseln (heutiges Indonesien). Als er im Raum von Punta Arenas an Land ging, fand er hier nichts vor als einen gestrandeten Wal und 200 Indianerleichen, auf Holzgestellen zur Schau gestellt. Geschockt segelte er weiter. Der Anblick der Indigenas Patagoniens soll Magellan den Ausruf entlockt haben: „Ha! Patagón!", was sich heute in der Namensgebung Patagoniens wiederfindet. Für die Bezeichnung gibt es zwei Erklärungen. Zum einen wird sie mit Großfuß übersetzt, waren doch die Indigenas hoch gewachsen. Die Spanier reichten den 1,80 Meter großen, indianischen Männern gerade bis zur Schulter. Magellan könnte sich bei seinem Ausruf aber auch auf die seinerzeit sehr bekannte Novelle bezogen haben, in der ein Monster Namens Patagon vorkommt. Der Seefahrer verglich die Rufe der Tehuelche mit den Lauten eines brüllenden Stiers. Der schwierigste Teil seiner Suche nach einer Passage nördlich des als unpassierbar geltenden Kap Hoorns stand Magellan noch bevor. Die Insel im Süden verwirrte mit ihrem eisenoxidhaltigen Sand die Magnetnadeln. Jeglicher Orientierung beraubt, drohte die Gefahr, sich im amphibischen Zwischenland der Fjorde zu verirren. Für viele Seefahrer wurde der tiefe Süden Amerikas zur tödlichen Falle.

Mehr als drei Jahrhunderte mieden die europäischen Siedler das wegen seines Klimas und der Indigenas gefürchtete Patagonien. Erst 1843 erhob Chile Anspruch auf das Land um die Magellanstraße und die Terra Fuego. Die gegründete Siedlung Punta Arenas musste Indianerangriffe und Meutereien der zwangsübersiedelten Soldaten überstehen, ehe sie sich zu einer richtigen Stadt entwickelte. In der abgelegenen Region lebten lange Zeit vor allem Robbenschlächter und ausgesiedelte Schwerverbrecher.

Nach diesem hochinteressanten, gedanklichen Ausflug in die

frühe Geschichte der Region erreichen wir am Abend Punta Arenas und fahren zum Busbahnhof, um uns die Buchung für unsere in zwei Tagen geplante Fahrt nach Ushuaia bestätigen zu lassen. Wir nutzen bei Kuchen und Kaffee das WLAN des Hotels Kran Kréen. In einer ruhigen Wohnsiedlung, etwas außerhalb der Stadt, finden wir einen geeigneten Platz für unsere letzte Nacht im Wohnmobil.

## Pioniergeist
### Wohnmobilrückgabe, Puerto Hambres

Bis 16.00 Uhr steht uns heute noch der Pickup zur Verfügung. Dann muss das Auto für die Rückgabe aufgeräumt, innen und außen sauber, getankt und entsorgt sein. Wir haben also zu tun. In der verbleibenden Zeit besichtigen wir den Friedhof Sara Braun, einen in Stein gemeißelten Wettstreit der Grabarchitektur, in dem sich Schafbarone, unter ihnen Kroaten, Briten und Deutsche, ein Denkmal setzten. Die Bronzeskulptur eines Indianers fällt so bescheiden aus, dass man sie fast übersieht. Sie ist eine zynisch anmutende Huldigung an diejenigen, deren Vertreibung und Ausrottung den Reichtum der Siedler erst ermöglichte.

Weil der historische Ort Puerto Hambres nur wenige Kilometer vom Büro unseres Autovermieters Holiday Rent liegt, geht sich die Besichtigung dieses traurigen Ortes zeitlich noch aus. In der Bucht, die heute nichts als einen Gedenkstein zu bieten hat, sollten im Jahr 1580 103 Spanier den königlichen Gebietsanspruch auf diesen von Piraten geplagten Landstrich erfüllen. Weil die magallanische Natur mit der spanischen so gut wie nichts gemeinsam hat und die quasi Ausgesetzten vergeblich auf Hilfsmittel und Unterstützung warteten, um die Erde zu bearbeiten, verhungerten sie. Sieben Jahre später kreuzte ein britisches Piratenschiff in der Magellanstraße und rettete einen einzigen Überlebenden. Seither trägt die Bucht den Namen Hungerhafen.

Die folgenden 250 Jahre betraten nur vereinzelt Forscher,

145

Kartographen und Abenteurer das Land. Kein Wunder, dass die Bewohner des rauen Patagoniens, oftmals auf sich selbst gestellt, ihre eigene Identität entwickelten. Heute bezeichnen sich die Einheimischen selten als Chilenen, immerhin erreicht man das restliche Chile, will man nicht eine viertägige Schiffsreise oder einen Flug in Kauf nehmen, nur auf dem Umweg über Argentinien. Somit nennen sich die Einheimischen Magallánicos oder Patagonier. 90 Prozent der Bevölkerung stammen von eingewanderten Europäern ab. Wegen der harten Lebensumstände ist die Solidarität der Menschen untereinander groß. Sie empfinden mit den Argentiniern in Patagonien mehr Gemeinsamkeiten als mit den Städtern im entfernten Santiago. Zeitweise wurde hier Spanisch weniger oft gesprochen als Serbokroatisch, Russisch und Italienisch; ein kosmopolitischer Zug, der auch heute noch spürbar ist. Das Land weist, politisch gesehen, eine lange Tradition links-proletarischer Gesinnung auf. So wurde hier Salvador Allende zum ersten Mal zum Abgeordneten gewählt. Von der Regierung in Santiago fühlen sich die Menschen in ihren Anliegen schlecht vertreten.

Informationen wie diese, unseren Reiseführern entnommen oder im Internet recherchiert, sind überaus wertvoll, runden sie doch das Bild ab, das wir von dem einzigartigen Landstrich bekommen. Gefahrlos und bequem erreicht man diese südlichste Festlandregion der Welt außerhalb der Antarktis und bleib für begrenzte Zeit. Auf diese Weise konsumiert, ist Patagonien ein Leckerbissen unter den Reisezielen unserer Erde. Wenn heute drei Kreuzfahrtschiffe im dunkelblauen Wasser des Hafens liegen, werden diese morgen schon das nächste Ziel angesteuert haben, mit Gästen, die sich für wenige Stunden genussvoll die steife Brise der Magellanstraße um die Nase wehen lassen. Natürlich begeben auch wir uns kaum aus unserer Komfortzone hinaus, gestehe ich mir ein und stelle schmunzelnd fest, dass ich mich wie ein typischer Tourist verhalte. Die können sich nämlich nicht riechen und gebärden sich oft wie Wadelbeißer, wenn sie einander auf die Füße treten.

Während wir am Strand des mittlerweile wieder stählern

schimmernden Meeres stehen, verabschieden wir uns von unserer Selbstständigkeit im Wohnmobil. Ein Meer aus Lupinien, die bunten Kutter der Königskrabbenfischer und zwei Delphine, die sich im Parallelschwimmen üben, bereiten uns bis zur letzten Minute Freude. Im Taxi, auf dem Weg zurück nach Punta Arenas, erinnere ich mich an die großartigen Erlebnisse in der Einsamkeit der Natur. Keinen der Augenblicke wollte ich missen, auch nicht die beschwerlichen. Man muss sich zumindest zeitweise ausgesetzt fühlen, um den Spirit Patagoniens zu erfassen. Ein Hauch von Pioniergeist umweht jeden Winkel, jeden Berg, jeden Fluss und vor allem die Weite der patagonischen Steppe. So einzigartig das Land ist, wird es jedem etwas anderes bedeuten. Achtung vor vergangenem und gegenwärtigem Leben wird hier wohl jeder empfinden. Nach den Seen, Gletschern und Bergen stehen wir nun an der Südküste der Halbinsel Península Brunswick an der Magellanstraße, der legendären Schiffspassage durch das Fjordland, die auch in modernen Zeiten wenig von ihrem Mythos eingebüßt hat. Der Geruch des fleischigen Tangs am Kieselstrand und der handgroße Wirbel eines Wals erzählen vom Leben in der Tiefe des subpolaren Meeres. Hält der Wind den Atem an, vernimmt man das knirschende Klagelied der rostigen Schiffsgerippe, geborstener Eisenungetüme, die den Fischern heute als Wellenbrecher dienen.

Kein Reiseführer mit Hochglanzbildern ersetzt das Erleben. Die Begegnung mit der Natur und den Menschen lässt das angelernte Wissen einer akribischen Reisevorbereitung in den Hintergrund treten. „Man sieht nur, was man weiß", wird Johann Wolfgang von Goethe gerne zitiert und von den Verfechtern der Einfach-so-drauf-los-Reisenden mit „und man übersieht alles andere" gekontert. Profundes Wissen stehe dem Erstaunen im Weg, meinen die Puritaner unter den Globetrottern und finden ihr Glück abseits von Best-of-Zielen. Lassen wir einander doch unseren persönlichen Zugang und erfreuen wir uns an dem Hauch von Entdeckertum, der Individualreisende trägt und reichlich für die Mühen entlohnt.

# Reich oder arm? Alles eine Frage der Perspektive
## Punta Arenas

Heute wollen wir einen Rasttag einlegen und uns in Ruhe Punta Arenas ansehen. Um die Bedeutung der Stadt zu würdigen, tauchen wir in ihre Geschichte ein. Die 12.000 Einwohner harren in der abgeschiedenen Lage ihrer Heimat nicht nur im Sommer, bei erträglicher Wärme und kurzen Nächten aus, sondern auch in der Dunkelheit und Kälte des Winters. Die Einheimischen sprechen stolz von der südlichsten Stadt der Welt, obwohl vor der Antarktis noch Ushuaia kommt. Aber das ist in Argentinien, zudem eine ehemalige Sträflingskolonie und aktuell ein touristischer Moloch. Ushuaia zählt also nicht, zumindest für Chilenen. In drei Tagen werden wir uns selbst ein Bild machen.

In jedem Fall schätzen sich die Bewohner von Punta Arenas glücklich, hier leben zu dürfen. Der Tourismus und die Nutzung von Öl- und Gasvorkommen vor der Küste Feuerlands bieten neue Einnahmequellen. Auch der Fischfang in den nährstoffreichen, subarktischen Gewässern ist ein lohnendes Geschäft. Zudem wurde der Hafen zur zollfreien Region erklärt. So kann sich der Erfolg sehen lassen, denn die Provinz Magallanes weist das höchste Pro-Kopf-Einkommen aller chilenischen Regionen auf. Punta Arenas sollte man also gesehen haben.

Wir statten dem Museo Salesiano, dem Missionsmuseum der Stadt, einen Besuch ab. Es ist eine der interessantesten wissenschaftlichen Sammlungen im Süden Chiles, weil es die tragischen Zusammenhänge aufzeigt, die zur völligen Ausrottung der Tehuelche und Selk´nam führten. Obwohl sich die Padres der verarmten Indigenas annahmen, mehren sich in jüngster Zeit die Stimmen, die den Gottesmännern vorwerfen, die indianischen Völker ihren Umerziehungsprogrammen unterworfen zu haben. Dadurch trugen sie zum Verlöschen der indianischen Kultur wesentlich bei. Die Schwarzweißfotos und zeichnerischen Studien vom Leben der Ureinwohner stellen wertvolle Zeitdokumente dar und berühren mich. Der Ausdruck der in die Kamera starrenden Gesichter ist ernst, die Augen wirken stumpf und leer, als wüssten die Menschen schon damals über das Schicksal ihres Volkes Bescheid.

Wieder im Freien, katapultiert uns der Wind zurück in die Gegenwart einer Stadt, die sich, wie das restliche Chile, im Widerstand befindet. Die Fronten der Häuser sind stark beschmiert, Fenster und Eingänge teilweise verbarrikadiert. Eine Trommlergruppe reagiert sich an ihren Instrumenten ab und erzeugt fantastisches Sambafeeling. Wäre da nicht das verwüstete Hotel mit seinen zertrümmerten Fensterscheiben im Hintergrund, in dem wir gestern Abend noch gegessen haben, sowie der beißende Gestank von Tränengas in der Luft, mutete die Szenerie fröhlich an. Der starke Wind treibt uns immer wieder Schwaden des ätzenden Kampfmittels in die Augen, das die Polizei offenbar zur Abwehr von Demonstranten irgendwo in der Stadt eingesetzt hat. Unser Aufenthalt auf der Plaza fällt daher kürzer aus als geplant.

Etwas verunsichert spazieren wir weiter durch die Gassen der Stadt. Der Prunk der Häuser zeugt von frühem Reichtum. Palais säumen die von prachtvollen Zypressen beschatteten Straßen und Plätze. Sie stammen aus der Zeit, als der Handel in der Region zu florieren begann. Vor der Eröffnung des Panamakanals führte der Handelsweg über die Südspitze des Kontinents und die damals modernen Dampfer legten in Punta Arenas an. Zudem wurde die Stadt ‚am Ende der Welt' Umschlagplatz für patagonische Schafwolle. Ein Engländer hatte nämlich von den Falklandinseln eine kleine Herde widerstandsfähiger Corriedale-Schafe mitgebracht. Bald nutzten mutige Investoren die Gunst der Stunde und erwarben große Ländereien. Erfahrene Schafzüchter wurden von den britischen Inseln angeworben und bald galt die Region als Stützpunkt des britischen Empire. Englische Patrones beschäftigen einheimische Arbeiter und Gauchos quasi als Leibeigene. Als die Weißen das Land mit Zäunen in Besitztümer aufteilten, verstanden die Indianer den Sinn von Eigentum nicht, gehörte doch in ihrer Kultur Pacha mama, die Mutter Erde, sich selbst. Die Schafe der Siedler waren für sie ‚weiße Guanakos', leicht zu jagen und somit eine willkommene Bereicherung ihres Speiseplans. Zwangsläufig kam es zu kriegerischen Auseinandersetzungen. Die Schafzucht blieb bis Ende der 1920er Jahre erfolgreich, obwohl der Bau des Panamakanals die Region vom Welthandel abgeschnitten hatte. Internationale Konkurrenz und die Aufteilung von Bodenbesitz durch eine Landreform zwangen die britischen Verwalter aus dem Land. Die noch lebenden Indianer waren zu dieser Zeit längst in Reservate deportiert worden.

Die 1920 eingeweihte Bronzestatue im Zentrum der Plaza zeigt den Entdecker Magellan in heroischer Pose, mit zwei idealisierten Indigenas zu dessen Stiefelspitzen. Wer die Zehen der Indianer berührt, wird an den Ort zurückkehren, glauben hier viele, denn die Bronzefüße glänzen bereits golden. Pikant finde ich die Tatsache, dass José Menéndez, einer der reichsten Männer des Südens die Allegorie zum 400. Jahrestag der Entdeckungsfahrt Magellans errichten ließ. Gestern besichtigten wir im Cementerio Sara Braun das palastartige Grab der Familie Menéndez, das von Demonstranten mit roter Farbe besprüht wurde. Als deutliches Zeichen dafür, was die Globalisierungsgegner von den gegenwärtigen und vergangenen Superreichen halten, scheint nun Blut von den Händen der Skulptur des Schafbarons zu tropfen.

Entfernt man sich von der Plaza, ist es rasch vorbei mit den vornehmen Häusern. Deutlich erkennbar, hat der Alltag der gewöhnlichen Stadtbewohner wenig mit Luxus zu tun. Das hohe Pro-Kopf-Einkommen der Region ist ein Durchschnittswert und sagt wenig über die Lebensverhältnisse der Mehrheitsbevölkerung aus. Im Vergleich zu Europa erscheinen die Wellblechhäuser äußerst bescheiden. Vom Aussichtspunkt Cerro de la Cruz, unweit unserer Unterkunft, überblicken wir das bunte Häusermeer der Stadt und die beiden Häfen, einen für Kreuzfahrtschiffe, einen für die Frachtschifffahrt. In der Abendsonne leuchtet das Meer stahlblau und die bunten Wellblechdächer der Stadt wirken verträumt und friedlich. Mit gebührendem Abstand und bei freundlichem Licht betrachtet, kann einem Punta Arenas wirklich gefallen.

Was gab es heute noch? Ein vorzügliches Mittagessen im Lokal Mercado, das bei Meeresfrüchten eine der ersten Adressen der Stadt ist. Weil wir uns auf unserer Reise nicht allzu oft gutes Essen gönnen, sei hier erwähnt, was wir auf die Teller bekommen. Zu Beginn gibt es einen Calafate Sour (einen Apperitiv aus Pisco sour und Calafatejuice), als Entrada Chupe Centolla (Königskrabbe mit Bechamel und Käse überbacken) und als Höhepunkt eine Merluza a la Vasca mit Papas (Seehecht aus dem südlichen Polarmeer in Sahnesauce und heißen Kartoffelchips). Damit uns niemand für verfressen hält – alles gibt es nur einmal und wir teilen. Wie immer in Chile sind nämlich die Portionen riesig. Der Vollständigkeit halber – wenig später verzehrt Franz (mit meiner bescheidenen Hilfe) noch ein Monsterstück Sahne-Banane-Dulce-de-leche-Torte in einer Konditorei. Während ich das Tagebuch schreibe (es ist mittlerweile Abend), verspürt er schon wieder Hunger. Sein Toast duftet verführerisch.

## Wer Frack trägt, muss noch keine Manieren haben
### Isla Magdalena, Isla Marta

Unseren letzten Tag in Chile widmen wir den ganz Großen des Landes. Diese sind keine Entdecker und Pioniere, sie zählen vielmehr zu den Indigenas und verfügen über einen umwerfenden Charme. Obwohl sie rein äußerlich wie Gentlemen daherkommen, greifen sie zu raubeinigen Methoden, wenn es darum geht, ihr Heim zu verteidigen. Rüpelhaft vertreiben sie ungebetene Gäste. Sprechen sie, klingt es wie Grunzen, was man ihnen nachsehen sollte, weil es nicht zwingend etwas Schlechtes bedeuten muss. In jedem Fall sind sie intelligenter als Menschen. Während wir umgerechnet je € 90,-- hinblättern, um sie zu Gesicht zu bekommen, stillen sie ihre Neugierde gratis.

Die Rede ist von den Magellanpinguinen. Im Monumental Natural Los Pingüinos liegt einer der schönsten Nistplätze sowie die größte Kolonie dieser seltenen Spezies der Pinguinvögel. Zur

Brutzeit, die von Anfang Dezember bis Ende Februar dauert, werden auf der Insel Magdalena jedes Jahr mehr als 120.000 Individuen gezählt. Ihr einheitliches Erscheinungsbild sollte nicht darüber hinwegtäuschen, dass die Tiere charaktervolle und eigenständige Persönlichkeiten sind. Ihr Verhaltensspektrum reicht von scheu bis mehr als aufdringlich, von mütterlich bis kriegerisch, von verschlafen bis sportlich. Manche von ihnen scheinen die Menschen zu imitieren, denn sie marschieren in kleinen Gruppen, parallel zu diesen den Hang hoch. Wenn sie den mit Seilen abgegrenzten Weg der Besucher queren, haben sie selbstverständlich Vorrang. Mit den großen Südmöwen, deren Territorium sie teilen, verbindet sie zwar keine Freundschaft aber es herrscht Waffenstillstand. Ihr eigentliches Element ist das Wasser. Kaum berühren sie die Oberfläche des Meeres werden sie zu hochseetauglichen Unterseegeschoßen.

Eine Stunde ist uns auf unserem vorgeschriebenen Weg vergönnt, um die beeindruckende Szenerie der Insel mit ihrem Leuchtturm zu bewundern. Dann geht es weiter zu den 1.500 Seelöwen der Insel Marta. Hier ist es zwar nicht erlaubt ist, an Land zu gehen, aber unser Boot fährt bis 20 Meter an die Küste heran. Nicht unerwähnt bleiben soll der Himmel voller Vögel. Kaiserkormorane, Möwen und zumindest ein Albatros zeigen ihre Flugkünste.

Als wir gegen Mittag wieder Punta Arenas erreichen, sind wir froh, uns für diese schöne Bootstour auf der Magellanstraße entschieden zu haben. Das alternative Angebot wären die Königspinguine südlich der Ortschaft Porvenir auf Feuerland gewesen. Um den einzigen Ort außerhalb der Antarktis zu erreichen, an dem man 20 Exemplare der größten Pinguinart besichtigen kann, muss man von Punta Arenas aus eine 12-stündige Busfahrt in Kauf nehmen.

Jetzt heißt es Abschied nehmen von Chile. Ab morgen werden wir uns endgültig auf argentinischem Boden aufhalten. Wir sind bereit für Feuerland, die große Insel Tierra del Fuego, die dem vereisten siebenten Kontinent Antarktis sehr nahe kommt.

# Feuerland (Tierra del fuego)

# Im Land des Rauchs
## Fahrt nach Ushuaia

Elf Stunden benötigen wir, um mit dem Unternehmen Bus Sur relativ bequem von Punta Arenas nach Ushuaia zu gelangen. Außer einem kurzen Luftschnappen bei der Fährfahrt über den Primera Angostura, den östlichen Eingang der Magellanstraße, und einer einstündigen genauen Kontrolle an der Grenze ereignet sich vorerst nichts Erwähnenswertes. Der Grenzort San Sebastian besteht aus einer Tankstelle und einigen Wirtschaftsgebäuden. Rio Grande, die einzige Siedlung unterwegs, fährt unser Chauffeur nicht an. Die raubeinige Ölstadt hat wohl nicht wirklich viel zu bieten. Aber wegen der Städte kommt man ja auch nicht nach Feuerland. Tierra del Fuego lockt viel mehr mit seiner unendlich erscheinenden Weite und Einsamkeit vor den Toren der Antarktis. Die Leere des Landes ist möglicherweise nur im Blick durch die getönten Fensterscheiben des Busses so nichtssagend.

Bewegte ich mich zu Fuß übers Land, könnte ich einer der Guanakoherden begegnen oder der Nandumutter, die ihr Daunengefieder über die Eier oder frisch geschlüpften Küken breitet. Vielleicht fielen mir die winzigen fleischfressenden Pflanzen der Tundra auf und die braunen Wasserläufe würden nach Moor riechen. Im Bus aber jage ich über das Land und sehe bloß Pampa. Die braunen Pusteln in der Ferne sind wahrscheinlich Rinder, die weißen Tupfer Schafherden. Abgesehen von der Straße und den Zäunen fehlt jegliche Spur menschlichen Lebens. Am späten Nachmittag gelangen wir in den feuchteren Süden der Insel. Die ersten Flecken Waldes sehen aus wie Schlachtfelder nach Abzug eines Heeres – statt grünem Laub bleiches Holz. Der Himmel passt sich der Stimmung an und legt sich in graue Falten. Dieses triste Bild vor Augen, entsinne ich mich der Berichte, die ich über die Entdeckung Feuerlands gelesen habe.

Der Name Tierra del Fuego leitet sich von den aufsteigenden Rauchsäulen der Lagerfeuer indigener Volksstämme ab, die Magellan im Oktober 1520 von seinem Schiff aus beobachtete. Die

Seeleute der von dem portugiesischen Gewürzhändler Cristovao de Haro ausgesandten Flotte trafen an der Südspitze Amerikas auf das Volk der Tehuelche. Besagter Rauch trat aus dem leeseitigen Loch ihrer aus Zweigen, Gras und Robbenhaut gefertigten Hütten. Magellan nannte die Region in seinen Aufzeichnungen Land des Rauchs. Der spanische König Karl V hingegen fand Land des Feuers poetischer – eine Einmischung, die Magellan nicht mehr erlebte, denn er starb im Jahr 1521, wenige Wochen nach seiner Entdeckung der Meeresstraße auf den Philippinen bei einer kriegerischen Auseinandersetzung mit den Einheimischen. Statt umzukehren, setzen seine Männer aus Furcht vor einer weiteren Passage durch die gefährlichen Gewässer von Feuerland und Patagonien die Fahrt nach Westen fort und erreichten als erste Weltumsegler den Heimathafen. Noch lange bedeutete in der Seefahrt, Kap Hoorn zu umrunden, durch die Hölle zu gehen. Zahlreiche Schriftsteller, wie Herman Melville, Jules Vernes und Edgar Allen Poe, ließen sich von dieser rauen See inspirieren.

Im Städtchen Tolhuin am See Lago Fagnano halten wir endlich für eine halbe Stunde, gerade ausreichend Zeit für Kuchen und Kaffee. Die letzten 100 Kilometer unserer Fahrt geht es vorerst den See entlang nach Westen. Dann taucht die Straße in die südlichsten Ausläufer der Anden ein und gewinnt an Reiz. Als schöne Bergstraße mit Aussichtspunkten auf den südlichsten eisfreien See der Welt führt sie im Schutz der Küstenkordillere nach Ushuaia. Wir fühlen uns in ein besonders eindrucksvolles Alpental längst vergangener Zeiten versetzt. Mächtige Berge blinken unter der wieder erwachten Sonne. Kein Dorf, kein Haus beeinträchtigt die majestätische Ruhe der Landschaft.

Interessant finde ich die geologischen Hintergründe der landschaftlichen Veränderung. Der Lago Fagnano liegt nämlich in einer geologischen Bruchlinie. Die südlichste Spitze des Kontinents ist zur Seite gebogen. Diese Deformierung geht auf eine Millionen Jahre währende, langsame Drehbewegung zurück, deren Ursache die plattentektonische Verschiebung am Grund des Pazifiks ist. Mit 9 Zentimetern im Jahr gleitet die Nazca-Platte unter die südamerikanische Westküste. Heftige Erdbeben sind die Folge. Die Andenkette, die grundsätzlich in N-S-Richtung verläuft, legt sich in Feuerland quer. Ushuaia ist somit die einzige transandine Stadt Argentiniens. Die Fjorde Feuerlands sind ertrunkene Täler, die, geologisch gesehen, den Endpunkt der Andenkette darstellen.

Wenn man, so wie wir, die Reise ein Jahr lang plant, weiß man natürlich nicht mehr so genau, welche Quartiere man gebucht hat. So erleben wir heute eine fantastische Überraschung, als wir in unserer Airbnb-Wohnung vor der großen Fensterfront stehen und auf den Beaglekanal hinunterblicken, vis à vis von Kreuzfahrtschiffen. Im Westen erheben sich die Schneeberge des Parque Nacional Tierra del Fuego. Die freundliche Vermieterin Maria hält eine Mappe mit Informationsmaterial und zwei Fläschchen Sekt für unsere private Sylvesterparty bereit. Schöner kann man hier in Ushuaia nicht unterkommen, finden wir. Jetzt, am Ende meines heutigen Tagebucheintrags ist es elf Uhr Nacht – Was heißt hier Nacht? Eben geht die Straßenbeleuchtung an, obwohl der Himmel noch lange rot schimmern wird. Die Lichterketten der Schiffe blinken recht munter zu uns herüber. An Schlafen denkt die Stadt noch lange nicht.

## Das Ende eines Jahres am Ende der Welt
### Ushuaia, Beaglekanal

Heute steht die Vorbereitung unserer drei Tage auf Feuerland an. Sie gestaltet sich mühsam. Die Fahrt auf dem Beaglekanal wollen wir gleich am Nachmittag in Angriff nehmen, was rasch organisiert ist, weil am Touristenpier Muelle Touristico etliche Anbieter auf zahlungsfreudige Kundschaft warten. Ein Auto für einen Tag zu mieten, scheint hingegen anfangs aussichtslos. Erst das letzte von insgesamt 8 Büros, bei denen wir vorstellig werden, hat noch einen Wagen für uns frei. Unser Streifzug führt durch die Straßen der in den angrenzenden Wald ausufernden Stadt. Bis in die

1980er Jahre hatte Ushuaia 7.000 Einwohner und befand sich im latenten Kriegszustand, weil sich Chile und Argentinien wegen drei kleiner Inseln im Beaglekanal stritten. Dann ging es los mit dem Tourismus. Der Wildwuchs der Straßen folgt heute eher dem Netz der Schmelzwasserbäche als einem zukunftsorientierten Konzept. Nur noch wenige historische Häuschen aus Holz und Wellblech haben sich in die Neuzeit gerettet.

Bis unser Katamaran ablegt, bleibt noch ausreichend Zeit, das Meeresmuseum von Ushuaia zu besuchen. In dem ehemaligen Gefängnisgebäude sind zudem das Museo Antártico, das Museo del Presidio, das eigentliche Gefängnismuseum, und das Museo de Arte Marino untergebracht. Ein buntes Sammelsurium an historischen Fakten erwartet die Besucher.

Der Name Beaglekanal leitet sich von dem Schiff des Kapitäns Fitz Roy ab, dessen Galionsfigur ein Exemplar dieser Hunderasse darstellte. Für seinen Spürsinn bekannt, galt der Beagle als gutes Omen bei der Suche nach neuen Meerespassagen. An Bord des Schiffes, auf dem 1830 die ersten Europäer die Küsten Feuerlands bereisten, befand sich Charles Darwin, der an dem Land kein gutes Haar ließ. Er bezeichnete die ansässigen Indianer als die niedrigste Stufe der menschlichen Evolution. In seinen Aufzeichnungen heißt es: „Nie zuvor habe ich solch elende Kreaturen gesehen. Ihr Wuchs ist untersetzt, ihre hässlichen Gesichter mit weißer Farbe bemalt. Sie sind fast nackt, ihre rote Haut ist schmutzig und fettig. Ihre Stimmen klingen schrill, ihre Gesten sind gewalttätig und ohne Würde. Man glaubt kaum, dass sie der eigenen Gattung angehören."

Dabei verfügten die Indianer über eine stattlicher Statur. Sie kleideten sich in Guanakofelle und waren erfolgreiche Jäger, deren Jagdgerät die Boleadora (kurz Bola) war, eine Wurfvorrichtung mit sternförmig an Lederriemen befestigten, faustgroßen Steinkugeln. Sie jagten Guanakos und Nandus. Einige der Stämme lebten als Seejäger. Darwins Meinung wurde offensichtlich von den ersten Siedlern geteilt. Eine militärische Operation trug im Jahr 1879 zur endgültigen Lösung des ‚Indianerproblems' unter Einsatz von mehr als 2.000 Soldaten bei. Die Indigenas Feuerlands waren bis zum Ende des 19. Jh.s nach einem der erschreckendsten Völkermorde, die die Menschheit je gesehen hat, restlos ausgerottet.

Der Teil des Museums, der sich der Antarktis widmet, bleibt hinter der Bedeutung der Stadt als Antarktishafen zurück. Immerhin verwaltet Argentinien seine Außenposten auf dem Eiskontinent von Ushuaia aus. Der Staat erhebt Anspruch auf den gesamten Bereich zwischen 25 und 74 Grad westlicher Länge, beziehungsweise vom 60. Breitengrad bis zum Südpol. Der Verdacht liegt nahe, dass Argentinien sich den Zugriff auf die mineralischen Ressourcen unter dem Eis sichern will.

1938 schrieb Admiral E. Byrd-Alone beim Anblick der antarktischen Küste: „Lange betrachtete ich den Himmel. Ich kam zu dem Schluss, dass solche Herrlichkeit auf weit entfernte und gefährliche Regionen beschränkt sein muss. Die Natur hat gute Gründe, denjenigen, die das Schicksal bestimmt hat, dieses mit eigenen Augen zu sehen, große Opfer abzuverlangen."

Sein Auge für die Schönheit des Landes möge der Menschheit ein Vorbild sein. Denn deren Geschichte auf der Antarktis zeigt das massive Interesse an kurzfristigem Profit. Bis ins 20. Jahrhundert hinein wurden Robben, Wale und Pinguine massenhaft abgeschlachtet und gekocht, um ihr Körperfett beispielsweise zu Lampenöl zu verarbeiten. Seit 1986 gibt es ein Moratorium gegen die kommerzielle Waljagd und 1994 wurde das Meer um die Antarktis zusätzlich zum weltweiten Walschutzgebiet erklärt. 1998 trat das internationale Abkommen zum „Weltpark Antarktis" in Kraft – Erfolg einer jahrelangen Greenpeace-Kampagne. Doch die Natur am Südpol braucht nach wie vor die Aufmerksamkeit der Öffentlichkeit. Illegale Fischer und japanische Waljäger scheren sich nicht um Schutzgebiete. Und auch der Klimawandel setzt dem scheinbar unangreifbaren Eiskontinent zu und könnte sehr schnell wieder den Rohstoffhunger der Industriegesellschaften wecken.

1.600 Kilometer vom Kap Hoorn entfernt, liegt das Wilkins-Schelfeis – einstmals rund 16.000 Quadratkilometer groß. Seit Anfang der Neunziger Jahre schwindet es in atemberaubendem Tempo. Der Meeresspiegel steigt zwar durch das Auseinanderbrechen des Schelfeises nicht an, weil sich die Masse vom festen in den flüssigen Aggregatzustand nicht verändert. Das Schelfeis hat jedoch die wichtige Funktion, das Inlandeis zurückzustauen. Zerbricht es, erhöht sich das Tempo der Gletscher, die ständig in Richtung Meer fließen. Dies macht sich natürlich massiv in der Höhe des Meeresspiegels bemerkbar. Angesichts dieser Tatsachen, erfreut mich der Anblick zweier Greenpeace-Schiffe im Hafen Ushuaias. Er schenkt Hoffnung.

Im Museum erfahren wir auch, dass vermutlich der erste Mensch, der die Antarktis betrat, der Robbenjäger John Davis war (1821). Erste organisierte touristische Schiffsreisen erfolgten im Jahr 1958. Mit dem Zusammenbruch der Sowjetunion 1991 wurden zahlreiche Forschungsschiffe der Russen touristisch genutzt, was zu einem rapiden Aufschwung dieses hochpreisigen Luxussegments des Fremdenverkehrs führte. 90% aller Antarktisfahrten weltweit starten in Ushuaia. Die meisten Touristen der 400.000 Besucher der Stadt jährlich aber halten sich, so wie wir, im schönen Umland des Beaglekanals auf.

Unser Katamaran läuft am Nachmittag nach einer Stunde nervenden Wartens am Peer aus. Hunderte Passagiere des Kreuzfahrtschiffes Coral Princess müssen durch ein zwei Meter breites Nadelöhr, das bereits mit Tagesausflüglern verstopft ist. Aber es zahlt sich aus, zu warten, denn einer unserer Wünsche geht in Erfüllung. Am Ende eines Jahres sind wir nun wirklich am ‚Ende der Welt' angelangt. Welch ein Erlebnis, den Beaglekanal zu befahren, noch dazu bei Flaute! Das dunkle Gewässer gleicht einem See. Vom Wasser aus zeigt sich die eindrucksvolle Lage der Stadt. Ushuaia liegt eingebettet zwischen der Gebirgskette des Monte Martial und dem Beagle-Kanal. Die dreistündige Fahrt führt uns nahe an die Isla de los Lobos heran, einen Vogelfelsen mit tausenden Kormoranen. Anschließend ‚schleichen' wir uns an die Isla de los Pajaros mit ihrer Seelöwenkolonie an, umrunden einen

Leuchtturm und gleiten noch ein Stück in Richtung Westen. Die Vorstellung, zwischen zwei Ozeanen unterwegs zu sein, ist beeindruckend. Nach Osten geht es zum Atlantik, nach Westen zum Pazifik.

Wieder zurück, gilt es in Anstand einen Sylvesterabend ohne Freunde und Familie zu verbringen. Draußen liegt ein neues Kreuzfahrtschiff im Hafen und es will und will nicht finster werden. Feuerwerke sind wegen der armen Hunde, Katzen und Vögel verboten. Würden sich die Argentinier bloß das ganze Jahr über so um die vielen wild lebenden Hunde kümmern, wie in dieser einen Nacht des Jahres! Fünf Minuten vor zwölf blicken wir leicht melancholisch durch das Fenster unseres Zimmers auf den Hafen hinunter. Da geht es los – keine Lichtersinfonie, dafür aber ein Schiffshornkonzert! Der Luxuskreuzer, die beiden Greenpeace-Dampfer und die vielen Frachter wetteifern miteinander um das variantenreichste Tröten. Als Gesamtes ergibt dies ein umwerfend witziges Klanggemälde – unvergesslich in jedem Fall!

## Sommerfrische vor den Toren der Antarktis
### Tren del Fin del Mundo, Parque Nacional Tierra del Fuego

Es ist verrückt aber wahr. Seit wir in Ushuaia sind, schläft der Wind und heute klettern die Temperaturen in die Nähe der 20-Grad-Grenze. Weil unsere Wohnung wegen der nicht zu regelnden Fußbodenheizung zudem viel zu warm ist, schlafen wir bei offenem Fenster. Wie erstaunlich! In unmittelbarer Nähe des gefürchteten Kap Hoorns laufen wir in Shirts und kurzen Hosen herum. Meine Recherche ergab, dass ein relativ warmer Meeresstrom das Klima Feuerlands weniger polar ausfallen lässt, als man es aufgrund der Nähe zur Antarktis erwartet. Dennoch sind wir hier an der Sturmküste schlechthin. Das Wetter kann innerhalb weniger Minuten umschlagen. Einzig der Wind soll beständig sein. Wie gesagt – wir schwitzen bei anhaltendem Sonnenschein! Der perfekte Tag also, für den historischen Tren del Fin del

Mundo (Zug am Ende der Welt), der auf einer von Häftlingen angelegten Trasse durch das Tal des Rio Pipo fährt und den Nationalpark Tierra del Fuego erreicht. Die gemütliche Fahrt bei Gehgeschwindigkeit auf einer Spurweite von 50 Zentimetern erfreut sich großer Beliebtheit, bedient sie doch die Nostalgie der Eisenbahnfreunde. Zudem stellt die Bahnstrecke den Rekord, die südlichste der Welt zu sein. Die Gerüche und Geräusche der kleinen Dampflokomotive, die heute mit Flüssigbrennstoff beheizt wird, weil der Funkenflug der Kohlebefeuerung eine Gefahr für den Wald darstellt, verströmen ihre eigene Romantik. Auf mich macht die Lokomotive den Eindruck, als schnaufe sie heute noch unter der Last ihrer schrecklichen Vergangenheit, beförderte sie doch zwischen 1909 und 1952 Sträflinge in schweren Ketten zu ihrer Arbeit im Wald und auf dem Rückweg zudem die Last des geschlagenen Holzes. Die Gefangenen waren traurige Männer ohne Hoffnung. Ein zweites Mal straffällig geworden, blieb ihnen nichts, als die Schuld abzuarbeiten. Ushuaia galt als das Sibirien Argentiniens. Wer hierher kam, fand sich in einem Straflager wieder, in dem die Haftbedingungen so unmenschlich waren, dass sich die Insassen des Gefängnisses um die schwere Holzarbeit rissen. Ausgewählte, kräftige Männer versahen ihren Dienst im Wald bei jedem Wetter und zu jeder Jahreszeit. Noch heute erkennt man an der Höhe der Baumstümpfe, welche Bäume im tiefen Schnee des Winters geschlägert wurden.

Die Landschaft der relativ kurzen Fahrt ist überaus reizvoll. Der gemächlich durch das Tal fließende Rio Pipo hat seinen Namen von einem Häftling, der die Flucht versuchte und am nächsten Tag von einem Suchtrupp erfroren aufgefunden wurde. Aber das ist Geschichte und heute scheint es, als wolle das Flüsschen möglichst lange im sommerlich warmen Talboden bleiben, so viele Schlingen legt es in die Wiesen.

Wie die meisten Fahrgäste nützen auch wir die Zugfahrt, um in den Nationalpark zu gelangen und hier auf einigen der schönen Pfade zu wandern. Der Senda Pampa Alta führt durch einen beeindruckenden Urwald. Bleiche Baumgerippe liegen wie überdimensionale Mikadostäbe kreuz und quer im nachwachsenden Lengawald. Niemand sollte sich hier bei starkem Wind aufhalten. Selbst heute, an diesem ruhigen Sommertag, knarzt und quietscht es um uns. Es sind Geräusche der Spannungsentlastung. Die gelben Kugeln der Schmarotzerpflanze Pan del Indio hängen in Trauben auf den Ästen. Bäume, die es geschafft haben, den Schädling loszuwerden, zeigen krebsige Wucherungen. Wo etwas Sonnenlicht den Waldboden erreicht, breiten sich Wiesen voller weißer Orchideen aus. Kleine Bachläufe sind von Biberdämmen aufgestaut. Die zweieinhalbstündige Wanderung endet am Pier der Ensenada Zaratiegui, einer Bucht des Beaglekanals, der sich heute blau und glatt wie ein See gibt. Das kleine Postamt Fin del Mundo hat am Neujahrstag leider geschlossen.

Ein öffentlicher Bus bringt uns zum Nationalparkzentrum Alakush, wo wir uns rasch mit einem Beefburger stärken und gleich zu einer weiteren Runde aufbrechen. Auf dem Wanderweg Senda Hito XXIV kommen wir zu den verzweigten Buchten des Rio Lapataia, der in einem weiten Brackwasserbereich in den Beaglekanal mündet. Die dunklen Bergspitzen liegen schon auf chilenischem Staatsgebiet und gehören zur menschenleeren Cordillera Darwin.

# Wildnis
## Am Beaglekanal, die Estancia Harberton

Heute Vormittag regnet es, was uns Zeit verschafft, in Ruhe das gemietete Auto zu übernehmen und für den morgigen Flug unser Gepäck zu sortieren. Weil bei argentinischen Inlandflügen zwar die Mitnahme von zwei Gepäckstücken pro Person erlaubt ist, jedes aber nicht schwerer als 15 Kilo sein darf, müssen wir den Inhalt von zwei Koffern, unter Zuhilfenahme einer Sporttasche, auf drei Gepäckstücke aufteilen. Anschließend fahren wir zu diversen interessanten Punkten der Stadt, wie zum Beispiel zur Capsula del Tiempo. Eine Inschrift auf dem steinernen Monument erklärt seine Bedeutung: „In diesem Denkmal befindet sich ein Stahlbehälter, der sechs Laservideoplatten mit Kopien einer Fernsehserie enthält, die zwischen Oktober und Dezember 1992 ausgestrahlt wurden. Sie sind eine Botschaft, die Hunderte von Argentiniern denen hinterlassen wollten, die ihnen nachfolgen in die Welt der Zukunft. Sie verkörpert somit einen Teil des Lebens und Denkens unserer Zeit. Gott beschütze dich Ushuaia, Argentinien!"

Unabhängig davon, wie realistisch das Anliegen ist, zukünftigen Generationen einen Einblick in die heutige Lebens- und Denkweise zu gewähren, halte ich den ‚Sesam‘, der erst im Jahre 2492 geöffnet werden darf, für eine originelle Idee.

Kaum hellt sich der Himmel etwas auf, entfliehen wir dem Touristenrummel der Stadt und begeben uns auf die Ruta 3 in Richtung Osten. Wieder ist uns das Wetter gewogen und, wie immer, wenn es aufklart, besticht die Intensität der Farben in der klaren Luft. Fantastische Ausblicke tun sich auf: Echte Wildnis, soweit das Auge reicht! Moore schimmern rostrot von den Talböden herauf. Die ansteigenden Hänge mit undurchdringlichem Südbuchenwald gehen in schroffe Felswände über, deren hochalpine Gipfel wohl noch kein Mensch bestiegen hat. Jedenfalls gibt es hier außer weniger Wanderwege keine Pfade in das wilde Land. Namen wie Valle del Lobo (Wolfstal), Llanos del Castor (Ebene des Bibers) und Tierra Mayor (Höchstes Land) veranschaulichen die unnahbare Schönheit der Region.

Im Großen wie im Kleinen entfaltet sich eine unglaubliche Formen- und Farbenvielfalt. Als ich mich wenige Schritte in ein Moor hinauswage, tun sich vor meinen Augen variantenreiche Mosaike einer Mikrowelt auf. Die Polsterpflanzen sind derart weich, dass sie mir schon fast unheimlich sind. Ich frage mich, ob sie meine Füße beim nächsten Schritt wieder hergeben werden. Dunkel glitzerndes Wasser bleibt als Spur meiner Schritte zurück. Freundlich in seiner herben Schönheit greift die Wildnis auf mich zu, nimmt mit mir auf eine Art und Weise Kontakt auf, die mir untrüglich klarmacht, wie sehr mein nach Draußen-gehen einem nach Innen-gehen entspricht.

Von der Punta Panoramica auf dem Paso Garibaldi blicken wir hinunter zum Lago Escóndido sowie dem riesigen Lago Fagnano im Hintergrund. Das eigentliche Ziel unserer heutigen Fahrt aber ist die Estancia Harberton. Um sie zu erreichen, nehmen wir 44 Kilometer staubige Schotterstraße in Kauf. Das zum Meer hin abfallende Hochtal begeistert uns von Beginn an. Zuerst bestaunen wir die Holz- und Wellblechhütten zwischen den Bäumen. Sie sind in dem Wald, der einem Dickicht gleicht, kaum auszunehmen. Ich frage mich, was so viele Menschen dazu bewegt, unter den dichten Baumkronen im Halbdunkel zu wohnen wie ein Specht. Die Stämme stehen dicht an dicht und schließen die Behausungen wie die Gitterstäbe eines Gefängnisses ein.

Bald tut sich der Blick auf die Buchten des Beaglekanals auf. Die einzelnen Bäume, die hier noch wurzeln, könnte man als Kompass nutzen, weil sie in ihrer Neigung die heftigen Westwinde anzeigen. Auf der gegenüberliegenden Seite der Meeresstraße erhebt sich die Isla Navarino mit Puerto Williams, der (nun wirklich) südlichsten größeren Ansiedlung außerhalb der Antarktis. Ich erinnere mich, gelesen zu haben, dass Kapitän Fitzroy hier vier Indianer auf seiner Beagle nach England mitgenommen haben soll, wo er sie ,erziehen' ließ. Einen brachte er auf seiner Fahrt mit Charles Darwin wieder zurück und hoffte, er werde hier zivilisatorisch wirken. Obwohl der Yaghan sich englische Manieren zu Eigen gemacht hatte, trennte er sich ohne zu zögern von Handschuhen, Krawatte und Schuhen und nahm seinen alten Lebensstil wieder auf. Zwei Jahrzehnte später führte er die Angriffe auf die ersten europäischen Siedler an.

Der zur Estancia Harberton führende Weg wurde 1913 gemeinsam von Sträflingen und Aufsehern gebaut. In der weltabgewandten Stimmung des Landes am Beaglekanal ließ sich im Jahr 1886 Thomas Bridges, ein anglikanischer Missionar, als erster weißer Siedler Feuerlands nieder. Heute haben die Nachkommen der Familie die älteste Farm des Landes der Öffentlichkeit zugänglich gemacht. Lustig finden wir die Plumpsklohäuschen der Wirtschaftsgebäude, die am Strand über dem Meer stehen – praktisch, denn die Flut sorgte alle 12 Stunden für Wasserspülung. Wirklich beeindruckend ist die naturkundliche Sammlung von Delphin-, Robben-, Pinguin- und Walskeletten, letztere von beeindruckender Größe. Erstaunlich finde ich, dass diese Riesen des Meeres ohne kompakte Verbindungen der Knochen auskommen, da ihr Skelett vom Wasser stabilisiert wird. Beeindruckend sind auch die meterhohen, mit haarigen Fasern gesäumten Bartenplatten. Zur Nahrungsaufnahme öffnen Wale ihr Maul. Wasser, Krill, Plankton und andere Kleinorganismen strömen durch das Sieb ein, bleiben gefiltert zurück und werden geschluckt.

Auf unserer Rückfahrt genießen wir die schöne Abendstimmung bei den Centollafischern von Porto Almanza. Dicke Wälle aus Miesmuscheln wachsen bis zum letzten Wellensaum an den Strand. Hübsche Austernfischer blicken uns aus ihren gelben Augen misstrauisch an und halten uns mit Gezeter auf Abstand. Möwen lassen im Flug Miesmuscheln auf den Kiesstrand fallen, um die harten Schalen zu knacken und an das leckere Fleisch zu gelangen. Ein würdiger Ort, um von der faszinierenden Natur Feuerlands Abschied zu nehmen.


### Tierra del Fuego

*Wer das Eiskind betritt,*
*um zur Mutter zu gelangen,*
*geht in eine Welt aus Feuer,*

*auch hier.*

*Wer aus dem Fenster springt,*
*um einen Stern zu erhaschen,*
*geht der Welt verloren,*

*hier besonders.*            *Duanna Mund*

# Argentina caliente – Buenos Aires

# Die Capitale – Anfangsschwierigkeiten
## Buenos Aires

Reisen hat etwas melancholisch Vergängliches, das ich in meine Finger fließen lasse, um es, so gut es geht, zu konservieren. Die Eindrücke, die Patagonien und Feuerland hinterlassen haben, wiegen schwer, so schwer, dass unser Flugzeug Schlagseite bekäme, schlügen sie sich im Gewicht des Gepäcks nieder. Jetzt also: Buenos Aires – die Capitale. Argentinier würden ihre Hauptstadt, ohne lange nachzudenken, als den Höhepunkt unseres Circuito Grande bezeichnen.

Als unser Flugzeug um neun Uhr früh in Ushuaia startet, bietet sich uns ein schöner Blick auf die natürliche Wasserstraße des Beaglekanals und seinen zu beiden Seiten aufragenden, wilden Saum aus Bergen. Dann schiebt sich eine Wolkendecke über das Land, die sich erst wieder lichtet, als wir den Atlantik überfliegen. Nach zweieinhalb Stunden taucht unter uns das endlos erscheinende Häusermeer von Buenos Aires auf und wir landen in einer anderen Welt. Ein Taxi bringt uns zum Bonita Boutique Hotel in der Calle Chile im Barrio Montserrat. Wir beziehen ein winziges Zimmer, dessen Höhe seine Länge übertrifft. Um in das Bett zu gelangen, müssen wir eine steile ‚Hühnerleiter‘ erklimmen. Oben liegt man wie in einem Horst, in mehr als drei Metern Höhe. Offenbar kennen Argentinier keinen unruhigen Schlaf, denn auf die Anbringung eines Geländers wurde verzichtet. Einmal umdrehen und bei entsprechendem Pech befindet man sich im freien Fall – keine Unterkunft, die wir Menschen anraten, die zum Schlafwandeln neigen (tun wir glücklicherweise nicht) oder Touristen mit voluminösem Gepäck (sind wir unglücklicherweise). Aber der Gemeinschaftsraum der Unterkunft ist ansprechend und lädt somit zu Aufenthalt und Kommunikation ein. So starten wir guter Dinge in den Nachmittag, den wir für allerlei Organisatorisches nutzen wollen.

Lärm und Chaos behagen mir vom ersten Moment an nicht. Zu viele Menschen, die Stadt stinkt nach Abgasen und Kanalisation. Ich stelle genervt fest, dass der Name Buenos Aires, der ,gute Luft' bedeutet, mit der Realität der Stadt nicht übereinstimmt. Wenngleich Argentiniens Metropole wohl keine schlechteren Umweltbedingungen aufweist als andere Städte vergleichbarer Größe, immerhin leben im Großraum Buenos Aires 13 Mio. Menschen, rebelliert alles in mir. Meine Nase, verwöhnt von der sauberen Luft Patagoniens, meine Ohren, getrimmt auf die feinen Geräusche des Windes, und meine Augen, auf die Weite großer Landschaft eingestellt, schmerzen. Ich gestehe mir ein, noch Zeit zu brauchen, um die Besonderheiten von Buenos Aires würdigen zu können. Städte strengen mich an und muten mir die Abwesenheit von Natur zu. Zugleich faszinieren sie und üben auf mich eine große Anziehungskraft aus. Es gilt, sich auf das Menschsein einzulassen, in all seinen Facetten und verbindenden Gemeinsamkeiten. Reisen bietet in diesem Zusammenhang unerschöpfliche Möglichkeiten zu einer humanistischen Bildung, die nicht in die Vergangenheit sondern in die Zukunft blickt. Die Menschen Argentiniens werden es mir leicht machen, sie kennenzulernen. Zuerst aber sind ihrer zu viele. Bauten aus Stahl und Beton drängen sich in den Vordergrund.

Buenos Aires gilt, architektonisch betrachtet, als das Paris Lateinamerikas. Auch gesellschaftlich ist die Stadt interessant. Weil sich hier großteils europäische Einwanderer niedergelassen haben, ist es eine überaus kosmopolitische Stadt. Beispielsweise lebt hier eine Million deutschstämmige Immigranten, 7% der Bevölkerung sind Juden. Weil wir nicht beachten, welche Entfernungen die wenigen Zentimeter auf unserem, vom Hotel zur Verfügung gestellten, behelfsmäßigen Stadtplan in Wirklichkeit sind, nehmen wir die Subte (U-Bahn) und verlassen uns für die folgenden Strecken auf unsere Füße – ein schwerer Fehler, wie sich bald herausstellt. Wir irren stundenlang und zudem erfolglos im Barrio ,nahe' der Plaza Mayo umher: Die argentinische Post ist ebenso teuer wie die Chilenische. Es kostet € 70,-- ein 2 kg schweres Pakets zu versenden! Die mittlerweile nicht mehr benötigte Winterbekleidung nach Hause zu schicken, kommt somit nicht in Frage. Un-

ser Versuch, im Vorverkauf Karten für den Karneval in Guale-
guaychu zu bekommen, scheitert in drei, sich nicht als zuständig
erklärenden, Fremdenverkehrsbüros. Das vierte, auf das man uns
endlich verweist, hat geschlossen. Der Kauf einer Simkarte bei
Personal, dem staatlichen Anbieter für Telekommunikation, gestaltet sich als nervtötende Odyssee. Internetzugang und Telefon-
verbindung für die letzten dreieinhalb Wochen unserer Reise sind
für Kommunikation und Organisation nahezu unentbehrlich.
Schlussendlich kehren wir mit einem Chip in unser Hotel zurück
und verbringen Stunden am Computer, um die ‚dämliche' SIM-
Karte (O-Ton Franz) zu aktivieren. Als es endlich klappt, stellt
sich heraus, dass wir nun noch ein Guthaben aufladen müssen,
wo auch immer. Umständlicher geht es wohl nicht!

So fehlt uns an diesem ersten Tag in Buenos Aires der Sinn
für die Sehenswürdigkeiten der Stadt. Was uns am meisten zu
schaffen macht, ist die brütende Hitze. Unser Gehen wird zu einem Spießrutenlauf von Hausschatten zu Hausschatten. Mit wenig Motivation besichtigen wir den 67 Meter hohen, weißen Obe-
lisk in der stark befahrenen Avenida Corrientes und die mondä-
nen Bauten der Plaza Mayo, unter ihnen die Residenz des Präsidenten. Dabei befinden wir uns hier auf wahrlich historischem
Boden: Vom Balkon der pinkfarbenen Casa Rosada hielt Peron
an der Seite seiner Frau Evita flammende Reden. Rund um den
weiträumigen Platz reihen sich Ministerien, die Catedral Metropo-
litan und das Mausoleum von General San Martin. Amüsiert beobachten wir auf unserem Rückweg durch die Avenida de Mayo
die Warteschlange vor dem Eingang des Cafés Tortoni. Offenbar
gehört dieses zu Buenos Aires wie das Sacher zu Wien.


# Farbhysterie im caminito
## La Boca

Unser zweiter Tag in Buenos Aires beginnt wie der erste. Um unsere SIM-Karte aufzuladen, suchen wir vier Kioske auf, ehe wir

im fünften zu einem Automaten geschickt werden. Das Guthaben, das wir hier bekommen, ist lediglich für eine Woche gültig!

Weil auch solche Erfahrungen zum Reisen gehören, bleibt uns nichts andere übrig, als uns am Riemen zu reißen und mit den Umständen umzugehen. Oft muss man einfach sein Verhalten ändern, um besser voranzukommen, erinnern wir uns. So lassen wir ab sofort die U-Bahn U-Bahn sein und nehmen ein Taxi nach La Boca. Das ist es! Wir brauchen lediglich 10 Minuten und zahlen nur € 3,--.

Nach dem Prunk der Regierungsgebäude in der Innenstadt sind wir im originellen Viertel der Arbeiterklasse angelangt. Die elende Bausubstanz der aus dem Blech abgewrackter Schiffe errichteten Häuser ist mit Schiffslack grell übermalt und steigert sich im zentralen Gässchen caminito zu einer Farbhysterie, wie sie Touristen offenbar lieben. Die gerade einmal 100 Meter lange Gasse und zwei weitere ebenso schrille bilden ein Ensemble mit besonderem Mut zu Kitsch. Esslokale und Schnick-Schnack-Geschäfte reihen sich aneinander. Tangotänzer schwingen gekonnt ihre Partnerin und unterhalten die im Freien speisenden Gäste. Mit einem deftigen Würstel beruhigen wir unsere strapazierten Nerven. In jedem Fall ist der Trubel wert, fotografisch festgehalten zu werden.

Unweit des caminito reduziert sich die Farbenvielfalt der Häuser auf einheitliches Gelb-Blau. Wir nähern uns La Bombonera, der Pralinenschachtel. Das Fußballstadion mit diesem eigenwilligen Namen ist die Heimstatt der Boca Juniors, deren Trikots in den Vereinsfarben Gelb-Blau gehalten sind. Es fasst 65.000 Zuschauer. Die Lärmtornados der Fans lehren die Gastvereine hier regelmäßig das Fürchten. Unweit des Stadions zeigt die Mural Escenográfico als Wandgemälde die Geschichte der Einwanderer. Aus den Mietskasernen gerettete Materialien wurden hier von einer Künstlerkolonie verwendet, um Kultfiguren wie Diego Maradona, aber auch Feuerwehrleute, Hafenarbeiter und Prostituierte darzustellen.

Den Abend verbringen wir in den beiden Etagen unseres

Zimmers. Sich zu zweit im Erdgeschoss aufzuhalten, ist ein Ding der Unmöglichkeit, weil der kleine Tisch und Sessel die Grundfläche ausfüllen. Ich habe einen Durchhänger und brauche Erholung. So ziehe ich mich in mein ‚Himmelbett' zurück. Immerhin schaffen wir es noch, den Blog von Feuerland hochzuladen, ehe wir uns in der nahen Bar Gardell ein Fläschchen Rotwein gönnen. Die kleine 0,35 Liter fassende Flasche wird hier Chicito genannt, zu Deutsch Bürschchen. Sonst kann uns der Abend mit seinem sicher reichen Kulturangebot gestohlen bleiben. Wir sind einfach zu müde, um noch irgendetwas zu unternehmen. Partystimmung und Tango wird es für uns in dieser Stadt ohnehin noch am Wochenende geben.

## Spurensuche
### San Telmo

In unserem Hotel Bonito wird uns freundlicherweise ein größeres Zimmer zugewiesen. Als liebenswerte Besonderheit vermerken wir, dass wir unsere neue Unterkunft mit unerwarteten Mitbewohnern teilen. Eine Miniatur-Taube und zwei ulkige Küken mit Hippiefrisur sitzen in einem Nest, für das die Blumenkiste der Fensterbank herhalten muss. Jetzt heißt es also, die Bewegungen verlangsamen, weil die besorgte Vogelmama uns argwöhnisch beobachtet und sich zur Futtersuche erst aus dem Nest wagt, wenn es im Zimmer ruhig ist. Aber wir haben aus den Erfahrungen unserer ersten Tage in der Hauptstadt gelernt und gehen es heute ohnehin ruhiger an. Planung ist alles, sagen wir uns. Und weil das Informationsmaterial, das uns die ‚Fremdenverkehrsprofis' in den Touristenbüros hier zur Verfügung stellen, so mangelhaft ist, brauchen wir Stunden, um uns darüber klar zu werden, wie wir die interessantesten Punkte der Stadt ohne Stress in den verbleibenden Tagen unterbringen können. Um uns in der Stadt einfach treiben zu lassen, ist es zu heiß und die Entfernungen sind zu groß.

Bei einem gemütlichen Essen in einem urigen Einheimischenlokal, einen Block von unserem Zimmer in der Calle Chile entfernt, schließt uns der kauzige Kellner ins Herz. Verständnisvoll nickt er, als ich die Hälfte meines Locro (ein typisch-argentinisches Eintopfgericht) überlassen muss, packt es mir als Lunchpaket ein und empfiehlt uns einen Mate. Als ich erfreut zustimme, erhalten wir einen süßen Likör, der nach Limoncello schmeckt. Verstehe einer dieses Land! Jedenfalls unterstützt der kleine Schwips meine Ruhepause, die ich einlege, bevor wir, in der Hoffnung auf ein erstes Tango-Erlebnis, am späten Abend nach San Telmo aufbrechen.

Mit einem Taxi fahren wir zur Plaza Dorrego, die bereits recht gut besucht ist. Tische diverser Kneipen sind auf dem Platz verteilt, einige Hobbymusiker bearbeiten mehr schlecht als recht ihre Gitarren. Wir durchstreifen das Viertel und spitzen die Ohren, um gleich die ersten Tangoklänge zu orten. Aber da ist nichts. Obwohl es mittlerweile schon nach 23.00 Uhr ist, denken wir uns, das wird noch. Heißt es doch, dass für die porteños, wie sich die Bewohner Buenos Aires' gerne nennen, der Abend erst nach Mitternacht beginnt. So setzen wir unsere Suche nach einer Milonga, einer der offenen Tanzveranstaltungen, fort, die es in den Boliches der Stadt, geben soll. Jede dieser Musikkneipen hat angeblich ihren eigenen, leicht abgewandelten Tangostil. Aber unser Streifzug durch die schwach beleuchteten Gassen des Barrio ist ein totaler Reinfall. Nicht einmal in der verwinkelten Balcarce ist etwas los und wenn doch, dann dröhnt ein Allerweltsbeat aus wummernden Lautsprechern, der einem die Ohren wackeln lässt. Einzig in der Bar Sur wird Tango getanzt. Ein aufmerksamer Mann, der bemerkt, dass wir durch das Türglas zuschauen, tritt auf die Straße und erklärt uns, dass die Vorführung, die hier jeden Tag stattfinde, eine der traditionsreichsten der Stadt sei. Sie dauere von 21.00 bis 0.30 Uhr und wäre gegen eine Eintrittsgebühr von umgerechnet € 45,-- zu besuchen. In Anbetracht der Summen, die den Touristen in den großen Tango-Shows von Monserrat und angeblich auch hier in San Telmo abgeknöpft werden, erscheint uns der Betrag moderat und wir beschließen, am folgenden Abend wiederzukommen. Dieses Erlebnis bleibt der einzige Tango-Kontakt des Tages und wir kehren ernüchtert in unser Hotel zurück.

## In der Metropole von Design und Tanzakrobatik
**Palermo, Bar Sur**

Von den zahlreichen Vierteln der Stadt wollen wir uns heute Palermo ansehen. Es ist das gesellschaftlich abwechslungsreichste Viertel, finden sich hier doch bescheidene Wohnungen der Arbeiterfamilien neben den Luxus-Lofts der Oberschicht. Wieder vertrauen wir uns einem Taxi an, um uns zur Plaza Italia bringen zu lassen. Unterwegs versuchen wir die ‚Sightseeingtour' zu genießen, denn unser Fahrer scheint die Strecke auf verschlungenen Pfaden auszuweiten, um sein bescheidenes Einkommen etwas aufzubessern. Wir bestaunen die Präsenz der Polizei in dieser Stadt; ein Überbleibsel aus der Zeit der Militärdiktatur? Man gewinnt den Eindruck, als halte der Staat seine Bürger für potentielle Kleinganoven. Wir jedenfalls fühlen uns in Buenos Aires sicher, nicht wegen der teils allgegenwärtigen, schwer bewaffneten Uniformierten sondern wegen der spürbaren Gutmütigkeit der Stadtbewohner. Dennoch gehören Eisengitter wie selbstverständlich zum Erscheinungsbild der Geschäfte. Dass Banken und wichtige Einrichtungen gesichert werden müssen, können wir nachvollziehen. Dass die Brote der Panaderias (Bäckereien), Chips, Zuckerl und Softdrinks diverser Ramschläden und die Wäsche der Laundries nur durch Durchlässe in Wellblechverhauen betreten werden können, die uns bis zum Nabel reichen, entzieht sich unserem Verständnis. Natürlich haben wir keine Ahnung von den Lebensbedingungen in einem Land, das sich seit fünfzig Jahren in der Krise befindet. Die Warteschlangen vor den Banken lassen erahnen, dass es mit der Auszahlung von Gehältern schlecht steht. Die Inflation macht uns Touristen noch zahlungskräftiger, als wir es ohnehin schon sind, die Einheimischen stellt sie vor riesige Probleme. Wenn die Lokale der Stadt gut besucht sind, mag der Eindruck entstehen, als sei alles halb so schlimm. Aber in einer Millionenmetropole leben natürlich entsprechend viele Wohlhabende, die schlechte Zeiten unbeschadet überdauern. Die Polizei sorgt also auch für den Schein einer Ruhe und Ordnung, die es im täglichen Leben vieler Stadtbewohner wohl nicht immer gibt.

Ungeahndet bleiben diverse Verhaltensweisen, die bei uns in Mitteleuropa nicht durchgingen: Hunde fahren in Autos, natürlich nicht angeschnallt, auf dem Beifahrersitz mit und lassen ihre Ohren im Fahrtwind flattern. Geschwindigkeitsbeschränkungen und Rotphasen, deren Dauer sekundengenau heruntergezählt wird, sind offenbar als Vorschlag zu interpretieren, ihre Einhaltung unterliegt dem Gutdünken der Verkehrsteilnehmer. Ein lustiges Detail am Rande: Nach Einbruch der Dunkelheit scheinen Polizisten in Buenos Aires zu schlafen. Oder sie legen die Uniform ab und werden zu gewöhnlichen Städtern, die sich in Feierlaune unters Volk mischen. In jedem Fall ist die Nacht frei von Wachbeamten und bleibt in der Eigenverantwortung der zahlreichen Passanten, die die kühleren Abendstunden im Freien genießen.

Wir erreichen die Plaza Italia und steigen am Ausgangspunkt unseres Fußmarsches durch Palermo aus. In der Mitte des vom Verkehr umtosten Platzes bestaunen wir die protzige Statue eines der ausschließlich männlichen Heroen des Landes. Frauendarstellungen beschränken sich in Argentinien auf unbefleckte Madonnen Marke Maria und laszive Tangogöttinnen. Im Barrio Parque, auch Palermo Chico genannt, soll es zahlreiche Botschaften geben. Wir entdecken jedoch nur Hundefriseure, einfache Arbeiterhäuser und zugegebenermaßen malerische Cafés, in denen ich bestätigt finde, dass Argentinier hier gerne für sich sind. Allein an einem Tisch sitzend, gehen sie allerlei Beschäftigungen nach und scheinen ihren engen Wohnverhältnissen entfliehen zu wollen.

Weiter geht es durch Palermo Soho, das Restaurantviertel. Es

177

ist angeblich der Inbegriff argentinischer Gastronomie-Kreativität. Wir suchen die, laut Reiseführer, hipsten Modeläden Lateinamerikas und gewinnen wieder einmal den Eindruck, als füllte so mancher Autor sein Werk mit aufgehübschten Beschreibungen, um die Leserschaft bei Laune zu halten. Die offensichtliche Kreativität, mit der die Hauswände gestaltet sind, finden wir allerdings bestätigt. Besonders Palermo Viejo mit seinen zahlreichen Grafittis gefällt uns. Es hat sich am ehesten den Charakter einer Altstadt bewahrt. Palermo Holywood, das Zentrum der Radio-, Fernseh- und Filmproduktion, ersparen wir uns.

Im Mittelpunkt von Altpalermo liegt die Plaza Serrano, wo jetzt, zu Mittag, eben erst die Verkaufsstände einer Artesaneria (eines Kunsthandwerkmarkts) aufgebaut werden. Ich erstehe bei einer Künstlerin namens Maria Adela Naím einige kleinere Reproduktionen von fein gearbeiteten Bildern, deren spirituelle Inhalte mich ansprechen. In einem Lokal, das sich großspurig La Zona sin del Culpe nennt (Zone der Unschuld), trinken wir ein gespritztes Lemonen-Minze-Getränk und staunen, mit welcher Raffinesse die Räumlichkeiten, trotz offensichtlich fehlender Geldmittel, gestaltet sind. Wir sitzen auf Uralt-Stahlsesseln, die bei uns als Antiquität gehandelt würden, unter Lampen aus rostigen Metalllatten mit fantasievoll gewickeltem Glühdraht. Wände, die einem Bretterverschlag gleichen, sind mit braunem Lack auf Hochglanz gebracht. Die Grafitti-Toiletten riecht man schon, bevor man sie sieht. An dieser Stelle sei erwähnt, dass Buenos Aires für seine kreative Energie im Mangel an materiellen Ressourcen die UNESCO-Auszeichung World Capital of Design erhielt. In jedem Fall ist hier alles anders als zu Hause und somit überaus abwechslungsreich und unterhaltsam.

Erfreulicherweise bleibt uns noch Zeit für das Museo del Arte Latinamericano, das Kunstmuseum von Buenos Aires, kurz MALBA genannt. Die dreieckigen Kalksteinprismen der Fassade laden ein, sich auf die Avantgardekunst des Hauses einzulassen. Die Gestaltungskraft der namhaften Maler und bildenden Künstler des Kontinents macht auf mich einen frischen und urwüchsigen Eindruck. Im zweiten Stock sind die Besucher aufgefordert, die raumgreifenden Skulpturen und Installationen aus hängenden Stoffen von Ernesto Neto, einem brasilianischen Künstler, zu erfahren. Man kann sie betreten, in ihnen schaukeln, sie zu krakenartigen Formen spreizen und somit Teil ihrer veränderbaren, skurrilen Formenwelt sein. Für Heiterkeit sorgt ein begehbarer, scheinbarer Swimmingpool, der mit optischer Deutung arbeitet.

Ein weiterer Abend in Buenos Aires – ein weiterer Versuch, sich dem Tango anzunähern. Wir haben online zwei Sitzplätze in der Bar Sur reserviert und sind pünktlich um 21 Uhr zur Stelle, als das Lokal öffnet und die Vorführung beginnt. Es wird ein Abend im Wechselbad der Gefühle: Zu Beginn die Enttäuschung über die schummrigen Lichtverhältnisse, die kein Fotografieren auf halbwegs ansprechendem Niveau zulassen. Im Lokal sitzen wir inmitten von etwa 20 Gästen an Tischchen, im Kreis direkt um die kleine Fläche der künstlerischen Darbietung. So sind wir zwar hautnah am Geschehen, aber die Bewegungen der Musiker und Tänzer sind für die langen Belichtungszeiten unserer Kameras zu rasch und ausladend. Bald sehen wir ein, dass es zwecklos ist, unser Erleben in Bildern festzuhalten. Zwei Herzen schlagen in meiner Brust. Eines für den Augenblick und Hörgenuss und eines für den Wunsch, Eleganz und Intensität des Ausdrucks in Bilder zu gießen.

Aber der Tango wurde ja auch in den dunklen Ecken von Buenos Aires geboren und scheut das Licht. Er gehörte ursprünglich ins Rotlichtmilieu, wo er in Lunfardo, der derben Sprache der Gosse, vorgetragen wurde. Ende des 19. Jahrhunderts verursachten die Scharen an männlichen Einwanderern ein sexuelles Ungleichgewicht in der Bevölkerung. Die Männer gingen in die Bordelle und übten, während sie auf die nächste freie Prostituierte warteten, ihre komplizierten firuletes, fantasievolle Tanzschritte. Mit diesen hofften sie tags darauf, die wenigen Frauen ihres Wohnblocks für sich zu gewinnen. Erst später gehörten ein elegantes Sakko und gepflegte Tangoschuhe zum Erscheinungsbild der Tänzer.

Während der Vorführung in der Bar Sur genießen wir die brillante Darbietung einer Altherren-Combo, bestehend aus einem Pianisten, einem Bassisten und einem Violinisten. Zwei Sänger tragen stimmgewaltig und vor allem leidenschaftlich ihre Tangoballaden vor. Die Stars des Abends aber sind zwei atemberaubende Tanzpaare. Leidenschaft, Sinnlichkeit und Erotik setzen die Tanzenden, getragen von der Musik, in die ästhetische Sprache ihrer Körper um. Es prickelt gewaltig, wenn der Mann die Partnerin mit seinen Beinen umwickelt, sie mit dem Unterschenkel für Sekunden umklammert oder ihr sein Knie in den Schritt schiebt, ehe er sie wieder freigibt, ja von sich stößt und gekonnt vor sich her wirbelt. „Wenn sie nicht miteinander schlafen, fehlt ihnen die Ausstrahlung", heißt es und „Wenn ihre Liaison zu Ende geht, ist es auch mit ihrem Tango vorbei." Was da, wenige Zentimeter von unserem Tisch entfernt, an uns vorbeiwirbelt ist Präzision auf engstem Raum, jeder Bruchteil einer Sekunde beherrschte Bewegung bis zum tragischen Gesichtsausdruck des Mannes und den schmelzenden Blicken der Frau. Dass sich die Tänzer zwischendurch für gestellte Fotos mit den Gästen hergeben, nehmen wir in Kauf, verschafft es diesen doch eine Verschnaufpause und trägt zudem zur Unterhaltung bei.

Ebenso beeindruckend wie die Tänze sind die Gesangsdarbietungen des Abends. Hautnah erleben wir die melancholische Seele der Porteños, die das Tangolied in der ganzen Welt berühmt machte. Die Melodien schmolzen ursprünglich vor enttäuschter Hoffnung und waren Ventil für ein Leben in tiefer Armut und ohne Frauen. Im Tango vermischten sich Melodien und Rhythmen aus der Heimat der Immigranten wie beispielsweise der Candombe der afrikanischen Sklaven, die Gesänge Andalusiens und Süditaliens und die, damals sehr beliebte, Milonga der Gauchos. Überaus deutlich spürt man auch den Einfluss der kubanischen Habanera, dem Lied der Sklaven auf den Zuckerrohrplantagen. Die Bedeutung des Wortes Tango zeigt die afrikanischen Wurzeln der Musik. Vermutlich lautmalerisch, meint es ursprünglich eine Versammlung der afroamerikanischen Bevölkerung zum

Tanz zu Trommelmusik. Bedauernswerterweise verstehen wir die Texte der im Stile eines Chansons vorgetragenen Lieder nur in Ansätzen. Die des Spanischen mächtigen Gäste hängen den Sängern an den Lippen. Ihre Mimik zeigt, wie sehr auch die Worte ergreifen. Mit Sicherheit zahlte es sich aus, sich mit der Lyrik und Prosa der Tangolieder auseinanderzusetzen. Gegen halb zwölf verlassen wir die Show, die noch bis halb eins weitergeht. Ich fühle mich innerlich gesättigt und ein bisschen angegriffen von der Tragik der Musik. Vor allem aber ist einer meiner Lebenswünsche in Erfüllung gegangen. Ich habe den argentinischen Tango an seinem Ursprungsort erlebt, im dunkel-schwülen Stadtviertel San Telmo.

## Tango – ein trauriger Gedanke, der Spaß macht
### Feria de San Telmo, Plaza de Mayo, Puerto Madero

Jeden Sonntag Vormittag wird in San Telmo die belebte Straße Defensa gesperrt, um Platz zu schaffen für einen Flohmarkt, der sich bei Einheimischen und Touristen großer Beliebtheit erfreut. Von Antiquitäten über Lederwaren, Gauchomessern und -hüten bis Räuchereien, Schmuck und allerlei handwerklichem Krims-Krams kann man hier vieles erstehen. Musik und Tanz beginnen spätestens zu Mittag. Auf der Plaza werben zwei Tänzerpaare für die Milonga am Abend, Kellner überreden die Passanten einzutreten, indem sie auf die in den Lokalen stattfindenden Tangodarbietungen hinweisen. Wir gehen einem in die Falle, bekommen drei Tänze geboten und müssen daraufhin in der eine Stunde währenden Pause fleißig konsumieren. Ein Bandoneonspieler, der in einer Ecke der Plaza sein Instrument bearbeitet, entschädigt uns für unsere Fehlinvestition. Er ist ein dicklicher, junger Mann, der seinen Vortrag mit einem derart exaltierten Mienenspiel begleitet, dass man den Eindruck hat, er erzähle eine Geschichte.
Die Melancholie des Tangos ist untrennbar mit den knarzenden, seufzenden und fauchenden Klängen des Bandoneons ver-

bunden, das dereinst von Matrosen an den Rio de la Plata gebracht wurde. Die Seele der Musik ergießt sich in die dem Instrument eigenen, zerbrechlich wirkenden Fiepstöne des Diskants, in die wuchtigen Bässe, ins Klackern der Knöpfe und ächzende Luftholen des Blasebalgs. Pikanterweise haben es die Argentinier bis heute nicht geschafft, ihre Bandoneons selbst zu produzieren. Die Nachfolgeinstrumente des Akkordeons, das Heinrich Band, ein Musikalienhändler aus dem deutschen Krefeld Mitte des 18. Jahrhunderts weiterentwickelte, werden bis heute aus dem sächsischen Vogtland importiert.

Die Skyline des Hafenviertels Puerto Madero sollte man sich für die Abendstunden aufheben, wenn die Glastürme im Licht der untergehenden Sonne aufleuchten und zahlreiche Porteños die Ufer des Flusses aufsuchen, um den Feierabend einzuläuten. So brechen wir nach einer ausgiebigen Nachmittagspause erst wieder gegen sechs Uhr vom Hotel auf. An den Straßenrand gestellt, den Daumen raus und nach kürzester Zeit hält ein Taxi. Mehr als eine Minute haben wir in dieser Stadt noch nie gewartet.

An der Plaza de Mayo findet gerade unter großem Beifall der Städter die feierliche Einholung der argentinischen Flagge vor dem Präsidentenpalast statt. Fanfaren tönen über den Platz. Männer der uniformierten Garde salutieren mit eingefrorenen Mienen, während das riesige Tuch gefaltet und förmlich aufgebahrt wird. Im Stechschritt geht es dann mit dem nationalen Symbol vorbei an dem weiß-blauen Herzen unter dem historischen Balkon von Perrons Ansprachen, hinein in das Regierungsgebäude. Ich vermute, dass das Herzsymbol an Evita erinnert.

Gleich hinter dem Präsidentenpalast kommen wir ins Viertel Puerto Madero, der nobelsten Wohngegend der Stadt mit ihren Luxushotels und Loftwohnungen. Die Gegend bestand während der Kolonialzeit aus morastigem Flussufer und wurde später aufgeschüttet, um Platz für Hafenanlagen zu schaffen. Nach dem Zweiten Weltkrieg stagnierte der Handel, die Lagerhallen standen leer, die Kräne still. Auch die Militärdiktatur schuf ehrgeizig neues Land, das mit ihrem Sturz nach dem 1982 verlorenen Falklandkrieg der Natur überlassen wurde. Heute befindet sich im Schatten der Skyline der Naturpark Reserva Ecológica Costandera Sur in unmittelbarer Nähe des Stadtzentrums.

Wir spazieren mit tausenden Flanierenden über die Puente de la Mujer, die Brücke der Frauen, ein elegant geschwungener Fußgängersteg des Architekten Santiago Calatrava, welcher der Samuel Backett-Bridge in Dublin ähnelt. Ich mache gedanklich eine Reise in die Vergangenheit und stelle mir vor, wie hier zu Beginn der europäischen Besiedlung die Einwanderer die neue Heimat betraten. Sie logierten im Hotel de Immigrantes fünf Tage lang kostenlos, um ihre Weiterfahrt ins wilde Land zu organisieren. In besagtem Gebäude suchen heutzutage Familien in einer Datenbank mit Millionen von Einwanderern nach ihren Vorfahren.

Wir flanieren die Uferpromenade entlang und beeilen uns schließlich nach San Telmo zu kommen, weil das Licht rasch nachlässt und wir noch die Milonga auf der Plaza Torrego fotografieren wollen. Alle in Buenos Aires tanzen Tango, verspricht unser Reiseführer – da sind wir ja gespannt. Für Fahrten zu den offenen Tanzveranstaltungen gibt es in der Stadt Taxis, die Touristen, die sich auf die Suche nach den Ursprüngen des Tangos begeben, zu Originalschauplätzen bringen. Es muss die Milongas also noch geben.

Was sich auf der Plaza Torrego abspielt, ist ein sympathischer Tanzabend im Freien. Hier wiegt sich das gewöhnliche Volk, zwei und zwei eng aneinandergeschmiegt, zu den plärrenden Lautsprecherklängen zackiger Tangomusik. Ältere Herren lassen ihre Blicke über die Schaulustigen schweifen und suchen sich was Hübsches für die nächste Nummer. Große Begabungen nehmen wir unter den Tänzern und Tänzerinnen nicht aus. Wir sind zu früh dran, um die echten Tanzbeinakrobaten zu erleben. Diese verdienten sich noch ihr Einkommen in diversen sündhaft teuren Shows der Stadt, ehe sie sich weit nach Mitternacht unter das Volk mischen und ihrer Tanzleidenschaft bis in die frühen Morgenstunden nachgehen.

Die Tangobewegung in Argentinien hatte ihre Höhen zur Zeit Perons (in den Fünfzigerjahren) und Tiefen während der Militärdiktatur von 1976 bis 1983. Fast schon für tot erklärt, erhielt sie durch das musikalische Talent von Astor Piazzolla wieder neue Impulse. Der Musiker verband den Tango mit Jazz oder Kammermusik und interpretierte ihn avantgardistisch. Heute geht die Bedeutung des Tangos über das reine Freizeitvergnügen hinaus. In den Texten der Lieder, die vom Seelenschmerz befreit wurden und sich wieder der ursprünglichen Intention von Anklage und Empörung annähern, begeben sich die Menschen auf die Suche nach ihrer eigenen Identität. Den Armen helfe der Tango, den

Reichen der Psychoanalytiker, heißt es in der Stadt, denn, wer hier etwas auf sich hält und es sich leisten kann, pflegt einen fast freundschaftlichen Kontakt zu seinem Seelenklempner. Das Proletariat hingegen singt und tanzt – wie sympathisch!

## Carlos Gardel
### Cementerio la Chacarita, Parque Tres de Febrero, La Florida

Der Tag beginnt mit einer ‚Vogerl-Tragödie', oder besser gesagt, mit meiner Tragödie. Als wir nämlich nach den kleinen Tauben in der Blumenkiste schauen, in der Hoffnung die Küken schon fast flügge vorzufinden, blicken wir in ein leeres Erdloch. Offensichtlich wurde während unserer Abwesenheit die Vogelfamilie beim Putzen als störend empfunden und von einem herzlosen Individuum entfernt. Wieder einmal hadere ich mit dem Menschengeschlecht. Da hilft auch nicht, dass wir auf dem kleinen Balkon des dritten uns zugewiesenen Zimmers wieder ein Taubennest vorfinden. Jetzt residieren wir in der Luxussuite der Unterkunft, haben ausreichend Platz und ein ebenerdiges Bett. Meine Freude hält sich in Grenzen.

Da wir heute noch sehenswerte Orte besuchen werden, die relativ weit auseinander liegen, vertrauen wir uns wieder einem Taxi an. Auf der Fahrt durch die breiten Avenidas und verwinkelten Gassen bekommen wir eine Ahnung von der Größe der Stadt, die sich wie ein Moloch ins Umland frisst. Dabei sind wir nur in den inneren Bereichen unterwegs, die Randbezirke streifen wir nicht einmal. Im Viertel Montserrat finden sich viele Bürgerhäuser aus der Gründerzeit. Die vornehmen Jugendstilfassaden sind relativ gut erhalten, dennoch wirken die vier- bis fünfstöckigen Gebäude zwischen den schmucklosen, hässlichen Plattenbauten wie Relikte einer Vergangenheit, die eben dabei ist, unterzugehen. Wir kommen an dem eingerüsteten Kongress vorbei. Für die Instandsetzung der Machtzentrale reichen offensichtlich die Staatsfinanzen.

Die Orientierung im Schachbrettmuster der Straßen fällt uns mittlerweile leicht. Da sind die Avenidas mit bis zu 7 Fahrspuren in jeweils eine Richtung, dazwischen 2 Fahrstreifen für öffentliche Busse in der Mitte. Im rechten Winkel zu ihnen führen die Calles, die im innerstädtischen Bereich die leicht zu merkenden Namen der südamerikanischen Staaten tragen. An jeder Kreuzung geht es mit einer neuen Hundert-Einheit weiter. Die Häuser der Parallelstraßen gehören immer derselben Zahlengruppe an. Wirklich sehr praktisch. Gewöhnungsbedürftig hingegen ist das Einbahnsystem der Calles. Heute empfinde ich die Drängelei im dichten Verkehr als aufreibend. Der Fatalismus, den man hier als Fremder unbedingt braucht, um sich nicht ständig zu fürchten, fehlt mir an diesem Tag aus unerfindlichem Grund. Schließlich bin ich froh, als wir am Friedhof la Chacarita aussteigen.

Im sogenannten ‚Friedhof für alle‘ ruhen die Verstorbenen unterschiedlicher Gesellschaftsschichten, somit auch Persönlichkeiten aus der Volkskunst und dem Entertainment. Weil das Areal mit seinem schachbrettartigen Wegenetz derart groß ist, kann man sich von einem Sammeltaxi zu seinem gewünschten Ziel bringen lassen. Ohne den ortskundigen Fahrer hätten wir das Grab von Carlos Gardel, der Tango-Legende Argentiniens, niemals gefunden. Wie im Reiseführer beschrieben, steckt in der steinernen Hand der Skulptur des noch immer verehrten Sängers eine heruntergebrannte Zigarette. Ein letztes Mal lasse ich mich gedanklich auf den Tango ein.

Carlos Gardel gehört, dank seiner Lieder, zur ‚heiligen Vierfaltigkeit‘ der argentinischen Nationalhelden. Unter Che Guevara, Diego Maradona und Evita ist er noch die unumstrittenste Heldenfigur des Landes. Sein Bild findet sich an zahllosen Orten in Buenos Aires. Der Elvis seiner Epoche lächelt von Fassaden, Postkarten, von Tassen und Kissen. Obwohl im Jahr 1890 wahrscheinlich in Frankreich, in jedem Fall im Ausland geboren, wurde Gardel zum Inbegriff argentinischer Identität. Mit drei Jahren kam er nach Buenos Aires und wuchs in ärmsten Verhältnissen auf. Aus seinem hobbymäßig betriebenen Singen zur Unterhaltung der Nachbarn wurde Berufung. Ab 1917 trat er als Solist auf. Sein unglaublicher Erfolg in Spanien und Frankreich ließ auch die elitäre Gesellschaft Lateinamerikas aufhorchen. In den Zwanzigerjahren des letzten Jahrhunderts stieg der Sänger zum internationalen Superstar auf. Die ‚Nachtigall der Pampa' absolvierte zahllose Auftritte im Radio, drehte Filme. Seine Schallplatten erreichten für damalige Zeiten geradezu abenteuerliche Verkaufszahlen. Dabei deckte seine Stimme gerade einmal zwei Oktaven ab und klang nasal. Sein Vibrato war dem Belcanto der italienischen Operntenöre nachempfunden. Gardel brachte die Herzen der Menschen zum Schmelzen. Im Jahr 1935 kam der Sänger bei einem Flugzeugabsturz in Kolumbien ums Leben. Sein früher Tod machte ihn zur Legende. An seinem Todestag schien das Leben in Buenos Aires stehenzubleiben. Carlos Gardel wurde auf dem Friedhof von La Chacarita begraben.

„Cada día canta mejor" heißt es noch heute, was „Jeden Tag singt er besser" bedeutet. Der argentinische Elvis lebt in den Herzen der Argentinier weiter. Seine Lieder wurden zum Volksgut, unter ihnen „Mi Buenos Aires querido" (Mein geliebtes Buenos Aires), „Volver" (Zurückkehren) und „El día que me quieras" (Der Tag, an dem du mich liebst). 2003 erhoben die Weltkulturhüter der UNESCO die Tonaufnahmen seiner Stimme ins Welterbe, gemeinsam mit Beethovens Musik und dem Lebenswerk von Astrid Lindgren.

# Iguazú

# Wohnen im Dschungel
## Flug nach Iguazú

Aus der Luft betrachtet ist Buenos Aires das größte Schachbrettmuster der Welt. Zudem liegt die Stadt am breitesten Fluss der Erde, dem Rio de la Plata. Ich muss zugeben, der Flug über das riesige Mündungsgebiet von Rio Paraná und Rio Uruguay ist beeindruckend, erinnern dessen Farbschattierungen doch an das Fell eines Tigers. Die hellen Sonnen- und dunklen Wolkenflecken zeichnen eine Musterung in die lehmbraunen, sich gemächlich dem Atlantik annähernden Wassermassen. Während die Bezeichnung Rio de la Plata (Silberfluss) auf die Gier der spanischen Eroberer nach Silber zurückzuführen ist und gewählt wurde, um Glücksritter mit der Aussicht auf Schürfrechte ins Land zu locken, steht der Namen Tigredelta in direktem Zusammenhang mit dem braunen Fell des Pumas. Dieser wird im argentinischen Sprachgebrauch auch als Tiger bezeichnet.

Unser zweistündiger Flug bringt uns in den äußersten Norden Argentiniens, an die Grenze zu Brasilien – ein gewaltiger Sprung, physisch und psychisch gesehen. Vor kurzem noch vom Südsommer einer Tundrenlandschaft und windumtosten Bergen in die Großstadt gekommen, wechseln wir nun in den atlantischen Regenwald, hart an der Grenze zu den Tropen! Beim Landeanflug über Puerto Iguazú überfliegen wir den ausgedehnten Auwald eines Flusses, der aussieht wie ein Lasso im Flug. Die geometrische Grenzziehung der Plantagen weist auf den Eingriff des Menschen hin. Ihr fehlt die Lebendigkeit der fließenden und unregelmäßigen Formen, in denen sich die Natur ausdrückt. Dort, wo der Grund brachliegt und die Erosion Boden raubt, leuchtet es rot wie eine Wunde. Lateriterde nennt sich das typische Endprodukt der Bodenbildung im tropischen Klima. Die Wasserläufe sehen aus wie orange Adern.

Unser Resort La Aldea de la Selva, zu Deutsch ‚Dorf im Dschungel‘, liegt am Rande des Städtchens Iguazú und gleicht eher einem Dschungelcamp denn einer Luxusanlage. Aber gerade die Verschlingung mit dem urwüchsigen Wald hat uns bei der Auswahl des Quartiers gereizt. So blicken wir jetzt durch das Fenster unseres geräumigen Zimmers in das dunkelste Grün, das man sich nur vorstellen kann. Schlingendes Blattwerk wächst förmlich in unseren Balkon herein. Eine Hängematte lässt mich kurz überlegen, eine Nacht im Freien zu wagen. Ob es ausreichend abkühlen wird? Die Klimaanlage in den Räumen schafft Erleichterung.

Auf dem Weg zum Swimmingpool begegnet uns Tierisches: zwei Kolibris, schneller als das menschliche Auge und der Fokus meiner Kamera, einige Leguane, die im Sauseschritt Reißaus nehmen, und handtellergroße, wie betrunken durch das Blätterdach torkelnde Schmetterlinge. Kein Zweifel – hier gefällt es mir! An der Lobby erfahren wir Wissenswertes zu möglichen Unternehmungen im Nationalpark rund um die Wasserfälle. So gönnen wir uns den Luxus einiger Sonnenstunden am Pool, ehe wir zu einem Aussichtspunkt aufbrechen, der hoch über dem Zusammenfluss des olivbraunen Rio Iguazú und des lehmfarbenen Rio Paraná liegt. Am argentinischen Ufer stehend, blicken wir in Richtung Osten nach Paraguay, das Nordufer gehört zu Brasilien. Unweit von hier liegt die Stadt Cuidad del Este in Paraguay, ein berüchtigtes Schmugglernest, dem die US-Amerikaner Verbindungen zum internationalen Terrorismus nachsagen. Hisbolla, Islamischer Dschihad und al-Qaida sollen hier Geldwäsche betreiben. Die Südamerikaner bestreiten dies und verdächtigen die Regierung in Washington, sich mit der angedrohten militärischen Einmischung Zugriff auf das riesige unterirdische Süßwasserreservoir der Region verschaffen zu wollen.

Glücklicherweise geistert die Weltpolitik nur kurz in meinem Kopf herum. Präsenter und ungleich erfreulicher ist das Treiben auf der Aussichtsplattform. Kinder toben in voller Kleidung zwischen zahlreichen Springfontänen umher, die ihr Wasser in unregelmäßigen Abständen in die Höhe schießen. Für das unvermeidliche Shopping-Erlebnis sorgen Souvenirstände. Die Schiffe, tief unten auf den großen Flüssen, wirken winzig, die Menschen an den Ufern gleichen Ameisen. Der Weg zurück zum Ortszentrum führt entlang des Rio Iguazú und ist gesäumt von gelb blühenden Lapacho-Bäumen.

Die erste Nacht verbringe ich schön brav im Zimmer. Das Zirpen, Zischeln und Knistern im grünen Dschungel vor meinem Balkon ist mir zu unheimlich.

## Wo die Großen Wasser rauschen
### Cataratas del Iguazú

Voll freudiger Erwartung lassen wir uns am frühen Morgen von einem Taxi zum Eingang des Naturparks Iguazú führen. Die Guaraní, die Indigenas der Region, nennen die Katarakte schlicht Großes Wasser, wobei im Wort Iguacú das I für Wasser und gu-asú für groß stehen. Erwartungsgemäß herrscht beim Eingang starker Betrieb. Der Eintritt kostet umgerechnet € 12,--. Wir hätten für den Anblick des Naturwunders das Doppelte und Dreifache bezahlt. Für Adrenalinjunkies, denen die Grandezza der Natur nicht ausreicht, werden Schlauchbootfahrten mit Wasserfalldusche und Klettern in Hochseilgärten angeboten. Wir versuchen den Wirbel möglichst rasch hinter uns zu lassen und wählen unter den Wanderwegen des Parks fürs Erste den Circuito inferior, den Weg unterhalb des Katarakts.

Natürlich strebt jeder Schritt, den man hier tut, dem Katarakt zu. Anders als die vielen durchwegs gehetzten Besucher aus aller Welt machen wir den Weg zum Ziel. Die Wasserfälle kommen ohnehin – man hört sie schon. So geben wir uns gelassen dem engen Blick hin, den der Dschungel uns erlaubt. Rauf und runter, rückwärts, seitwärts, hinein und hinaus – man könnte schwindlig werden. Dichter Urwald fasst die Kaskadenfront ein, beleuchtet einzig von Schmetterlingen, denn die Farbenpracht von Blumen fehlt im Halbdunkel. Das Auge schärft sich für die unzähligen Grünschattierungen des Waldes. Die an Menschen gewöhnten Vögel beschleunigen meinen Herzschlag. Der Schönste unter ihnen ist der große Klappenblaurabe: leuchtend gelber Bauch, sonst schwarz mit zitronengelbem Blick unter hellblauer Augenbraue und stacheliger Hippiefrisur!

Beiderseits der Wasserfälle ist die Natur in einem argentinischen und einem brasilianischen Nationalpark geschützt. 1984 wurde die linke Seite in die Welterbeliste der UNESCO aufgenommen, 1986 die rechte. Vor Eingriffen bewahrt wird hier der letzte Rest des Atlantischen Regenwaldes, der eine Million Quadratkilometer umfasste, bevor der Mensch die Wälder ausbeutete. Heute sind es weniger als 60.000. Der Rest ist abgeholzt, abgebrannt und zu Farmland umgepflügt. Die Vegetation des subtropischen Dschungels umfasst mehrere Arten von Wäldern. Zwei von ihnen erlebt man im Park: den feuchten Regenwald und die Dunstwälder im Bereich der Wasserfälle. Der Jaguar streift durch den Dschungel. Aber die Entwicklung ist niederschmetternd. Eine 2006 durchgeführte Zählung führte zu einer Schätzung von 25 bis 53 ausgewachsenen Tieren, bei einer Bestandsdichte von ein bis zwei Jaguaren auf je 100 Quadratkilometern. Ein großes Problem stellt die Wilderei durch ärmere Bevölkerungsschichten dar. Parkranger sollen den Bestand an Wildtieren sichern. Keine Gefahr also, oder besser gesagt keine Chance, eine der prachtvollen Raubkatzen zu Gesicht zu bekommen.

Nach wenigen Minuten gelangen wir zu einer Kette von Wasserfällen. Sie tragen Namen, die ihrem Erscheinungsbild entsprechen: Salto dos Hermanas (Fall der zwei Schwestern), Salto Chico (Jungchen) – heute ein kleines Rinnsal, Salto Adán y Eva (der erste stürmisch-munter, der zweite sanft und freundlich). Für die folgenden stehen bedeutende Persönlichkeiten Pate: Salto Bernabé Méndez, Salto Mbiguá und Salto San Martín. Der letzte von ihnen sieht aus wie ein quirliger Schwall, als wäre jemandem der Wasserschlauch ausgekommen. Hier ist erst einmal Schluss mit den Wasserspielen, denn der Weg führt in einem großen Bogen durch den Regenwald zurück zum Ausgangspunkt.

Im Fastfoodlokal Dos Hermanas können sich erschöpfte Touristen stärken und ihre ,Opfergabe' an die vorwitzigen Nasenbären des Parks abgeben. Natürlich ist das untersagt, schadet doch das salzig-fette Essen den Tieren. Parkwächter achten auf das Fütterungsverbot. Die Nasenbären finden aber immer wieder Möglichkeiten, sich etwas von den Tischen oder aus den Rucksäcken zu schnappen. Akzeptiert der Mensch den Tribut nicht, beißen sie. Abschreckende Fotos warnen vor der Gefährlichkeit der so harmlos anmutenden Kerle. Dass auch in Zukunft hier niemand auf den Spaß mit den Nasenbären verzichten muss, zeugt die Hundertschaft an Jungtieren aller Altersklassen, die von ihren Eltern von Kindesbeinen an lernt, dass die einzige Daseinsberechtigung von Menschen in ihrem Territorium diejenige ist, diese zu beklauen. Die Kleinen schaffen es auf Anhieb, mein Herz zu erobern.

Der Passeo Superior genannte obere Weg führt an die Abbruchkante der Wasserfälle und bietet schöne Tiefblicke auf den wilden Fluss mit den Schlauchbooten. Es ist Mittag und brütend heiß. Der Schweiß dringt aus allen Poren. Glücklicherweise gibt es den Tren Ecológico de la Selva, einen kleinen Touristenzug. Mit ihm gelangt man zum Ausgangspunkt der Stege, die zum prächtigsten Fall der Kaskade führen, zum Garganta del Diablo. Schon von weitem ist die Donnerstimme des Teufelsschlundes zu vernehmen. Während wir bequem über den zu einem stillen See geweiteten Fluss schreiten, vorbei an seinen friedlichen Inseln mit Eisvögeln und Schmetterlingsschönheiten, können wir uns kaum vorstellen, welche Gewalt das Wasser gleich entfalten wird. Eine mächtige Dunstwolke kündigt die U-förmige, 700 Meter lange Abbruchkante an. Wer zählt den Tropfen, wer die Momente des Hochgefühls angesichts solcher Naturgewalt? Selbst ein in der westlichen Zivilisation gewachsener Geist, wie der meine, sucht einen Mythos hinter der Kraft der Erscheinung und wird fündig:

Die Guaraní-Indianer hielten die brüllenden Wasserfälle für das Toben des eifersüchtigen Schlangengottes M´Boi, dessen Angebetete, die schöne Häuptlingstochter Naipí den tapfersten Krieger ihres Stammes liebte. Als die Liebenden flüchten wollten, erwachte M´boi, spannte seine Muskeln und zerschlug das Fluss-

194

bett mit mächtigen Schlägen seines Schlangenleibes. Der Boden brach ein und das Wasser stürzte in die Tiefe. Kein Boot konnte je wieder die Schwelle des Zorns überwinden. Tarabó, den zu Tode betrübten Geliebten, verwandelte M′Boi in eine Palme, für alle Ewigkeit dazu verdammt, zuzusehen, wie seine zu einem Felsblock erstarrte Geliebte von den herabstürzenden Wassern gepeinigt wird.

Etwas langweiliger ist die Erklärung der Erdwissenschaften für den mächtigsten Katarakt der Erde, in dem bis zu 20.000 Kubikmeter Wasser jede Sekunde in die Tiefe stürzen. Vor 150 Millionen Jahren schufen Vulkaneruptionen einen Basaltdeckel, der sich von Südbrasilien über Paraguay und Uruguay bis in den Nordosten Argentiniens erstreckt, das größte Lavaplateau der Erde. Der wasserreiche Fluss stürzte über den mächtigen Wall widerstandsfähigen Materials und fräste sich unterhalb in einen tiefen Canyon. Heute kann man an dieser Stelle 20 große und 255 kleinere Wasserfälle auf einer Strecke von 2,7 Kilometern als Rest eines unvorstellbaren Naturspektakels bewundern. Einige sind bis zu 82 Meter, der Großteil ca. 64 Meter hoch. Nur Afrikas Victoriafälle sind mit ihren 110 Metern höher, aber um einiges schmäler. Die Niagarafälle Nordamerikas können bei einer Fallhöhe von 57 Metern im Vergleich auch nicht mithalten.

Soweit die sachlichen Erklärungen, die interessieren und den Intellekt befriedigen. Die machtvolle Erscheinung der Naturgewalt streifen sie nur am Rande. Meine Empfindungen sind ebenso groß wie einfach, dem Namen der Guaraní entsprechend: Dem Großen Wasser begegnet man am besten mit Ehrfurcht. Unterhalb der Basaltstufe wird der Katarakt zu einem harmlosen, dunklen Fluss, der sich mit einem 80 Meter schmalen Flussbett begnügt, bevor er in den mächtigen Strom Paraná mündet. Im Wissen, dass wir heute einen Tiefstand des Flusswassers erleben, können wir uns gut vorstellen, dass im Teufelsschlund bei Hochwasser erst recht die Hölle los sein muss. Könnte man alles in Worte fassen, brauchte es nicht die Imagination.

## Totem

*Goldspur zieht sich ins Unten,*
*tropft Aurora*
*vom Blätterdach.*

*Schwül stülpt sich*
*das Herz des Waldes nach außen,*
*bis auf die Seelenhaut nass.*

*Da und dort leckt es*
*am Innenschweiß nichtiger Angst,*
*quillt über vom Tau ausgeatmeten Lebens.*

*Nur meinem Nebeltier wird Eintritt gewährt*
*ins Haus der Vögel,*
*das niemals entlaubt, meinem Totem …*

*Denn es weiß, dass oben einer stirbt,*
*wo ein Blatt zu Boden fällt*
*statt eines federleichten Leibes,*

*wo Schmetterlinge aufblühen,*
*flatternd nach dem Engel haschen,*
*falls der Lassoschwung der Lianen diesen verfehlt,*

*wo die Sirenen des Waldes anheben,*
*auf hohlen Chitinpanzern*
*ihr Requiem zu sägen*

*und der Boden sich scheckt*
*unter der vibrierenden Schwanzspitze,*
*den Blick an mich heftet*

*und nie mehr vergisst.*                    Duanna Mund

Was noch bleibt ist, von den schwierigen Bedingungen zu erzählen, unter denen wir versuchen, unseren fotografischen Ambitionen nachzugehen. Der Gigant umhüllt uns nämlich mit feinem Sprühregen, der die Linse unserer Kameras umnebelt und mit feinen Tröpfchen beschichtet. Glücklicherweise sind wir keine vertraglich verpflichteten Berufsfotografen, die jetzt gehörig unter Druck geraten würden. Wir versuchen einfach unsere Fotoapparate alle fünf Sekunden trockenzulegen, um schlimmeren Schaden zu vermeiden und erfreuen uns an der körperlich spürbaren Präsenz des Großen Wassers. Völlig durchnässt schießen wir einige Selfies Marke Waschbär. Als ekstatischer Höhepunkt lugt die Sonne hinter einem mächtigen Cumulus hervor und zaubert zwei Regenbögen in die Gischt.

## Bei den Guaraní
### Reserva del Selva

Nach dem gestrigen Tag brauchen wir heute Zeit, um die intensiven Eindrücke zu verarbeiten. Wir gönnen uns ein Frühstück in Ruhe und unternehmen einen Spaziergang zu dem Dorf Yasy Pora, das in der Sprache der Guaraní schöner Mond bedeutet. Für ein Entgelt von umgerechnet € 10,-- werden wir von einem jungen Mann durch die kleine Siedlung aus Holz-Lehmhütten geführt. Soweit wir erkennen können, scheint das einzige gemauerte Gebäude eine große Schule zu sein, in der, laut Auskunft unseres Führers, 120 Kinder unterrichtet werden. Leider sind gerade Ferien und die Klassenzimmer stehen leer. In den Gemüsegärten erkennen wir Papayabäumchen, Bananen- und Tabakstauden, Mais- und Kartoffelpflanzen. Auch ein spezielles Schilf wird angebaut, das als Deckmaterial für die Dächer verwendet wird. Einem 400 Jahre alten Palo-roja-Baum gegenüber steht ein ärmlich wirkendes Zeremonienhaus. Während unseres Besuchs bei den Guaraní spüren wir deutlich, dass die Leute auf Abstand bleiben wollen. Nicht einmal die Kinder laufen uns entgegen. Unsere mangelhaften Spanischkenntnisse lassen leider kein tiefgreifenderes Gespräch über Bräuche und Lebensumstände der Dorfbewohner zu. Am Ende singen uns Kinder ein Liedchen vor und stoßen dazu als rhythmische Begleitung dicke Bambusrohre auf den roten Lehmboden. Rasch wird ein Spendenkörbchen vor uns abgestellt. Kaum ist das überaus schräge Konzert beendet, verstreuen sich alle wieder zwischen den Hütten. Wir bleiben zwischen Ständen zurück, in denen Schnitzereien, handgefertigter Schmuck aus Naturmaterialien, Gefäße und Pfeile zum Verkauf bereit liegen.

Mit gemischten Gefühlen kehren wir ins Hotel zurück. Der Besuch der Touristen in dem Dorf der Indios bietet diesen eine Einnahmequelle. Wirklich willkommen sind die Fremden hingegen nicht. In Anbetracht der schlimmen Vergangenheit und rasenden Veränderungen, die das gegenwärtige Leben den Indigenas bringt, darf dies nicht wundern. Die Straße, die zu ihrem Dorf führt, ist breit und geteert, weil auf der andern Seite, im dichten Dschungel der Reserva del Selva die Hotelanlagen der zahlungskräftigen Touristen stehen. In eine davon kehren wir zurück.

Wir nehmen im eindrucksvoll eingerichteten Haupthaus ein kleines, verspätetes Mittagessen ein. Der runde, kuppelförmige Raum bietet Platz für Sitzgruppen, die aus dem Wurzelwerk eines ehemals gigantischen Baumes gefertigt sind. Von der Decke hängen fein verzweigte Wurzeln, an deren Enden Lämpchen befestigt sind. Ein großes, geflochtenes Nest aus Zweigen mit Glühbirnen erhellt die Mitte des Raumes. Die Sessel an den Speisetischen sind aus unbearbeitetem Holz, jeder wirkt wie individuell gewachsen. Schön ist auch der Wandschmuck, darunter ein mystischer, aus Naturmaterialien gewebter Wandteppich der Guaraní. Eine angefügte Erklärung gibt einen Einblick in das spirituelle Denken der Indios, in dem die metaphysische Welt untrennbar mit der real-sichtbaren verbunden ist. Die Blätter der obersten Ebene stellen den Regenwald dar, der die Grundlage allen Lebens bildet. Ihm gebührt die höchste Stufe der Verehrung. In der nächsten Ebene finden sich kleine, geschnitzte Jaguarköpfe als Symbol für Stärke und höchste Lebenskraft. Kränze aus kleinen Vogelfedern weisen den Jaguar als das Tier aus, das dem Schamanen Zauber-kräfte verleiht. Unterhalb folgen Fische, die Spender von lebens-notwendiger Nahrung, gefolgt vom restlichen Königreich der Tiere, dargestellt durch Schmetterlinge und Schildkröten. Die Be-zeichnung Königreich im Zusammenhang mit der Tierwelt drückt deren unantastbare Heiligkeit aus, teilen diese Lebewesen doch mit den Menschen ihren Lebensraum. Zuunterst symboli-sieren dicke Bündel aus Federn die Kraft des Schamanen, der den Zusammenhalt der Gemeinschaft und die Einhaltung der heiligen Gesetze der Natur überwacht.

Dankbar für diese anschauliche Erklärung des Wandteppichs fühle ich mich entschädigt für das Erlebnis im Dorf. Auf meinen Reisen finde ich es immer traurig, mit den indigenen Völkern in keinen angemessenen Kontakt auf Augenhöhe treten zu können. Für eine gegenseitige, wertschätzende Annäherung brauchte es viel Zeit und eine große innere Bereitschaft auf beiden Seiten.

Den Nachmittag verbringen wir im Dschungel unseres Hotels – ein wahrhaft genussvoller Aufenthalt. Gerade der Umstand, dass sich im Dickicht die Tierwelt nur erahnen lässt, macht dieses so geheimnisvoll. Jeder meiner Atemzüge zehrt vom ausgeatme-ten Leben der Pflanzen, deren Grün das Sonnenlicht in Materie verwandelt und mir somit zugänglich macht. Ich bin umgeben vom Wunder einer Daseinsform, die sich nicht vom Leben ande-rer Lebewesen ernährt, sondern von Mineralien, Wasser und Licht.

Nach Einbruch der Finsternis unternehmen wir einen schau-rig-romantischen Beinahe-Vollmond-Spaziergang. Vor unseren Füßen wandern auf gespenstische Weise Blätter über den Weg. Bei genauerem Hinsehen entdecken wir Blattschneiderameisen, die hier Herkulesarbeit verrichten. Ein Nachtfalter schwebt mit langsamen Flügelschlägen vorbei, große Glühwürmer blinken in Zeitlupe durch die Nacht. Ein Mann folgt uns wie ein Schatten. Als wir umkehren, geht auch er zurück. Ist er einer der Guaraní, der darauf achtet, dass kein Tourist die Ruhe seines Dorfes stört? Unwillkürlich wandern meine Gedanken in die Vergangenheit.

Mit Sicherheit folgen die wenigen Indianer, die noch die alten Traditionen leben, ihren Traumpfaden. Diese halten sie als einen letzten Rest ihrer Würde geheim. In jedem Fall schreite ich hier auf uralten Pfaden, die wohl nur schwinden, wenn das Meer sie flutet oder Vulkane sie auslöschen. Sie überdauern als Spuren und Schatten im Echo der Ahnen. Indem ich auf ihnen schreite, erwecke ich sie in mir zu neuem Leben. Es ist ein Weg, den ich mit vielen teile, der weit vor meinem ersten Schritt begonnen hat und lange über meinen letzten hinausragen wird.

Inspiriert von der geheimnisvollen Nacht, lege ich mich in die Hängematte unseres Balkons und lausche im Halbschlaf auf die Geräusche des Dschungels, der in der Abwesenheit des Lichts einer schwarzen Hölle gleicht. Wie von Geisterhand wachsen blattförmige Grautöne aus dem Dunkel. Grillen, Zikaden und was sonst noch so an Insekten und Reptilien in den Bäumen wacht, singen ihre Dauertöne, ein jedes Individuum in eigener Tonhöhe und individuellem Rhythmus – Morsezeichen der Nacht. Vögel gurgeln verschlafen. Der Tau senkt sich und flüstert. Der Klangteppich des Regenwalds wiegt mich in den Schlaf.

Wie unter einer Dusche stehe unter dem Gesang unsichtbarer Vögel. Tausendfach prasselt es auf mich herab, dazu das verhaltene Glissando vereinzelter Sonnenflecken. Die Lianen schwingen ihren tiefen Basston, Spinnennetze knistern. Ich träume vom Großen Jaguar. Es knickt ein Geäst. Schneller als er bin ich wieder im Zimmer und schaue mit verschreckten Augen durch das geschlossene Fenster in die undurchdringliche Blätterwand. Wahrscheinlich hat sich ein Leguan unter dem Haus im Schlaf gestreckt.

# Pachamama – Mutter Erde
## Vollmondwanderung Iguazú

Wer ein zweites Mal innerhalb von zwei Tagen den Naturpark Iguazú besucht, bekommt 50 % Ermäßigung auf den Eintritt. Ein

Angebot, dass wir gerne in Anspruch nehmen, weil wir eine Wanderung am Sendero Mocuco geplant haben. Der Weg führt zwar ‚nur' zu einem abgelegenen Wasserfall, ist aber wenig begangen, was der zu schätzen weiß, der Tieren sichten will. Wir brechen frohen Mutes zu Fuß vom Hotel auf, setzen uns an der Hauptstraße in das nächstbeste Taxi und fahren zum Parkeingang. Hier ist heute etwa dreimal so viel los wie vor zwei Tagen. Obwohl unser Wunsch nach einem Zweitbesuch bereits vorgestern umständlich mit Namen und Passnummer in den Computer eingegeben wurde, müssen wir uns nun wieder für ein neues Ticket anstellen. Eine dreiviertel Stunde verbringen wir in praller Sonne wartend und sind, als wir endlich loslegen dürfen, schon fix und fertig. Rasch lassen wir die Menschenmassen hinter uns, indem wir in den Sendero Mocuco einbiegen. Augenblicklich herrscht Stille und wir frohlocken: Sollen diese Touristen ruhig auf ihren Trampelpfaden bleiben, wir wissen es besser! Der Hochmut wird uns allerdings bald vergehen. Vorerst ist der Waldweg wie in unserem Reiseführer beschrieben:

1. dunkel: Man sieht gerade einmal zwei Meter in das Wirrwarr aus Blättern und Geäst hinein. Im schmalen Himmel hängen riesige Spinnen in riesigen Netzen mit riesigen Beutetieren.

2. voller Geräusche: Wir vernehmen das Tapsen der zwei Zentimeter großen Waldameisen und Trampeln eines Leguans, der bei unserem Anblick in Panik gerät. Nicht zu vergessen das Sirren der Zikaden, bei dem ich unwillkürlich an den Bohrer eines Zahnarztes denken muss, und die ratternden Rotorblätter der Sightseeing-Hubschrauber über dem undurchdringlichen Blätterdach.

3. mit der Tierwelt auf Tuchfühlung: Neben den schon erwähnten Begegnungen mit Ameisen, Spinnen und einem Leguan huscht im Bruchteil einer Sekunde ein Schmetterling der Gattung Morpho vorbei, himmelblau irisierend, handtellergroß – immerhin. Vor allem aber sind da tausende Vertreter einer einzigen Gattung und diese kommen uns nun wirklich nahe, sehr nahe! Sie rücken uns förmlich auf den Leib: Ich meine die Culicidae, eine Fa-

milie der Insekten innerhalb der Ordnung der Zweiflügler, allgemein bekannt unter dem Namen Gelsen.

Eigentlich sollten wir mit solchen Situationen mittlerweile umgehen können, immerhin ist es nicht das erste Mal, dass wir in einer der heißen Regionen unserer Erde, in einem Urwald unterwegs sind. Der Insektenspray ist natürlich Teil unseres Reisegepäcks, nur leider heute im Hotelzimmer geblieben. Der uns eigene ‚aufopfernde‘ Einsatz beim Fotografieren ist in unserem Freundeskreis allgemein bekannt. Deshalb muss an dieser Stelle wohl nicht erwähnt werden, dass wir hüpfend, um uns schlagend und rennend Aufnahmen gemacht hätten, wäre hier irgendetwas als Motiv zur Verfügung gestanden. Um unserem Tun einen Sinn zu verleihen, stellen wir uns selbst abwechselnd für einen schnellen (sehr schnellen) Schnappschuss zur Verfügung: Ich lümmle lässig an einer Würgefeige, Franz wuchtet sich in Tarzan-Manier eine Liane hoch und lächelt dabei auf Kommando. Den Wasserfall am Ende des Weges erreichen wir nicht, denn echte Profis wissen, wann es sich nicht mehr auszahlt, zu leiden. Wir drehen auf halber Strecke um.

Kaum sind wir zurück auf dem Trampelpfad der Touristenroute, fliegen uns wieder Schmetterlinge um die Nasen, Vögel singen und zeigen sich aus nächster Nähe, ein kleiner Kaiman badet inmitten von violetten Seerosen und die Nasenbären posieren wie Profis vor unseren Kameras. Zerknirscht nehmen wir die Schlappe zur Kenntnis. Um unser Selbstbewusstsein wieder aufzurichten, zeigen wir Durchhaltekraft und marschieren in der brütenden Mittagshitze auf einem der prallen Sonne ausgesetzten Weg entlang der Bummelbahn zu einem Trinkwasserbrunnen. Wir haben nämlich vorgestern vom Zug aus zahllose gelbe Schmetterlinge beobachtet. Ja! Unser Einsatz lohnt sich! Sie sind auch heute da. An die fünfzig sonnenblumengelbe Pieridae und Prachtfalter der Gattung Prepona (Königsschwalbenschwanz) tummeln sich um eine Pfütze und saugen Mineralsalze aus der Lehmerde. In ihrer Gier lassen sie sich sogar berühren, was wir natürlich nicht tun, wohl aber ein ungezogenes Kind. Dieses hebt die Schmetterlinge an den Flügeln hoch, die Mutter sieht einfach zu und ignoriert unsere Empörung. Erst als wir wieder allein sind, genießen wir das Schauspiel um uns. Die Zartheit der sonst so flatterhaften und scheuen Luftwesen berührt mich sehr. Wie schimmerndes Pergament aus Licht muten ihre Flügel an. Sie sind von einem feinen Netz aus Adern durchzogen. Nicht für den Bruchteil einer Sekunde endet das Zittern und Pumpen der Flügelpaare, obwohl die Schmetterlinge einzig und allein darauf aus sind, ihre Rüssel in das kostbare Nass zu senken. Schrecken sie auf, stieben alle zugleich in die Höhe und verwandeln sich in Lichtblitze.

Nachdem wir uns im Restaurant des Parks am ausgezeichneten und preiswerten Mittagsbuffet bedient haben, fahren wir zurück ins Hotel. Im Pool und unter der Dusche kühlen wir Körper wie Geist und schöpfen Kraft für die am Abend geplante Vollmondwanderung. Während der Park tagsüber vor Menschen überquillt, gehört er nach der Schließung um 18.00 Uhr wieder den Wildtieren. Nicht ganz, denn an fünf Tagen im Monat, rund um den Vollmond, führen Ranger drei Gruppen von jeweils maximal 50 Besuchern zeitversetzt zum Garganta del Diablo. Versprochen wird die Sichtung von Nachttieren und nur in der Dunkelheit blühenden Pflanzen. Weil wir den Steg zum Wasserfall von unserem ersten Besuch im Park bereits kennen, wissen wir, dass es auf dem Fluss außer ruhigem Wasser wenig zu sehen geben wird – das allerdings bei Vollmond!

Wir starten um 20.00 Uhr mit der ersten Gruppe des Tages und steigen in den Zug ein. Bequem geht es vorerst durch dunklen Wald, der überraschenderweise durchsichtiger wirkt als am Tag. Das Mondlicht lässt Blätter aufblitzen und zerbricht die Wand der Bäume in tausend Scherben eines Spiegels. Im Vorbeifahren meint man einen Schwarm Glühwürmchen durch den Dschungel gleiten zu sehen. Wenngleich wir, wie erwartet, in der Dunkelheit außer einer Eule nichts Lebendiges ausmachen, wissen wir, dass die Tiere da sind. Ich kann mir gut vorstellen, dass sich im Blinken des Mondlichts so manches Augenpaar verbirgt.

Der Umstand, dass wir wegen der Wildtiere während der gesamten Tour angehalten sind, in Gruppen zusammenzubleiben, bestätigt meine Vermutung. Dankbar registrieren wir den sternenklaren Nachthimmel. Der Mond hat zwar eine Minidelle aber keinen Hof. Die Bedingungen für unser Unternehmen sind perfekt.

Auf dem Weg zum Großen Wasser ist die Nacht erstaunlich hell. Meine Augen haben sich bereits angepasst und nehmen viele Details wahr. Einzig die Farben fehlen. Der Mond zaubert eine mystische Schwarz-Weiß-Zeichnung auf die Fließstrecken und Inselchen des ruhigen Flusses. In den beschleunigten Strudeln sprüht das kühle Licht, als koche es. Da und dort zieht es Blitze, die stromlinienförmigen Fischen gleichen. Im ruhenden Wasser blickt es mich von unten an, als wolle es mir etwas sagen. Einzelne hohe Palmen stechen die Sterne – das Kreuz des Südens, der Orion. Aber es bleibt wenig Zeit, den Himmel zu beobachten, denn vor uns erhebt sich bereits die mächtige Gischtwolke des Teufelsschlundes. Fast sieht es so aus, als näherten wir uns den Ausdünstungen eines Vulkankraters. Endlich sind wir da! Der Mond hat sich mittlerweile als milchiger Teppich auf den Giganten gelegt. Keinen Gedanken verschwende ich an die Milliarden fallender Tropfen – Der Wasserfall empfängt mich als Wesenheit. Alles um uns tritt hinter seiner mächtigen Erscheinung zurück.

Auf der Plattform bildet ein Berufsfotograf im Sprühnebel die Touristen ab. Franz ist mit Stativ und Kamera erstaunlich erfolgreich. Ich stehe fasziniert im warmen Spritzwasser der Kaskade, und stelle mit Erstaunen fest, dass ich, trotz völlig durchnässter Kleidung, nicht fröstle. Beim Zurückgehen erinnere ich mich an das Zitat des argentinischen Musikers und Schriftstellers Atánualpa Yupanqué. Es ist am Rangerhaus des Nationalparks zu lesen: „Para el que mira sin ver, la tierra es tierra momás." Sinngemäß übertragen: „Für den, der ohne Augen sieht, ist die Erde unsere Mutter Erde."

# Brasilien und das Weltwunder
## Die Wasserfälle auf brasilianischer Seite

Anders als in Argentinien, erfasst man jenseits der Grenze zu Brasilien den gesamten Katarakt auf einen Blick. Er präsentiert sich zwar in einiger Entfernung, dafür aber wie der Vorhang einer Bühne, der sich nicht zu heben braucht, weil er selbst die Vorstellung ist. Es zahlt sich also aus, die Wartezeiten an der Grenze auf sich zu nehmen und dem Naturwunder noch einmal die Aufwartung zu machen, zumindest glauben wir das.

Bald stellt sich heraus, dass hier alles anders ist als im argentinischen Nationalpark: Mondän die Anlage, gut organisiert die Abfertigung des Besucherandrangs, hohes Preisniveau, statt Dschungel ein parkähnliches Gelände, kaum Tiere dafür umso mehr irrsinnige Touristen, die nichts anders im Sinn haben, als mit hunderten Selfiefotos rasch wieder nach Hause zu kommen. Es dauert nicht lange und ich schlittere in eine Krise. Aber es gibt kein Entkommen mehr, denn einmal in das Geschiebe eingereiht, muss man mit. Verschwitzte Leiber reiben aneinander, Ellbogen stoßen und Smartphones verdecken die Sicht auf den Wasserfall. Mein Widerwille steigert sich in stille Verzweiflung. Am Ende der Passage führt ein Steg zu einer kleinen Aussichtsplattform direkt gegenüber von dem Toben des Teufelsschlundes. Das dunkle Wasser ist voller Münzen. Wollen alle diese Menschen wiederkommen? Oder handelt es sich beim Zurücklassen eines blinkenden Geldstückes um eine Opfergabe, eine Bußzahlung für ungebührliches Verhalten? Ich jedenfalls empfinde das Drängen, Hetzen und die Selbstbespiegelung der Selfie-Narzisse wie eine Entweihung des Ortes. An jedem Eck die gleichen gefletschten Zähne und Siegesgesten der Hände. Ich frage mich, ob einer dieser Egomanen den Wasserfall wirklich wahrnimmt.

Nach zwei Stunden Geschiebe sind wir durch. Auf den Vogelgarten Parque de Aves verzichten wir angesichts der Besuchermassen. Bedrückt gestehe ich mir ein, heute einer Form des Tourismus angehört zu haben, dessen Auswüchse niemand gutheißen kann. Die Iguazúfälle gehören zu den sieben Weltwundern und werden dennoch, oder gerade deshalb, gnadenlos touristisch vermarktet.

Wieder zurück im argentinischen Puerto Iguazú fällt unser Besuch der Kolibris im Jardin de los Picaflores leider ins Wasser. Unvermittelt hat es zu schütten begonnen. Die geöffneten Schleusen des Himmels stellen mit mächtiger Stimme klar, woher das Wasser der Kaskaden stammt. Es ist ein Geschenk des Himmels.

Von den vielen eindrucksvollen Begegnungen mit der Natur des Nationalparks Iguazú werden mir vor allem die Schmetterlinge unvergesslich bleiben. An Zartheit wohl kaum zu überbieten, zeigen sie auf, wie wenig es Größe und Stärke braucht, um zu beeindrucken und zu berühren. Ist es nicht der Eros der Schönheit, der unser aller Sehnsucht gilt?

208

# Salta und Umgebung

# Inti – die Sonne der Inkas
## Salta

Wo Inti, die Sonne der Inkas, die Halbwüste flimmern lässt, liegt der äußerste Nordwesten des Landes, den die Argentinier El NOA (El Noroeste Argentino) nennen. Etwas mehr als eine Flugstunde trennen die Fährte des Jaguars von der Segelbahn des Kondors. Wir landen in Salta und beziehen unser Quartier im zentral gelegenen Boutiquehotel La Candela.

Salta, la Linda – die Schöne, liegt auf 1187 Metern Seehöhe im subtropischen Valle de Lerma, inmitten von grünen Andenausläufern. Die Stadt beherbergt über eine halbe Million Einwohner, die größtenteils hochland-indianischer Abstammung sind. Die gut erhaltene koloniale Architektur weist auf die spanischen Gründungsherren hin. Ab 1582 gehörte Salta zum Vizekönigreich Peru, nach dessen Abspaltung im Jahr 1776 zum Vizekönigreich Río de la Plata. Anfangs belieferten die Stadtbewohner die Silberminen bei Potsoí im heutigen Bolivien mit Nahrungsmitteln. General Manuel Belgrano errang hier im Zuge des argentinischen Unabhängigkeitskrieges, im Jahre 1812 seinen ersten Sieg gegen die Spanier. Im ausgehenden 19. und frühen 20. Jahrhundert ließen sich zahlreiche Einwanderer aus Italien, Spanien, dem heutigen Syrien und Libanon in der Stadt nieder und belebten Handel und Landwirtschaft.

Auf einem Rundgang durch Salta findet sich einiges Sehenswertes. So gibt es hier ein archäologisches Museum (Museo de Arqueología de Alta Montaña de Salta) mit makaberen Funden von Kinderopfern, die vom Gipfel des Vulkans Llullaillaco stammen. An der Plaza 9 de Julio erhebt sich eine prächtige Kathedrale aus dem 19. Jahrhundert. Sehenswert sollen weiterhin das Museo Historico sein, die Karmeliterabtei Convento de San Bernardo, deren Haupttor 1762 von indianischen Künstlern geschnitzt wurde, und die Iglesiea San Francisco im Rokokostil.

Da wir uns auf unserer Rundfahrt durch die Region noch einmal in die Stadt zurückkehren werden, begnügen wir uns heute mit der Erledigung organisatorischer Dinge. Ich fühle mich erschöpft. Körper und Geist benötigen offensichtlich wieder Zeit, den Wechsel zu verkraften. Die Gassen der Stadt kommen einem Backofen gleich. Weil die Sonne hier quasi im Zenit steht, bieten Gebäude keinen Schatten. Die Einheimischen halten sich tagsüber bevorzugt in den Häusern auf, die Geschäfte sind von Mittag bis fünf Uhr Nachtmittag geschlossen. So rücken auch wir erst wieder bei Anbruch der Dämmerung aus, um die schön beleuchteten Bauwerke rund um die Plaza zu fotografieren. Am Himmel türmen sich dunkle Wolken, die zwar der blauen Stunde, der Tageszeit für die Fotografie schlechthin, einen gehörigen Dämpfer versetzen, jedoch unseren Motiven einen kontrastreichen Hintergrund schenken. Unter den hoch aufragenden Königspalmen und gelb blühenden Jacarandabäumen (hier Ibirá-pitá genannt) genießt ‚halb Salta‘ die warme Abendluft. Straßenkünstler, Musikgruppen, Luftballonverkäufer, eine kleine politische Demonstration und Verkaufsbuden lassen die Plaza vor Leben überquellen.

Malerisch sind drei Indios in prächtigem Federschmuck, die auf diversen Flöten und Trommeln die Zuhörerschaft begeistern. Wenngleich es sich bei ihrer Darbietung um Folklore mit Begleitung aus der Retorte handelt, um die Zurschaustellung von Tänzen und Kleidung, die ihres ursprünglich rituellen Charakters beraubt sind, ist die Musik ergreifend, um nicht zu sagen zupackend. Ich empfinde sie an diesem touristischen Ort als authentisch genug, um die Stimmung des Augenblicks zu heben. Die größte Aufmerksamkeit erregen die zahlreichen Zamba-Darbietungen. Bei dem anmutigen, argentinischen Balztanz, der mit dem brasilianischen Samba nichts gemein hat, necken sich die Paare mithilfe eines weiße Taschentuchs. Die Kleider der Tänzerinnen sind eine wahre Augenweide.

Auf unserem Rückweg werden wir von einem Gewitter überrascht, das sich zu einem Unwetter auswächst. Wir flüchten in die überdachte Nische eines Lokals und beobachten, wie sich die Straße in einen Bach verwandelt. Lustigerweise scheinen die Einheimischen keine Schirme zu besitzen. Die meisten warten in einem Unterstand ab, bis das Schlimmste vorbei ist. Wir verkürzen uns die Zeit, indem wir zwei Cocktails bestellen. Der eine entpuppt sich als Erdbeermilch, der andere, ein Tequila sunrise, hält was er verspricht. Beide Getränke sind sehr günstig.

## Zwischen Teufeln, Gottesfingern und Kröten
### Quebrada de las Conchas, Fahrt nach Cafayate

Die Übernahme unseres Mietautos am Flughafen gestaltet sich dieses Mal als schwierig. Das Fahrzeug hat Reifen mit abgefahrenen Profilen. Weil wir auf unserer Runde auch auf unbefestigten Bergstraßen unterwegs sein werden, erheben wir Einspruch und bekommen schließlich einen zitronengelben Chrysler zugeteilt. Dieser ist auf den ersten Blick in Ordnung, also nehmen wir ihn. Kaum haben wir das Flughafengelände verlassen, fährt uns ein Mopedfahrer hinten auf. Der Schreck ist groß. Als wir sehen, dass abgesehen von ein paar Kratzern auf der ohnehin schon abgenutzten Stoßstange kein Schaden entstanden ist, fahren wir weiter. Dem jungen Mann fällt ein Stein vom Herzen. Endlich können wir unsere heutige Tagesstrecke von 180 Kilometern in Angriff nehmen.

Langsam geht es im regen Verkehr durch die Vororte von Salta, ehe es ländlicher wird und wir durch kleine Ortschaften mit hübschen, kolonialen Kirchen kommen. In Mercedes brutzeln am Straßenrand über hundert Hendlhälften auf einem etwa sieben Meter langen Riesen-Smoker und warten darauf, von den Bewohnern des Dorfes verspeist zu werden. Offenbar wird hier bald ein Asado, ein typisch argentinisches Grillfest, für die halbe Dorfgemeinschaft starten. Als wir den Rio Rosario queren, bestaunen wir sein zinnoberrotes Wasser. Es kündigt die Farbenpracht der Berglandschaft an, in die wir in Kürze gelangen werden. Blühende Tabakfelder begleiten die Straße, ehe die grünen Berge näher rücken.

Nach etwa 90 Kilometern Fahrt ab Salta erreicht die Ruta nacional 68 die Halbwüste und zwängt sich in die Quebrada de las Conchas, den 75 Kilometer langen Canyon des Rio de las Conchas und seiner temporären Nebenflüsse. Wir freuen uns auf die beeindruckende Fahrt durch eine der formenreichsten Buntsandsteinschluchten Argentiniens. Unterwegs laden skurrile Geländeformen zum Fotografieren ein: Da sind El Sapo (die Kröte), Los Castillos (die Burgen), Garganta del Diablo (der Teufelsschlund), El Dedo de Dios (der Finger Gottes) und El Anfiteatro (das Amphitheater). Konglomerate sowie Sandsteine, Silt- und Tonschichten verleihen der Schlucht ihren Formen- und Farbenreichtum. Während der Talboden grün, bewachsen von hitzebeständigen, stacheligen Gewächsen ist, dominiert in den vor Hitze starrenden Hängen die Farbe Rot. Malerisch sind auch die mächtigen Cardón-Kandelaberkakteen, die wenigen winzigen Wüstenhäuser der Indios und eine große Ziegenherde mit mächtigen Böcken. Die genügsamen Tiere sind geschickte Kletterer. Kein noch so winziges Blättchen im stacheligen Geäst entgeht ihnen. Unsere Fotostopps erweisen sich als ganz schön anstrengend. Das Thermometer unseres Autos zeigt 36 Grad.

Kurz vor Cafayate treten die Berge zurück. Die Straße führt durch Weingüter, um an der legendären Ruta Nacional 40 zu enden. Wieder einmal treffen wir auf die längste Fernstraße Argentiniens. Ein gitterförmiges Netz aus Gassen, eine belebte Plaza mit kolonialer Kirche, kleine, hübsch gestaltete Häuser in traditioneller Bauweise, Kunsthandwerksläden, traditionsreiche Weingüter, zumeist zu Fuß erreichbar – so zeigt sich uns Cafayate. Der Winzerort, dessen Name der Sprache der Cacano-Indios entnommen ist und ‚Wo man die Sonne begräbt' bedeutet, kann auf eine durchgehende Weintradition bis zu den Jesuiten verweisen, die hier bereits im 17. Jahrhundert dem selbst gekelterten Wein zusprachen. Die Region, in der wir uns während der nächsten Tage aufhalten werden, ist das höchste Weinanbaugebiet der Erde. Die Trauben der Gegend profitieren von der langen Wachstumsperiode und den zahlreichen Sonnenstunden. Auf den sandigen bis steinigen Böden der semifeuchten Hochebene gedeiht die Tor-rontés-Traube, die wahrscheinlich von der Missionstraube der Galicier abstammt. Aus ihr wird der trocken-fruchtige Torrontés-Wein gekeltert, ein weltweit bekannter Weißwein. Der Anbau im sogenannten Parral-System mit hohen Weinstöcken und dichter, dachartiger Belaubung schützt die Trauben vor übermäßiger Son-neneinstrahlung.

Unser Quartier beziehen und zu Abend essen – mehr schaffen wir heute nicht mehr. Weil wir vor 19.00 Uhr, schwach vor Hunger, nach einer Gaststätte suchen, sind wir wieder einmal viel zu früh dran. Die Einheimischen trudeln erst gegen 21.00 Uhr ein, eine Stunde später sind die Restaurants voll. Wir aber müssen mit dem einzigen bereits geöffneten Lokal Vorlieb nehmen. Zähes Fleisch macht auch satt, vor allem wenn man es mit Torrontéswein hinunterspült.

## Vom Geschäft mit Missionstraube, Mate und Macht
### Quebrada de Calchaquí, Fahrt nach Cachi

Am Beginn unserer heutigen Fahrt geht es durch Weingüter, die herrschaftlichen Anwesen gleichen. Die Besitzungen nehmen beinahe den gesamten, viele Kilometer breiten Talboden ein. Lediglich die offensichtlich aktiven Dünen verschaffen sich Raum. Ab dem Dorf San Carlos verwandelt sich die Ruta Nacional 40 in eine zunehmend abenteuerliche Schotterpiste, die Franz beim Steuern unseres Fahrzeugs volle Konzentration abverlangt. Immer wieder überraschen uns kleine Kirchen in der wüstenhaften Einöde. Während die Menschen in den Weilern viele der Adobe-häuser offensichtlich verlassen haben, harren die Heiligen in ihren liebevoll instandgehaltenen Gotteshäusern aus.

Weiter nordwärts gelangen wir in das Tal des Río Calchaquí. Wir können nachvollziehen, warum die Produzenten von Starwars die Szenen, die auf dem Wüstenplaneten Tatooine spielen, in den imposanten Gesteinsformationen des Wüstencanyons drehten. Die Landschaft hat etwas Außerirdisches an sich. Dabei ist ihr Erscheinungsbild auf gewöhnliche geologische und klimatische Faktoren zurückzuführen. Der Schluff zählt zu den am stärksten erodierenden Gesteinen der Erde. Große tageszeitliche Temperaturunterschiede, Wind und heftige Konvektionsniederschläge zersägen die Oberfläche des Gebirges, bis es aussieht wie die zerrissene Borke eines vor Urzeiten hingestreckten, riesenhaften Baumes. Beim Anblick des ständig wechselnden Wirrwarrs aus bleichen Graten und Zinnen, denen jegliche Richtung fehlt, drängen sich mir immer neue Vergleiche auf. Da liegt der Zackenkamm eines Drachen, dort tobt ein zu Stein gewordenes Gewitter mit grellen Blitzen aus Gesteinsadern. Malerisch fügen sich die Kandelaberkakteen in diese Szenerie. Runde Schlupflöcher in den Stämmen verraten die Anwesenheit des Kaktusspechts.

Völlig durchgerüttelt und verschwitzt halten wir nach fünf Stunden Fahrt im Oasendorf Molina. Dass wir hier neben einer interessanten Missionskirche aus dem Jahr 1659 die vornehme Hacienda de Molinos vorfinden, freut uns sehr. Wir haben eine Pause bitter nötig. Umgeben von den weißen Mauern des in kompakter Viereckform angelegten Anwesens speisen wir vorzüglich und günstig im Innenhof, unter einem riesigen, sicher über hundert Jahre alten Falschen Pfefferbaum: ich Quinoa con verduras (Quinoa mit Gemüse), Franz Schweinsschulter in Honig-Bier-Sauce mit Kartoffel-Kürbispurée. Die Hacienda ist ein Beispiel für die Verbindung von ästhetischem Anspruch und einem wohlbegründeten Sicherheitsbedürfnis. Nach dem letzten Indigena-Überfall auf das Dorf im Jahre 1735, schaffte das Tal den Aufschwung zur bedeutenden Getreidekammer der Region.

Weil der Tag schon fortgeschritten ist und zudem dunkle Wolken aufziehen, verzichten wir schweren Herzens auf den 20 Kilometer langen Abstecher zur Estancia Colomé. Das älteste Weingut Argentiniens produziert in 3.000 Metern Höhe Weine der Weltklasse. Wenigstens bleibt uns nun für die restlichen fünfzig Kilometer ausreichend Zeit, denn der Straßenbelag, falls man von so etwas hier überhaupt reden kann, wird immer schlechter. Wenn man bedenkt, dass wir uns auf einer Nationalstraße befinden, noch dazu einer wirklich berühmten, begreifen wir nicht, dass die Strecke nicht wenigstens rudimentär in Stand gehalten wird.

Keine Brücken nur Furten, keine ausreichende Randbefestigung nur Steinwälle, denen man nicht zu nahe kommen sollte, Schmalstellen vor Kurven, Steinschlaggefahr von links und rechts, entsetzliche Querrillen etc. Allerdings ist dafür gesorgt, dass hängengebliebene Fahrzeuge mit Insassen abtransportiert werden können, denn alle 10 Kilometer finden sich Funkmasten für die Notrufnummer 911. Zu Fuß möchte hier offenbar niemand länger als nötig unterwegs sein. Querfeldeinwanderungen lässt man aufgrund des Bewuchses lieber sein. Dieser besteht nämlich aus relativ unscheinbaren Kakteen mit Stacheln, die sich als Widerhaken in der Haut festsetzen.

Am Abend erreichen wir Cachi, ein hübsches Dorf mit schneeweißen Häusern. Ein eigenartiges Fest auf der Plaza mit verschiedensten Darbietungen währt bis weit in die Nacht. Zauberer, indianische Sängerinnen, lokalpolitische Redner und Rapper wechseln einander ab. Die Iglesia de San José besticht durch ihren kolonialen Charme und eine aus dem löchrigen Holz des Kandelaberkaktus geschnitzte Einrichtung. Unsere Unterkunft Casa Pueblo Cachi finden wir wegen der im Ort herrschenden Kombination aus Baustellen und Einbahnsystem nur mit viel Mühe. Das stylische Ambiente des weißen, mehrstöckigen Häuschens gefällt mir, wenngleich das Zimmer einfach ausgestattet ist. Zudem werden wir freundlich von der Familie und Nachbarn mit Mate Jerba begrüßt und saugen natürlich folgsam aus dem silbernen Trinkhalm, sobald wir an der Reihe sind. Ein noch keine zwei Jahre altes Kind ist mit von der Partie und scheint das gesüßte Getränke zu lieben.

Zu einem kleinen Mate-Ritual eingeladen zu werden, gilt in Argentinien als Zeichen der Freundschaft. Der kleine Becher, randvoll mit Kraut, und die Thermoskanne mit exakt 80 Grad heißem Wasser zum Nachfüllen unter der Achsel gehören fast zum Outfit der Argentinier. Mit den koffeinhaltigen Blättern des immergrünen Matebaums, einer Stechpalmenart, verkürzt man sich die Zeit. Sie beruhigen und haben zugleich belebende Wirkung, vertreiben angeblich den Hunger und beeinflussen die Gesundheit insgesamt positiv. Vor allem aber ist Matetrinken Argentiniens kulturelles Symbol schlechthin, verbindet es doch im traditionsbewussten Land Gegenwart und Vergangenheit. Es gehört zum Gaucho wie die Kuh und das Pferd. In Gesellschaft wird der Mate, so nennt man auch den kleinen, rundlichen Becher, immer im Uhrzeigersinn von Hand zu Hand gereicht, wobei abstellen verboten ist. „Gracias" sagt man nur, wenn man genug hat.

Die Guaraní-Indiander der Region Missiones kennen Jerba mate schon seit präkolumbianischen Zeiten. Sie kauen die Blätter auf ihren Märschen durch den Regenwald und schätzen seine antibiotische Wirkung. Der Anbau von Matekraut blickt auf eine wechselvolle Geschichte zurück. Die Jesuiten verhängten über den Genuss des ‚Teufelstranks' schwere Strafen. Als sich das Kraut nicht ausrotten ließ, beanspruchten die Missionare das Monopol auf den Anbau für sich und machten diesen zur Haupteinnahmequelle ihres Gottesstaates. Die auf diese Weise zu Reichtum gelangten und von der spanischen Obrigkeit weitgehend unabhängigen Jesuitenniederlassungen waren der weltlichen Macht bald ein Dorn im Auge und wurden schließlich aufgelöst. Die Indianer schickte man zurück in den Regenwald.

# Die Wüste blüht
## Parque Nacional Los Cardones, Valle Encantado, Quebrada de Escoipe

Heute Morgen verzichten wir auf das Frühstück des Hauses, weil der Bäcker erst um halb neun Uhr das Brot vorbeibringt. Wir haben eine weite Fahrt vor uns und wollen früher starten. So reichen ein rascher Kaffee und das, gestern bei einer Indiofrau erstandene, Fladenbrot. Weil vom nächtlichen Gewitter noch dicke Regenwolken zwischen den Bergen hängen, müssen wir uns den Anblick des 6.380 Meter hohen Nevado de Cachi vorstellen, der sich unmittelbar hinter der Ortschaft erhebt. Zu Gesicht bekommen wir ihn nicht. Unser Auto beschwert sich raffelnd über die gestrige Misshandlung durch die Ruta 40. Wir sind froh, die Strecke vom Vortag nicht heute in Angriff nehmen zu müssen. Als Schlammpiste ist sie sicher ziemlich gefährlich.

Wenn sich das Leuchten der Landschaft unter bedecktem Himmel reduziert, haben die Kameras Pause und wir werden heute einmal rascher vorankommen, so denken wir. In Anlehnung an die berühmte Zugstrecke Tren de las Nubes, die von Salta zur chilenischen Grenze führt, taufen wir unsere Straße Ruta de las Nubes. Der erste Aussichtspunkt unserer Fahrt zeigt eine Kilometer lange, gezackte Sandsteinformation in den Hängen des Cerro Tintin. Sie nimmt sich im weichen Licht überaus mystisch aus. Wie in einer stehenden Brandung rollen Brecher heran, deren Steinkämme immer neue Farben ausschütten. Da schwingen sich dunkles Weinrot, Olivgrün, Ocker, bleiches Weiß, Grau, Gelb und Dunkelgrün ins Land, eine Bewegung, welcher die ziehenden Nebelschwaden zusätzlich Lebendigkeit verleihen. Mit dem Rasttag für unsere Kameras wird es wohl nichts, stellen wir bald fest, zumal ein Kaktusspecht uns fotografisch herausfordert. Als wir bereit zur Weiterfahrt sind, lugt die Sonne hinter den Wolken hervor und verwandelt die Sandsteinformation in ein Graffitigemälde. Jetzt zeigt sich deutlich, dass der so poetisch wirkende Anblick eine mächtige Abbruchkante erodierter Gesteinsschichten ist.

Wenige Kilometer weiter erleben wir ein kleines Wunder. Die Wüste blüht! Offenbar fallen die Niederschläge heuer ergiebiger aus, denn die gelbe Wildform der endemischen Amaryllis Ippeastrum tintineasis, die heute einen gelben Teppich auf die steinerne Ebene legt, blüht nur in besonders regenreichen Jahren. 100 mm Niederschlag entspricht hier dem Jahresdurchschnitt und 250 mm benötigt die Amaryllis, um zu blühen. Laut unserem Reiseführer soll dieser Fall nur alle zwanzig Jahre eintreten. Möglicherweise ändern sich die Bedingungen im Klimawandel oder wir haben einfach unverschämtes Glück.

Wir fahren in den Parque Nacional Los Cardones ein. Es folgt die Recta de Tintin, eine acht Kilometer lange Gerade, die direkt in einen Kakteenwald führt. Wie ein Nadelkissen erstreckt sich die Ebene in einer Höhe von 2.800 Metern bis zu den Hängen des 5.050 Meter hohen Cerro Malcante. Die gelben Austriebsspitzen der Kandelaberkakteen schimmern im Gegenlicht tatsächlich wie Kerzen. Auf einem kurzen Lehrpfad erfahren wir Wissenswertes über die beeindruckenden Pflanzen, die so unverwüstlich sind, dass sie der Wüste standhalten. Der Sämling braucht viele Jahre lang den Schutz eines niedrigen Gebüschs, mit dem der Kaktus in Symbiose lebt. In den ersten 8 bis 10 Jahren wächst der zukünftige Riese insgesamt nur 5 Zentimeter und lebt ständig in Gefahr zu dehydrieren oder vom Wind entwurzelt zu werden. Erst wenn er den Grundwasserkörper in der Tiefe der Erde erreicht, startet sein Höhenwachstum. Im Alter von 50 Jahren blüht er das erste Mal. Seine süßsauren Früchte werden von Tier und Mensch geschätzt, sein Holz liefert wichtiges Baumaterial. Ein makaberes Detail am Rande: Kaktusfällen, um an das wertvolle Bauholz zu gelangen, ist hierzulande eine häufige Todesursache.

Die Wüste schärft das Auge für das Leben im Verborgenen. Da ist die eigenartige Spur im steinigen Boden, die sich bei näherem Hinsehen als Ameisenautobahn erweist. Blattschneiderameisen haben es auch in der Wüste nicht leicht, denn sie sind winzig und transportieren eine sperrig-stachlige Last. Dort, am Straßenrand eine Vogelspinne? Die Beobachtung ist nicht gesichert, denn als wir anhalten und zurückfahren, ist sie weg. Zwischen Millionen von Kakteen ein Lama. Die Wüste schenkt dem Auge aber auch Weite. Wir stehen auf dem Aussichtspunkt Ojo del Condor, dem Auge des Kondors, und sind aufgefordert unseren Blick in die Ferne schweifen zu lassen; Eine beeindruckende Rundsicht auf die Ebene Tintin, an deren Ende sich die Sandsteinwellen unwirklich wie eine Fatamorgana ausnehmen.

## Fatamorgana

*Weil mein Hören*
*den Sinus vernimmt,*
*das Auge über den Horizont stolpert ...*

*weil die Glasluft keine Spur zieht,*
*bloß das Herz erodiert zur Fatamorgana*
*und nichts ist als ...*

*weil der Schatten in den Boden sticht,*
*weder folgt noch führt*
*wie der eines Geistes ...*

*weil die Lippen spröde aufreißen,*
*außerstande, die Große Frage zu stellen,*
*ohne die Große Antwort zu erwarten ...*

*wird aus der Wüste kein Gedicht.*


*Duanna Mund*

Auf dem 3.548 Meter hohen Pass Piedra del Molino ändert sich die Szenerie schlagartig. Der 5.012 Meter hohe Cerro Negro hemmt den weiten Blick und badet das Auge urplötzlich in der Farbe Grün. Seine stürzenden Flanken aus dunklem Basaltgestein sehen aus, als wären sie in einen faltenreichen Samtmantel gehüllt. Von nun an wird die Landschaft hochalpin. Die Straße windet sich in Kehren hinunter in die mit Regen gesegnete Quebrada de Escoipe. Doch bevor wir die Bergstraße in Angriff nehmen, wartet auf uns noch das Valle Encantado. 5 Kilometer nach dem Pass führt ein nicht ganz ungefährlicher, schlammiger Stichweg in das ‚Verwunschene Tal'. Sanfte Almen, unterbrochen von leuchtend roten Felsgruppen laden zum Wandern ein. Auf unserer eineinhalbstündigen Runde sichten wir im Himmel gelbschwarze Singvögel und einen weißen Greifvogel in Adlergröße, im Grün eine Herde Wildpferde, von zwei Hirtenhunden aufmerksam bewachte Ziegen mit einem einzigen schwarzen Schaf in der Mitte. Unter den zahllosen Blumen entdecken wir leuchtend rote Adonisröschen und dunkelblaue, winzige Orchideen. Völlig unerwartet schwirrt ein Kolibri über das Blumenmeer.

Bevor wir unsere Fahrt fortsetzen unterhalten wir uns auf dem Parkplatz mit einer österreichischen Familie. Es sind erst die dritten Landsleute, denen wir auf unserer mittlerweile zwei Monate währenden Reise begegnen. Über die Cuesta del Obispo sticht die Straße in einem steilen Zickzackkurs 2.200 Meter hinunter in das weite Hochtal von Salta. Die Strecke ist unübertroffen schön, in ihrer majestätischen Kulisse am ehesten mit der Dalsnibba Norwegens zu vergleichen. Weiter unten tauchen wir in den subtropischen Wald ein, der mit Säulenkakteen durchsetzt ist. Die mächtigen Verzweigungen der Stachelriesen scheinen mit den Bäumen zu konkurrieren. Ausgehungert und durstig fallen wir in das erste Indio-Café ein, das sich uns im Tal bietet. Alfajores, diverses Kleingebäck, garantiert hausgemacht, und ein Brühkaffee müssen fürs erste reichen. Am Abend schließen wir den Bogen unserer dreitägigen Rundfahrt und erreichen müde aber begeistert Salta.

# Eine Reise in die Vergangenheit – koloniale Landgüter
## Fuerte de Cobos,Finca El Bordo de las Lanzas

Die wenigen Exemplare historischer Estancias der Region sind Zeugen einer gefährlichen, später prunkvollen Vergangenheit. In der Blütezeit der reichen Kolonie lag hier das sagenhafte Potosí, von dem man sich erzählte, die Silberbarone pflasterten die Gassen mit Barren aus dem Edelmetall. Im wirtschaftlichen Zentrum zur Versorgung Oberperus waren geschäftstüchtige Einwanderer zu protzigem Wohlstand gelangt. Bevor es soweit war, musste aber die kriegerische Anfangszeit der Besiedlung überstanden werden. Die Inkas waren erst wenige Jahre vor den Spaniern in den äußersten Nordwesten des heutigen Argentiniens vorgedrungen. Sie und andere indigene Stämme verteidigten, ohne Rücksicht auf das eigene Leben, ihren Anspruch auf das Land.

Wir besuchen heute zwei historische Estancias, die den Wandel von der Trutzburg zur prachtvollen Landschaftsarchitektur zeigen. Fuerte de Cobos ist das älteste erhaltene Landhaus der Region. Dicke Adobemauern mit kleinen Fenstern und ein nur von innen begehbarer Balkon signalisieren die Wachsamkeit und Verteidigungsbereitschaft der ehemaligen Bewohner. Die Bezeichnung Festung war der übliche Sprachgebrauch für diese Estancias. Heute liegt Fuerte de Cobos als kulturelles Denkmal verlassen in einem von Mauern eingefassten, wilden Garten mit eigentümlichen Flaschenbäumen.

Die Finca El Bordo de las Lanzas hingegen ist ein seit der Gründungszeit durchgehend bewohntes Juwel kolonialzeitlicher Landsitz-Architektur. Der erste repräsentative Wohnraum geht auf die Mutter des Freiheitskämpfers Martín Miguel de Güemes zurück. Kurz bevor wir das Gut erreichen, versperrt uns ein reißender Fluss den Weg. Offenbar hat es in den letzten Tagen hier heftige Niederschläge gegeben und die Furt ist unpassierbar. So sind wir gezwungen, einen Umweg über das Valle Siancas zu machen.

Die Ortschaften zeigen das normale Leben der Argentinier abseits vom gewinnbringenden Tourismus. Zwei Industriebetriebe geben zwar der Bevölkerung Arbeit, dennoch ist das Leben hier offensichtlich geprägt von Armut. Zahlreiche Gauchito-Gil-Altäre am Straßenrand zeigen, wie sehr sich die Menschen in ihrer finanziellen Not mit dem Robin-Hood-Pendant identifizieren. Der katholischen Kirche des Landes wären Marienkapellen mit Sicherheit lieber, aber gegen die Volksheiligen ist offenbar nichts zu machen. An einer Kreuzung nützen Autoputzer die Minute der Rotphase, um die Windschutzscheiben der Fahrzeuge zu säubern, Kinder verkaufen Empanadas. Eine Frau bittet uns um eine Spende für die Bomberos, die Freiwillige Feuerwehr. Für 100 Pesos erhalten wir ein Dankeschön-Zettelchen, das einen Feuerwehrmann in Siegerpose zeigt. In seinem Rücken steht segnend ein schöner Jesus, wie man ihn aus diversen Hollywoodschinken kennt.

Als wir die Finca El Bordo de las Lanzas erreichen, werden wir von der Familie des Gutes herzlich empfangen, obwohl wir uns nicht angekündigt haben. Die Tochter des Hauses, ein etwa 20 jähriges Mädchen, führt uns durch die prunkvoll, mit Silberschmuck ausgestatteten Räume. Wuchtige Möbel aus Edelhölzern, ein wertvoller Sattel als Huldigung an den Gauchomythos, eine uralte Bibel, die wir nicht anzugreifen wagen, aus Angst, das Papier könnte unter unseren Fingern zerfallen. Das Interieur ist eine einzige Schatzkiste. Türen, Schwellen, Schlösser und Fensterrahmen wurden bei der Renovierung des heute als Hotel genutzten Hauses von Abbruchhäusern aus der Kolonialzeit entnommen. Erstaunlicherweise finden sich arabische Elemente in der Anlage. Spanien stand bei der Entdeckung Amerikas noch stark unter dem Einfluss Nordafrikas, hatte es sich doch eben erst von der arabischen Vorherrschaft befreit. Weiße Wände, ein Brunnen im Patio, Balustraden und Vorläufer von Einbauschränken sind nordafrikanischen Ursprungs. Der Rosengarten und zahlreiche Bäume, von Reisen aus aller Welt als Sämlinge mitgebracht, erzählen vom gärtnerischen Verständnis der Großmutter der Familie. Am meisten aber beeindruckt mich die unglaubliche Bibliothek des Herrenhauses, welche mit Sicherheit einen großen historischen Schatz darstellt. Die verstaubten Buchreihen beinhalten vorwiegend politische Werke und bezeugen den hohen intellektuellen Anspruch des Großvaters. Ich entsinne mich eines Zitats des großen argentinischen Dichters Jorge L. Borges ( 1899 – 1986): „Yo, que me figuraba el Paraiso bajo la especie de ua biblioteca."

Zu Deutsch: „Ich habe mir das Paradies immer als eine Art Bibliothek vorgestellt."


## Kunstwerke von Mensch und Natur
### Jujuy, Quebrada de Humahuaca

Während unseres gestrigen Besuchs auf der Hacienda war mir übel. Bei der Rückfahrt nach Salta musste ich mich übergeben. Sonnenstich oder etwas Falsches gegessen? Heute fühle ich mich nur unwesentlich besser und verbringe den Großteil der Fahrt durch die Quebrada de Humahuaca auf dem Beifahrersitz schlafend. Wenn ich aus dem Auto steige, erschlägt mich fast die Hitze. So zieht alles an mir vorbei, ohne wirklich in mein Bewusstsein vorzudringen. Einzig der Besuch der Provinzhauptstadt San Salvador de Jujuy bleibt mir in Erinnerung. Nachdem wir das Auto in den abenteuerlichsten Parkplatz, der uns je untergekommen ist, gequetscht haben, finden wir in der Catedral de San Salvador de Jujuy Schutz vor der sengenden Sonne. Die goldglänzende Kanzel sowie Gemälde im Stile der Cusco-Schule kennzeichnen das Hauptschiff. Als Eigenart des Innenraums fällt die mit Ornamenten bemalte, gewölbte, hölzerne Decke in Blau auf. Die Skulptur des liegenden Jesus, die dem spanischen Bildhauer Juan Martínez Montañes zugeschrieben wird, zählt zu den bedeutendsten Christusdarstellungen des Landes. In einem Seitenschiff erfährt die Statue Nuestra Señora del Rosario tiefe Verehrung.

Eine Frau versucht uns mit Inbrunst klar zu machen, vor welch herausragendem Heiligtum wir stehen. Das einzige, was ich ihrem Wortschwall entnehme, ist ihr Vergleich mit der Marienfigur von Lourdes. Die Kathedrale ist aber auch historischer Boden. So wurde hier am 25. Mai 1812 die erste Flagge Argentiniens gesegnet. Danach schworen die Truppen des Unabhängigkeitskrieges auf diese ihren Eid.

Auf der Fahrt durch die Quebrada, die seit 2003 UNESCO-Weltnaturerbe ist, halten wir nur an dem Aussichtspunkt La Paleta del Pintor, der Palette des Malers, oberhalb der Ortschaft Maimará. Das grüne Oasendorf unter spitzwinkeligen, bunten Gesteinsfalten gibt ein hübsches Bild ab. In dem auf 2.500 Meter hoch gelegenen Städtchen Tilcara beziehen wir unser Quartier. Die Posada con los Ángeles besteht aus Bungalows rund um eine kleine Gartenoase in wüster Umgebung. Ich lege mich ins Bett und schlafe sofort ein. Franz erforscht noch die Umgebung und besucht einen winzigen Wasserfall mit dem großspurigen Namen Garganta del Diablo. – Teufelsschlund? Sehr witzig, vergleicht man ihn mit seinem Namensvetter in Iguazú!

## Die Palette des Malers
### Tilcara, Purmamarca

Wir haben in den weiß getünchten Adobemauern unseres Zimmers gut geschlafen. Das erste Mal seit wir uns im heißen Teil Argentiniens aufhalten, kommen wir in den Genuss einer Unterkunft ohne Klimaanlage. Offenbar isolieren die dicken Lehmmauern so gut, dass keine Kühlung notwendig ist. Welch ein Luxus ohne die meist schlecht zu regulierenden Ungetüme über dem Bett zu schlafen! Ich fühle mich genesen und mein Unternehmungsgeist ist wieder erstarkt.

Wenngleich Tilcara eindeutig ein Travellerzentrum ist, hat es sich viel von seinem ursprünglichem Flair erhalten. Dies liegt vor allem daran, dass die Bevölkerung zu überwiegenden Teilen aus

226

Indigenas besteht. Das Colla-Reich war in der Vergangenheit das wichtigste der Aymarakönigreiche, die seit dem Ende des 12. Jahrhunderts Teile des heutigen Boliviens, Perus und Argentiniens einnahmen und um 1455 von dem Inka Pachacutec erobert wurden. Die Colla in Tilcara sind kleinwüchsige Menschen mit gedrungenem Körperbau. Sie verhalten sich Fremden gegenüber reserviert aber durchaus freundlich. Auffallend sind ihre dichten, schwarz-glänzenden Haare, die den Frauen als prachtvoller Schmuck weit über den Rücken fallen. Viele junge Männer tragen Schmachtlocken, um die sie selbst Elvis beneidet hätte.

Wegen seiner zahlreichen Museen rühmt sich das hübsche Oasenstädtchen als kulturelles Zentrum der Region. Rund um die Plaza finden sich eine Sammlung zu präinkaischen Kulturen wie beispielsweise die der Tiwanaku, Diaguita und Nazca und zwei Kunstausstellungen, das Museo de Bellas Artes Fundación Hugo Irureta und das Mueso Regional de Pintura José Antonio Terry. Für das letztgenannte reicht unsere Zeit. Nach dem Museumsbesuch werfen wir noch einen Blick auf die Plaza mit ihren dicht aneinander gereihten Verkaufsständen voller Kunsthandwerk. Überhaupt gleicht der gesamte Ort einer Ausstellung volksnaher Graffitikunst, die an den Hauswänden Motive aus dem täglichen Leben, dem aufregenden Umland und mythologische Symbole der reichen Vergangenheit präsentiert.

Auf unserer Rückfahrt bestaunen wir bei Maimará den Cementerio Nuestra Señora del Carmen, einen Friedhof vor den Gesteinszacken der Paleta del Pintor. Die Ursprünge der Grabstätte reichen in die präkolumbische Zeit zurück. Vom Dorf Purmamarca führt der drei Kilometer lange Weg Paseo de los Colorado durch die Hügel und wieder zur Plaza zurück. Wenngleich er auch mit dem Auto befahren werden darf, entschließen sich fast alle Touristen für die langsamere Variante zu Fuß. Glücklicherweise brennt heute die Sonne nicht vom Himmel, sodass wir die Runde wirklich sehr genießen. Die regennassen Farben sind zwar dunkler aber auch fotogen. Detailverliebt schichtet, knollt, schachtelt und zackt sich der erodierte Sandstein zu fantastischen

Formen, die sich uns im gemächlichen Tempo erst so richtig erschließen. Die Tiefblicke auf das Dorf im grünen Talboden sind malerisch. Über den Adobehäusern weht die Flagge der Indigenas mit ihren farbenfrohen Quadraten. Kleine Schwärme von Minipapageien jagen übermütig wie Horden von Lausbuben durch die Luft.

Weil es neben dem überbordenden Kitsch der Marke Anden-Schnick-Schnack im Ort auch geschmackvolle Kunstläden gibt, bleiben wir nicht gänzlich verschont von der Einkaufswut der Touristen. Es macht Freude, einem der Einheimischen über die Schulter zu schauen, während er ein Schmuckstück anfertigt und dieses dann aus der Hand des Künstlers entgegenzunehmen. Wir beobachten so manchen Reisenden, der, mit einem Riesenstück löchrigen Kaktusholzes über der Schulter, einen der Läden verlässt, und fragen uns, ob sein Mitbringsel beim Heimflug in den Rucksack passt oder als Handgepäck durchgehen wird.

Auf der Rückfahrt geht es vorerst noch durch die wilde Schlucht. Angesichts der allgegenwärtigen Steinschlaggefahr bemängle ich die fehlende Absicherung der Straße, was Franz launig mit „Die Touristen wachsen ohnehin nach", kommentiert. Nachdem wir die Berge hinter uns gelassen haben, erreichen wir wieder das Hochtal von Salta. Wir genießen die rasche Fahrt auf der ersten Autobahn, die wir bisher in Argentinien befahren haben.

# Pampa und Zwischenstromland

# Grande finale

# Anders als beabsichtigt
## Im Tigredelta

Buenos Aires hat uns wieder. Ab heute sind wir glücklicherweise im Besitz eines Mietautos und verschaffen uns somit die Bewegungsfreiheit für die Erkundung des nördlichen und westlichen Umlands der Capitale. Als unsere erste Unternehmung haben wir uns eine Fahrt zum Tigredelta vorgenommen. Wenngleich es zur Kolonialzeit die Heimat von Schmugglern und Piraten war, stellt es heute ein beliebtes Ziel für einen Tagesausflug dar. Noch in der Stadt kommen wir an der großen, stählernen Floralis Generica des Künstlers Eduardo Catalanos vorbei, die sich morgens öffnet und nachts wieder schließt wie eine lebendige Blume. Dann schwingen wir uns auf die zeitweise neunspurige Autobahn und erreichen problemlos nach einer vierzigminütigen Fahrt den Ort Tigre.

Unser erster Weg führt in die Touristeninformation der Estacion Fluvial, wo wir erfahren, dass heute der Katamaran zur Isla Martin García nicht fährt, weil es Montag ist. Der Puerto de Frutos, der malerische Obstmarkt, hat aus demselben Grund geschlossen. Betroffen schlendern wir die Kanäle entlang und beobachten die überfüllten Lanchas colectivas. Die öffentlichen Boote, die wie Busse im Labyrinth aus Kanälen auf festen Routen verkehren, hinterlassen bei uns keinen sehr einladenden Eindruck. Als wir nicht weiterwissen, kommt Fernando, der Retter gestrandeter Touristen mit dickem Geldbeutel. Charmant, überzeugend und geschäftstüchtig macht er klar, dass wir an diesem Abend zwar um € 200,-- leichter, ihm aber unendlich dankbar sein werden für eine private Tour durch das Delta. Auf einer Karte zeigt er uns das fantastische Netz aus Wasserläufen und Inseln, eine Welt, die ununterbrochen ihr Erscheinungsbild ändere, weil die Wasserläufe zuwüchsen und wieder neue Wege suchten. Die Tiefenangaben des Übersichtsplans sind in Zentimetern! Fantastische Vögel warteten auf uns, Schwimmen im Rio de la Plata und die verborgenen Wasserwege zu den Dörfern der Isleños, der hier geborenen Insulaner. Letztere würden sich gewaltig von den Isleros, den ins Umland gezogenen Stadtbewohnern unterscheiden. Unsere Bedenken, wir hätten keine Badesachen mit, keine Handtücher, keine Getränke, zerstreut Fernando lachend und zeigt uns auf seinem Handy-Display an Softdrinks nippende, krebsrote, sich oben ohne rekelnde Damen von früheren Ausflügen. Widerstand ist zwecklos – wir machen mit.

Fernando überantwortet uns seinem ebenso charmanten Compagnion Sergio, einem Sportlehrer und begeisterten Hobbyfischer, der sich in den Ferien sein katastrophal geringes Gehalt aufbessert, und los geht es. Auf dem Rio Lujan, dem Hauptfluss, von dem die Kanäle zu den Wochenendhäusern der Städter abzweigen, herrscht reger Verkehr. Neben den Lanchas kreuzen auch schwer beladene, schwimmende Krämerläden und Kajakboote unser Fahrwasser. Sergio erzählt, dass es hier für die Seelsorge einen flusswandernden Priester gäbe. Nicht lange und wir zweigen in einen der schmalen Seitenkanäle ab. Langsam schließt sich das Blätterdach der Ceibowälder über uns. Häuser auf Pfählen schimmern durch das Astwerk, ein jedes mit einem privaten, drei bis vier Meter hohen Anlegesteg. Der Wasserspiegel des Deltas schwankt offensichtlich stark. Als wir in das Biosphärenreservat vordringen, endet die Besiedlung und wir sind mit dem Lehmwasser, seiner grünen Oberwelt und den Vögeln allein. Am Scheitelpunkt unserer Fahrt öffnet sich der Blick auf das Süßwassermeer des Rio de la Plata mit der Skyline von Buenos Aires in etwa 30 Kilometern Entfernung. Jedes Jahr schiebt sich die 50 Kilometer breite Mündung des Paraná 90 Meter weit in Richtung Atlantik.

Jetzt ist es Zeit für eine Matschwanderung. Ohne lange zu fragen, ob es uns recht ist, springt Sergio in das undurchsichtige Lehmwasser und geht voran. Der Untergrund ist, wie erwartet, glitschig. An manchen Stellen schlittern wir in hüfthohes Wasser und reißen im letzten Moment unsere mit Teleobjektiven bestücken Kameras in die Höhe. Aber es zahlt sich aus, denn wunderschöne Vögel verbergen sich im Schilfdickicht, das nicht einmal mehr den Weg für Boote freigibt. Sergio erklärt uns, was wir sehen: Cocoireiher, die größte Art dieser Spezies in Südamerika, Silberreiher, Kormorane, schwarze Macas mit langen gebogenen Schnäbeln und zwei freche Kardinalvögel in zinnoberrotem Federkleid. Wieder zurück beim Boot, sind wir aufgefordert, zu schwimmen. Über und über mit Lehm beschmiert, versenken wir uns in die Fluten des ruhigen Gewässers - ein fantastisches Erlebnis! Erstaunlich sind die unterschiedlichen Temperaturen der Strömungen, die manchmal von einer Hand zur anderen an die 10 Grad Differenz aufweisen. Und weil es so schön ist, liefern wir uns zuletzt übermütig eine kleine Schlammballschlacht.

Wer nun glaubt, man bade hier in einer unappetitlichen Suppe, täuscht sich. Der Rio de la Plata hat Trinkwasserqualität, weil sein mächtiger Lehmkörper wie ein biologischer Filter wirkt. Seine an den Puma gemahnende Farbe hat somit nichts Negatives zu bedeuten. Die gesamte Metropole Buenos Aires bezieht ihr Wasser ausschließlich vom Fluss.

Erfrischt fahren wir nun zu einem kleinen Pfahlhaus-Café, um mit einem Cerveza unseren Durst zu löschen. Hier treffen wir Fernando mit zwei jungen Belgierinnen wieder. Offenbar hat sich der Chef des Zweimann-Unternehmens eine knusprigere Ladung gegönnt, während Sergio sich um das in die Jahre gekommene Ehepaar kümmert. Liegt es daran, dass unser warmherziger Guide selbst schon in die Jahre gekommen ist, jedenfalls scheint er sich mit uns gut zu amüsieren. Die fröhliche Stimmung mündet in einer improvisierten Tango-Stunde. Sergios dritter Beruf ist Tangolehrer! Zuletzt erhalten wir eine To-do- und Not-to-do-Anleitung für Tanzabende. Die wichtigste Regel sei einfach: nie gegen den Strom tanzen. Immer schön links herum. Sergio verspricht, mir Fotos von seinen Schülern zu schicken, den Kleinen wie den Großen, die er im Tangotanz unterrichtet.

Als wir uns am Abend von unserem vielseitigen Kapitän verabschieden, finden wir, dass jede Minute der kostspieligen Tour mit Safari Delta ihr Geld wert war. Interessant ist auch die Zahlungsmodalität am Ende unseres Ausflugs. Da wir im Hotel noch US-Dollar haben, kommt Sergio kurz vor 23.00 Uhr bei uns vorbei und übernimmt den ausgemachten Betrag in bar. Wahrscheinlich horten die Argentinier jeden Euro und Dollar im Sparstrumpf, weil dieser im Zuge der Inflation des Pesos an Zahlungskraft gewinnt. Nachdem das Geschäftliche erledigt ist, will Sergio uns noch zum Tanzen in seinen Lieblingstanzschuppen abschleppen. Leider sind wir fix und fertig, während er, als typischer Argentinier, kurz vor Mitternacht erst so richtig auflebt.

„Nos mantenemos en contacto" (Wir bleiben in Kontakt) verspricht Sergio, ehe er uns zum Abschied drückt und abbusselt.

### Dulce de leche

liegen
wie Mutter Puma
lehmbraun gescheckt

die Glieder räkeln
lässig der Sonne zu
und grün mich träumen

frei offener Leib
durchströmt
heimelig dunkel

und Silberfische stehen
in freundlichen Wasserhöhlen
meines Innenraums

kitzeln
saugen sich fest
und nippen von der Süße der Milch

draußen machen sich Sonnenstrahlen fest
an mir
die ich lichter bin

als der Muttermund
der ewig
Gebärenden

das Haupt mit schwimmenden Locken
voller Bedauern
festzuhängen

*lieber*
*dem Atlantik zu*
*stülpten*

*langsam*
*und stetig*
*wie das Delta*


*Duanna Mund*

# In der Pampa – im übertragenen Sinn
## San Antonio de Areco, Estancia Ombú de Areco, Estancia La Porteña

Westlich von Buenos Aires liegt die symbolische Heimat der Gauchos, mit deren glorifiziertem Lebensstil sich besonders Großstädter gerne identifizieren. Nach dem Motto „Vamos al campo!" (Fahren wir aufs Land!) strömen deshalb Heerscharen von Städtern jedes Wochenende in die Pampa. Wir haben heute Dienstag und werden wohl San Antonio de Areco, die nostalgische Hauptstadt der Pampa, in beschaulicher Stimmung erleben. Aber vorerst ist es noch nicht so weit, zuerst müssen wir durch des Verkehrsgewühl der Großstadt.

Unsere Fahrt auf der Avenida Carlos Pelegrin gerät zu einem Spießrutenlauf oder einem Lehrstück für Europäer in lateinamerikanischer Fahrtechnik, je nachdem, wie man es betrachtet. Zuallerlerst lernen wir, dass die Linienführung der Fahrspuren lediglich optischer Aufputz und keinesfalls als verpflichtendes Leitliniensystem aufzufassen ist. Bekommt ein Verkehrsteilnehmer nämlich die kleinste Möglichkeit, sich vorzuschwindeln, schwankt dieser zwischen den Fahrspuren hin und her. Entweder sind alle Blinker der Stadt kaputt oder man findet es hier einfach uncool, den anderen Verkehrsteilnehmern anzukündigen, was man in der nächsten Sekunde zu tun gedenkt. Ich beobachte zwei Lenkrad-Piloten, einer von ihnen ein Taxifahrer, die sich, offensichtlich im Testosteronrausch, einen Zweikampf um die Benutzung eines Fahrstreifens liefern. Als der Private nicht nachgibt, geht der Taxifahrer auf ‚Blechfühlung' und klappt mit seinem Seitenspiegel ‚gefühlvoll' den des Konkurrenten um. Dieser schaut verdutzt, greift mit der Hand durch das geöffnete Fenster und richtet den Spiegel wieder zurecht. Eine Ampel weiter kommen beide Fahrzeuge nebeneinander zu stehen. Wer sich jetzt Kraftausdrücke und erhobene Stinkefinger erwartet, täuscht sich. Ein kurzes Wortgefecht, eigentümlich emotionslos, als kreuze man die Degen, und die Sache ist vergessen.

Schlussendlich haben wir es geschafft und verlassen nach etwa 100 Kilometern Fahrstrecke die Autobahn. Die Landstraße zeigt, was wir befürchtet haben: Zäune, die Rinder offensichtlich in Ställen, in jedem Fall für uns unsichtbar, überall Mais- und Sojafelder. Verzweifelt erkenne ich die Zusammenhänge. Hier wird nur noch Billigfleisch produziert, sowohl für den gewaltigen Fleischkonsum der Argentinier, als auch für den Export. Zähneknirschend erinnere ich mich an die Bemühungen der EU um einen Freihandelsvertrag mit den Mercosur-Staaten. Money makes the world go round ... solange sie noch steht. Glücklicherweise scheiterte der Vertragsentwurf Anfang 2020 an der Ablehnung Österreichs.

Die ehemalige Steppe, die sich über die Provinzen Buenos Aires, La Pampa, Santa Fé und Córdoba erstreckte, hat ihr Erscheinungsbild grundlegend verändert, ebenso wie das Leben der Gauchos kaum mehr seinem Mythos von rauer Wildwest-Freiheit entspricht. Der argentinische Cowboy galt als eine Art Mönch der Pampa, als ein Huachu, zu Deutsch Weiser, wie ihn die Hochlandindios auf Quechua nannten. Aber er galt auch als Outlaw. So lautete die Bezeichnung der Mapuche für ihn weniger schmeichelhaft cauchu, Vagabund. Der Gaucho kannte keine Schule, keine feinen Manieren, dennoch war er der Inbegriff männlicher Tugend und Aufrichtigkeit, quasi ein Ritter der Pampa. Vor allem die Intellektuellen unter den Argentiniern haben heute verständlicherweise ein ambivalentes Verhältnis zur sogenannten Pampa gringa, einer Region mit Agrarindustrien der Gringos, der Nachfahren europäischer Einwanderer. Diese funktionierten ihre Ländereien zu einem exportorientierten Moloch um. Vor allem aber verübelt man den Kapitalisten, dass sie die Gauchos zu Knechten degradierten, die für ein paar hundert Pesos im Monat in einer Agrarfirma schuften und, bis zur Unkenntlichkeit entstellt, in Overall und Gummistiefeln daherkommen.

Früher überschritt man nach den Vororten von Buenos Aires eine Zivilisationsgrenze und gelangte in eine unendliche Weite, von der am schönsten die Dichter schwärmten. In ihr bleibe unklar, wo das Land ende und der Himmel beginne. In der Weite der beinahe baumlosen Steppe lasse es sich am besten über die Unendlichkeit nachdenken, philosophierte beispielsweise Jorge Luis Borges und schwärmte von ihr mit den Worten „Langmütige, raue Pampa, die du schon im Himmel bist."

Aber der Lauf der Welt wird nicht von Dichtern bestimmt. Die ersten Rinder kamen im Gepäck der spanischen Eroberer. Sie verwilderten und vermehrten sich, ebenso wie die Pferde, auf dem flachen Weideland, bis sie erst den Indigenas, später den Gauchos ins Lasso gingen. Wer heute noch argentinische Cowboys nach altem Schlag erleben will, begibt sich skurrilerweise am besten in die Hauptstadt. Im Viertel Mataderos, am südöstlichen Rand von Buenos Aires, kann man an einem Wochenende die Feria de Mataderos besuchen. Triefend vor Nostalgie schwelgt man dort bei Darbietungen hoch zu Ross, verfolgt den Pato, die Gauchovariante des Polos, bei der eine lebende Ente in einem Ledersack in einen Korb geschleudert wird, und bestaunt im Rahmen von Sortijas, wie Reiter in vollem Galopp einen herabhängenden Ring zu erhaschen suchen. Das Publikum beklatscht artistische Kunststücke, um der Wahrheit nicht ins Gesicht sehen zu müssen: Der Gaucho ist tot.

Angesichts dieser Tatsache suchen wir die Vergangenheit in den Museen von San Antonio de Areco und stehen wieder einmal vor verschlossenen Türen. Ist es der Dienstag, der dem noch verschlafener wirkenden Montag folgt oder die wirtschaftliche Krise? Jedenfalls ist hier nichts los. Am Abend gewähren die Werkstätten der Silberschmiede, Sattler und Gürtler einen Einblick in ihre Arbeit, tagsüber sind die Rollos heruntergelassen. Wenigstens gibt es einige hübsche Estancias in der näheren Umgebung, sagen wir uns und fahren los.

Die erste, mit Namen Cinacina finden wir wenige Blocks westlich der Plaza Ruiz de Arellano. Die Estancia Ombú de Areco und die Estancia La Porteña liegen vornehm aber einsam im Umland, umgeben von Feldern, mit wenigem Vieh auf den Weiden und Stallungen für die Pferde.

Am besten gefällt uns La Porteña. Man erreicht die ehrwürdigen Gebäude nämlich durch das wie ein Tor geschlossene Blätterdach einer schönen Allee. In diesem inspirierenden Landsitz entstand das berühmte Gaucho-Epos Don Segundo Sombra, eine Verherrlichung des Landlebens. Der Autor, ein Adeliger namens Ricardo Güiraldes, hatte mit dem realen Leben der Gauchos wenig zu tun aber offensichtlich die Gabe, sich in dieses hineinzuversetzen.

Wie so oft auf unserer Reise, fasziniert mich vor allem die Natur. Hier sind es die unzähligen Vögel, die die Wiesen und Bäume bevölkern: Schwärme von kleinen Papageien, prächtige Falken, Tauben, sowie kleine und große Flugkünstler, die ich nicht kenne. Einen solchen Himmel voll Leben und Gesang wünschte ich den Menschen in Europa zurück!

Der Begriff Estancia bedeutet übrigens ursprünglich Kratzbaum und bezieht sich auf einen Punkt, an dem man früher einen Pfahl aus Hartholz in den Boden rammte. Diesen suchten die halbwilden Pamparinder in der baumlosen Ebene auf, um sich das Fell zu reiben. Auf diese Weise gingen sie den in provisorisch zusammengezimmerten Hütten wartenden Gauchos ins Lasso. Bald wurden aus den Unterständen wehrhafte Gebäude gegen die Überfälle der Indigenas, später prächtige Landsitze. In La Porteña entdecken wir ein altes Nebengebäude, dessen Mörtel noch mit dem Blut der geschlachteten Rinder gefärbt wurde und auf diese Weise sein für alte Estancias charakteristisches Rosa erhielt. In vielen der Herrenhäuser kann man sich in hochpreisige Zimmer einmieten und Urlaub auf dem Bauernhof auf Argentinisch genießen. Selbst die Patrones können es sich heute nicht mehr leisten, am hohen Ross zu sitzen und geben sich notgedrungen mit dem gewöhnlichen Volk ab.

In San Antonio wohnen wir in der netten Alma de Proa mit Räumen um einen hübschen Innenhof und einem winzigen Pool. Die hier wohnende Großfamilie bevölkert mit Kind und Kegel die Örtlichkeit. Der Sohn des Hauses, der aufgrund seiner Englischkenntnisse mit uns kommuniziert, schüttet uns förmlich sein

Herz aus, als wir von der Schönheit Argentiniens schwärmen. Noch vor kurzem habe er in Buenos Aires als Journalist gearbeitet. Innerhalb von zwei Jahren sei sein Gehalt auf weniger als die Hälfte geschrumpft. Sein Vater habe in der Hyperinflation des Jahres 2001 alles verloren. Die einzige Chance, zu bleibenden Werten zu gelangen, sei der Besitz von Dollars oder Euros. Den Banken traue hier niemand mehr. Deshalb würden die Menschen auch ihr gesamtes Gehalt zu Monatsbeginn abheben, um es zu Hause zu horten. Wir schlussfolgern, wie chancenreich die Vermietung von Privatquartieren für Argentinier ist.

Am Ende seines Klageliedes erzählt uns der junge Mann mit leuchtenden Augen, dass er sich im vergangenem Herbst einen Lebenswunsch erfüllt und mit seinem Vater eine Europreise unternommen habe. Er wäre auch nach Österreich gekommen. Wir erfahren, dass sein Aufenthalt jede Woche teurer geworden wäre, weil der Peso kontinuierlich an Wert verloren habe. Wie wir das in Europa gemacht hätten nach den Zerstörungen des Zweiten Weltkrieges, wundert er sich. Schulterzuckend meint er zuletzt: „What we in Argentina learn, is to survive. That´s our thing, nothing else."

## In der Silberschmiede der Gauchokunst
### San Antonio de Areco, Rosario

Heute Morgen finden wir das Museo Nacional y Taller Abierto de Plateria Gauchesca geöffnet vor. Wir läuten am schweren Tor eines kleinen Stadtpalais und es wird uns freundlich aufgetan. Der Sohn des mittlerweile verstorbenen, legendären Meisters Juan José Draghi erklärt uns, was es hier zu sehen gibt. Dann zieht er sich wieder in die Werkstätte zurück, um seine unterbrochene Arbeit fortzusetzen. Er ist gerade dabei, Silberhalterungen für Matebecher zu fertigen. Seine Werke stehen in der Tradition des Vaters, welche eine Symbiose aus Begabung, autodidaktisch angeeigneter Kunstfertigkeit und handfester Gauchophilosophie darstellen. Der Meister festigte den Ruf von San Antonio als Mittelpunkt der Kunst der Plateros, der Silberschmiede, die vorwiegend Gebrauchsgegenstände des täglichen Lebens herstellen. Die künstlerisch herausragendsten Werke Draghis sind dem damals noch lebendigen Gauchobedarf verpflichtet. Im Museum ausgestellt sind rastras (Ledergürtel mit Silbermünzen verziert), facónes (Dolche), estribos (Steigbügel), espuelas (Sporen), baleadoras (Kugeln an Lederriemen, die zum Einfangen der Rinder verwendet wurden), rebenques (kurze Peitschen) – alles natürlich überreich mit Silber verziert. Das edle Metall, welches die Kunstschmiede aus den bolivianischen und peruanischen Anden bezogen und heute noch beziehen, gehörte natürlich auch in den Haushalt der patrones und ihrer Familien. Während ich Spiegel, Bilderrahmen und allerlei Zierrat bewundere, ersteht vor meinem inneren Auge die prunkvolle Raumausstattung einer Estancia.

Heute wartet noch ein Fahrt ins 200 Kilometer entfernte Rosario auf uns. Zuerst führt die Landstraße durch die Pampa, was uns Gelegenheit gibt, die Charakteristik der Landschaft fotografisch einzufangen. Dann machen wir in rascher Fahrt auf der Autobahn Kilometer. In Rosario beziehen wir ein Zimmer im siebenten Stock des Hotels Roberta Rosa de Fontana und parken unser Mietauto auf einem bezahlten Abstellplatz. Die Unterkunft ist sehr günstig. Umgerechnet € 20,-- kostet die Nacht im geräumigen Etablissement mit Küchenzeile. Man merkt, dass wir nun nicht mehr auf einer typischen Touristenroute unterwegs sind. Was erwartet uns in Rosario, der drittgrößten Stadt Argentiniens? Obwohl es noch heiß ist, brechen wir zu einer Stadterkundung auf.

Über die Avenida Cordoba, eine Fußgängerzone mit schönen, aber leider in die Jahre gekommenen Bürgerhäusern, erreichen wir die Plaza 25 de Mayo. Die hohen Bäume verdecken fast das Ensemble aus Kathedrale und Palacios. Wir queren den Platz. Nun öffnen sich die Häuser über die Prachtpromenade Pasaje Juramento hin zum Fluss. Weiter geht es durch das gigantische Monumento a la Bandera mit seinem 75 Meter hohen Turm, von dem man einen schönen Blick auf die Stadt hat. Endlich stehen wir am Rio Paraná. Obwohl der Anblick beeindruckt, genießen wir ihn nicht allzu lange. Wir leiden unter der Hitze und schleppen uns in der prallen Sonne die Uferpromenade entlang. Die zahlreichen Fischer und Fischerinnen, die direkt neben den Prohibido-pescar-Schildern (Fischen verboten) ihre Angel in die braunen Fluten halten, entlocken uns ein erschöpftes Lächeln. Tapfer drehen wir noch eine Runde zum Geburtshaus Che Guevaras. Lediglich ein Schild weist darauf hin, dass eines der Idole des Landes hier das Licht der Welt erblickte.

Weil das traditionsreiche Café Cairo, in dem Schriftsteller, Künstler und Journalisten verkehren sollen, nur wenige Blocks von unserem Hotel entfernt ist, brechen wir am späteren Abend noch einmal auf. Unerwartet geraten wir in eine Milonga, wieder einer der beliebten Tanzabende für ältere Semester. Die Paare sind fein herausgeputzt und üben Figuren und Beinschwünge, während sie sich in vorgeschriebener Richtung im Kreis bewegen. Nicht wenige schweben förmlich vorbei und träumen sich mit geschlossenen Augen in den Tangohimmel. Nach jeder dritten Nummer gibt es eine Unterbrechung, damit sich die Tanzpartner neu mischen können. Lustigerweise werden während dieser Pausen überlaut völlig artfremde Nummern gespielt wie beispielsweise Saturday Night Fever oder Daddy Cool aus den 80er Jahren. Die Tanzfläche bleibt leer. Leider sind wir zu sehr aus der Übung und auch zu feig, um die Tangofreaks mit einer Einlage zu überraschen.

# Entre Rios – im Zwischenstromland
## Fahrt nach Colon, Rio Uruguay

Nachdem wir gestern schon dem Paraná unsere Aufwartung gemacht haben, begleitet uns der Fluss auch heute mit seinen Lagunen, Sümpfen, Seitenarmen und Seen. Wir queren den gewaltigen
Hauptstrom auf einer Brücke und fahren anschließend fünfzig
Kilometer lang auf dem Viaducto Rosario-Victoria durch die den
Fluss begleitende Wasserpfanne. Der Rest der Fahrt verläuft er-
eignislos durch extensiv genutztes Farmland und Steppe. Am frühen Nachmittag beziehen wir in Colón eine wahre Luxuswoh-
nung für die wir pro Nacht lediglich € 30,-- bezahlen.

Wieder macht uns die Hitze zu schaffen. Aber der Ort ist
hübsch und für argentinische Verhältnisse auch tagsüber relativ
aufgeweckt. Bald wird klar, dass wir uns hier in einem beliebten
Badeort befinden; Keine Playa am Meer, dafür der Sandstrand
des Rio Uruguay – auch nicht schlecht. Bevor wir uns in den
dunklen Fluten erfrischen, speisen wir noch zu Mittag. Wie es
sich hier gehört, wählen wir Fisch: ich einen Pescado Dorado, einen Goldfisch also, allerdings auch Tiger von Paraná genannt, bis
zu einem Meter lang und 20 Kilogramm schwer; Franz einen Pescado Pacu, der es auf 25 Kilogramm Gewicht bringen kann. Mit
solchen Schwergewichten im Magen schwimmt es sich wohl nicht
so gut. Obwohl, es sind ja Fische, der Fluss ist träge und Life-
guards wachen über die Sicherheit der Schwimmenden. So stre-
ben wir frohgemut durch die Badegäste zum Ufer, als ich plötzlich k.o. gehe. Ein Fußball ist mit voller Wucht gegen meinen
Kopf geprallt. Mein Kiefer, Nacken und das augenblicklich an-
schwellende Jochbein sind gehörig durchgerüttelt und schmerzen.
Natürlich ist der Möchtegern-Maradona wie vom Erdboden verschluckt. Die einzigartige Möglichkeit im Rio Uruguay zu
schwimmen lasse ich mir dennoch nicht entgehen.

# Im Palmenwald
## Parque Nacional El Palmar

Nach den vielen Höhepunkten unserer Reise wartet heute noch ein letzter Nationalpark auf uns. Im Parque Nacional El Palmar kann man sich einen Eindruck verschaffen, wie die gesamte Region Entre Rios und Uruguay ursprünglich ausgesehen haben. Palmen kennt man für gewöhnlich als einzeln oder in kleinen Gruppen stehende Baumgestalten. Sie in einem Palmenwald zu erleben ist etwas Besonderes. Abertausende über 18 Meter hohe Yatay-Palmen halten im Naturschutzgebiet ihre zitternden Federhäupter in den dunkelblauen Himmel. Die meisten von ihnen sind sehr alt, was man ihnen gar nicht ansieht, weil sie so schlank und biegsam wirken. Die Yatay erreichen nämlich ein Alter von 200 bis 400 Jahren.

Iguazú hat seine Nasenbären, el Palmar seine Wasserschweine – die einen frech und ziemlich aufdringlich, die anderen phlegmatisch und zurückhaltend. Carbinchos nennt man hier die zur Familie der Meerschweinchen zählenden Capybaras. Mit einer Rückenhöhe von einem halben und einer Länge von einem Meter sind sie die Giganten unter den Nagetieren. Ein ausgewachsenes Männchen bringt 75 Kilogramm auf die Waage. Die Carbinchos haben Schwimmhäute zwischen den hufähnlich verdickten Zehen, weil sie viel Zeit in Wasserläufen und Tümpeln verbringen. Zur Fellpflege tragen sie Vögel auf dem Rücken herum, die sich an ihrem Ungeziefer laben. Kommt man ihnen zu nahe, blähen sie die Nasenlöcher und quieken ein bisschen wie ein Meerschweinchen. Aber eigentlich bringt sie so gut wie nichts aus der Fassung. Blickt man in ihre kleinen Augen, versinkt man förmlich in einem Meer aus Gemütsruhe.

Als wir uns dem Rio Uruguay nähern, machen die Palmen Galeriewäldern Platz, in denen Leguane, Kolibris und Schmetterlinge zu Hause sind. Als Besonderheit des Parks kann man den Morpho catenarius argentinus bewundern, den Argentinischen Flaggenschmetterling – eine weiße Schönheit, die es auf eine Flügelspannweite von 11 Zentimetern bringt. Wie ein Irrlicht sirrt der Schmetterling in wippendem Flug durch das dichte Geäst des Unterholzes, setzt sich kein einziges Mal nieder, solange wir in seiner Nähe sind. Was für ein scheues Wesen, so schnell, dass wir nicht einmal die Zeichnung seiner Flügel zu erkennen vermögen! In seiner Gesellschaft scheint sich ein Kolibri wohl zu fühlen. Zwei flüchtige Erscheinungen, unfassbar wie schön.

## Zitterschlag

*Von allen Flatterwesen*
*bin ich vom flatterhaftesten bewohnt*
*Achtzigmal in einem Odem*

*und balzt es sich vor Leben*
*zweihundertfach es zitterschlagt*
*jenseits von Zeit*

*Ein Zwinkern bloß*
*Gedankenflügel selbst verblassen*
*ob der Dynamik*

*im Augenblick verflogen*
*unbrauchbar*
*eurem Nutzen zu dienen*

*Dafür kolibri-tapfer*

*und*
*auf*
*und*
*davon!*


*Duanna Mund*

Im geschützten Bereich des Parks darf man an einer Stelle des Ufers im Rio Uruguay baden. Über einen sehr heißen, gelben Sandstrand kommt man zum stillen Gewässer, das einem See gleicht. Obschon die Sicht im braunen Wasser gleich null ist, erscheint seine Oberfläche unter dem Sommerhimmel wie ein silberner Spiegel. Rio de la Plata wird der Fluss nach seiner Vereinigung mit dem großen Bruder Paraná hundert Kilometer weiter südlich heißen – vielleicht doch kein so unpassender Name, wie es auf den ersten Blick erscheint.

## Es darf gelacht werden! Carnaval del País
### Gualeguaychú

Ein Sonnenaufgang am Rio Uruguay? Die Vorstellung klingt derart verlockend, dass wir um halb Sechs dem Ruf unseres Weckers folgen und in die Dämmerung des Tages aufbrechen. Der Spiegel des Flusses wird sich der Sonne sicher würdig erweisen und ihr ein morgendliches Bad vergönnen, so unsere Hoffnung. Allerdings haben wir die Rechnung ohne die mittlerweile zur Genüge bekannte Affinität der Argentinier zur Nacht gemacht. Schon auf dem Weg zum Ufer kommen uns ‚Untote‘ entgegen, die sich beeilen, vor dem Tageslicht in ihre dunklen Löcher zu verschwinden. Wir ahnen Böses. Und wirklich: Das Flussufer dröhnt im Discobeat der Strandbar. Die Tanzfläche ist noch immer überfüllt mit Nachtvögeln, die sich eigentümlich schwankend zum Wummern der Lautsprecher bewegen und ab und zu einen Blick aufs Handydisplay werfen, als gälte es die Termine des Tages zu regeln. Am Sandstrand lümmeln mäßig Betrunkene herum und schießen im Augenblick des großen Auftritts der Sonne Selfies. Es fällt schwer, angesichts dieses Rummels in Stimmung zu kommen, wenngleich das Erwachen der Natur natürlich schön ist. Zudem sollten wir für die Feierlaune der Jugend eigentlich Verständnis haben, denn unser heutiger Tag steht unter dem Motto ‚Lass es einmal so richtig krachen‘. Am Abend werden wir den

Carnaval del País in dem Städtchen mit dem unaussprechlichen Namen Gualeguaychú besuchen. Unsere Merkhilfe, die nach Tagen den Übens geholfen hat, geht so: Qualle, why und Schuh – so spricht man das nämlich aus. Also: Warum trägt die Qualle einen Schuh? – es darf gelacht werden, heute ist ja Fasching!

Erwartungsvoll treten wir die Tagesfahrt von etwas mehr als 100 Kilometern an. Wie in Patagonien scheint man auch hier Gauchito Gil zu verehren. Wir halten an einem Einkehrort, der der Verehrung von Jesus, Maria und dem argentinischen Robin Hood gleichermaßen dient. Frische Getränke und brennende Kerzen weisen darauf hin, dass wir heute nicht die ersten Besucher der rot beflaggten Statue sind. Autofahrer hupen grüßend im Vorbeifahren zu dem Volksheiligen herüber.

Weil wir so früh unterwegs sind, geht sich ein kleiner Abstecher zum Palacio San José aus. Hier lebte der große Caudillo der Region. Im spanischen Sprachgebrauch verwendet man diesen Ausdruck für einen Anführer, in bewusster Anlehnung an den Führer des deutschen und italienischen Faschismus. Justo José de Urquiza (1801 – 1870), General und Gutseigentümer, Groß-schlachthofbesitzer und Bankier stieg zum Präsidenten der argentinischen Föderation auf und pflegte in seiner Machtfülle einen unverschämt luxuriösen Lebenswandel, bevor er in seinem Palacio San José ermordet wurde. 30 Kilometer westlich von Concepción del Uruguay kann man nun dieses Lustschluss besichtigen: zweitürmig, reich verzierte Fassade in Rosa, zwei von Arkaden gesäumte Innenhöfe, ein französischer, ein exotischer und ein englischer Garten mit Teich und venezianischen Brücken ... Urguiza feierte hier Feste im Stile des Sonnenkönigs. Nach seinem Tod war eine Million Hektar Land an 28 anerkannte Kinder von verschiedenen Müttern zu verteilen. Von allen Narreteien seines Lebens ist dem Mann nichts geblieben. Er stellte seine Büste einem Kreis voran, der anderen Harlekins des Größenwahns der historischen Weltbühne huldigt: Caesar, Napoleon und Fernando Cortez.

Wie erfreulich, dass man heute für einen Besuch seines

Schlosses kein Ticket kaufen muss und dieses somit jedem armen Schlucker Eintritt gewährt. Wir begegnen auf unserem Rundgang auch sympathischen Größen, die die wahren Herrscher der Anlage sind. Da ist ein prächtiger Leguan, der sich von meiner aufdringlichen Kamera in keiner Weise aus der Ruhe bringen lässt. Ungerührt schreitet er hoheitsvoll zu einem Wasserbecken, um zu trinken. Seine lange, rosarote, gespaltene Zunge schnalzt, während sie die hornigen Lippen benetzt. Im Himmel regiert das geschwätzige Volk der Mönchsittiche, deren Lebensstil durchaus zum Ambiente des Parks passt. Die grünen Papageien mit bläulich-grauem Köpfchen bauen nämlich prächtige Gemeinschaftsnester hoch oben im Geäst der Palmwedel. Dieses Verhalten ist eine Besonderheit unter den Papageienvögeln, die in der Regel in Höhlen brüten. Die Nester sind quasi in Wohnungen unterteilt, die jeweils von einem Paar bewohnt werden. Jede Einheit besteht wiederum aus mehreren spezialisierten Kammern zum Schlafen, Brüten und gemütlichem Zusammensitzen. Die Nester selbständig gewordener Jungtiere werden in der Nähe der Altvögel gebaut. Verständlich, dass meine ganze Aufmerksamkeit den schnatternden Clowns der Lüfte gilt.

Zu Mittag erreichen wir Gualeguaychú, fahren gleich zum 38.000 Besucher fassenden Corsódromo, um unsere Tickets in Empfang zu nehmen. Dann haben wir noch ausreichend Zeit, uns auszurasten, ehe wir uns in den kühleren Abendstunden in das Narrentreiben werfen wollen. In der Stadt, die als das Zentrum des argentinischen Karnevals gilt, geht es bunt zu, wenngleich geordneter als im brasilianischen Rio. Gefeiert wird nur an den Wochenenden, während die restlichen Tage einem normalen Arbeitsrhythmus unterliegen. Zu Karten zu kommen, war fast ein Ding der Unmöglichkeit und glich einem schlechten Faschingsscherz:

November – zu Hause: Sitzplätze ausgesucht, Versuch mit Kreditkarte zu zahlen, scheitert an der Eingabe der Reisepassnummer; Dezember – Patagonien: Neue Sitzplätze ausgesucht, weil alte verfallen, Überweisung des fälligen Betrags auf ein argentinisches Konto funktioniert nicht, weil das österreichische Kreditinstitut keine argentinischen Pesos aufweist; Anfang Jänner – Buenos Aires: neue Sitzplätze ausgesucht, weil alte verfallen, Versuch bei einer Vorverkaufsstelle der Stadt zu Karten zu kommen, vergeblich; Mitte Jänner – Iguazú: neue Sitzplätze ausgesucht, weil alte verfallen (jedes Mal werden die Sitzplätze schlechter!!!), erneuter Versuch, mit Kreditkarte zu zahlen, glückt. Bei der Eingabe der Reisepassnummer darf man das vorangestellte U nicht eingeben, dann klappt es!!!!!! Eine Woche vor dem Karneval muss die Reservierung heruntergeladen und ausgedruckt werden, damit sie am Tag der Veranstaltung in ein Ticket umgewandelt wird. Die größte Narretei an der Geschichte: vorgestern erhielten wir drei E-Mails mit Zahlungsaufforderungen für unsere verfallen geglaubten Karten. So witzig kann der Carnaval del País gar nicht sein, dass wir darüber noch lachen können.

Im Bestreben, mich irgendwie zu verkleiden, vergreife ich mich an den kleinen, grünen Federchen der Papageien, die wir im Park des Palacio San José aufgesammelt haben. Leider habe ich keine Möglichkeit, diese an meinen Haaren zu befestigen. Elf Federn als Symbol für Jux und Narretei wären mir gut gestanden und hätten mich den Ursprüngen des Karnevals im Mittelalter näher gebracht. Die Elf stand damals für den Narren, der den 10 christlichen Geboten sein eigenes hinzufügt. Der Narr erhob sich somit über die Moral der Gesellschaft. Der Name Karneval leitet sich von carne vale (Italienisch) ab und bedeutet ‚Fleisch, lebe wohl!' Nach der närrischen Zeit folgt ja, wie wir wissen, nach katholischem Verständnis, die Fastenzeit. Die vorchristlichen Wurzeln weisen auf germanische Frühlingsfeste hin, was hier in Gualeguaychú, angesichts der Narrenhitze, keine Bedeutung hat. Bekanntermaßen verkleideten sich bei uns in Europa die Menschen zu Winterende, um die Geister und Dämonen der dunklen Zeit auszutreiben und die Frühlingsgeister zu wecken. In Südamerika schwelgt man hingegen in afroamerikanischem Lebensgefühl, in einer Symbiose aus verschiedensten ethnischen Einflüssen, die zu einer faszinierenden Kultur verschmolzen. Soweit meine mentale

Vorbereitung, ehe es endlich losgeht.

Als die Sonne sich dem Horizont nähert, brechen wir auf und genießen vorerst noch das Strandleben am Rio Gualeguaychú. Dann schlendern wir in Richtung Corsódromo, der riesigen Tribüne, in der Hoffnung, schon vor der Veranstaltung und noch bei Tageslicht einige hübsche Motive für unsere Kameras zu entdecken. So finden wir uns bereits um acht Uhr abends bei den Tribünen ein, obwohl der Korso erst zwei Stunden später beginnt. Leider finden wir nur Verkaufsbuden vor, an denen sich die Besucher mit diversem Karneval-Accessoire eindecken. Diejenigen, die sich von Berufsfotografen Kränze aus Plastikfedern um die Schultern legen lassen, dürfen sich für eine Minute wie eine exotische Sambatänzerin fühlen. Auf dem Foto werden die Freunde zu Hause den schrillen Dekor wohl nicht als den billigen Schund erkennen, der er in Wirklichkeit ist. In einer Kneipe vertreiben wir uns die Zeit bei Hot Dog und Papas fritas, werfen, leider erst nachdem wir gegessen haben, einen Blick auf die katastrophalen, hygienischen Bedingungen in der Küche und schütten sicherheitshalber noch einen Wodka nach.

Als wir im Corsódromo unsere Plätze einnehmen, freuen wir uns über die gute Ausleuchtung durch die Flutlichtanlage. Während wir auf den Beginn des Umzugs warten, dröhnt bereits schrille Sambamusik aus überdimensionalen Lautsprechern sowie die enthusiastische Stimme eines ‚Einpeitschers‘. Ekstatisch hält er die Silben der Wörter in endlos langen Melismen und Hochtönen aus. Die Ränge füllen sich langsam und die Party kann beginnen. Bewaffnet mit Schaumsprühdosen, Bier, Zuckerwatte und Chips, dekoriert mit blinkenden Haarreifen, leuchtenden Zauberstäben und schrillen Plastikkronen läuten die Zuseher das Fest ein. Die meisten hält es nicht lange auf den Sitzen. Der Samba ergreift von ihnen Besitz. Auf den Rängen können wir keinen einzigen Ausländer entdecken. Welch ein Unterschied zum Karneval in Rio! Offenbar füllen hier die Bewohner der nahen Hauptstadt die Tribünen, immerhin ist gerade Ferienzeit. Als sich die Gäste endlich in die Besucherreihen zurückziehen, beginnt auf dem Passeo der Tanz der Schaben. Vom Flutlicht angelockt und vom Wummern der Bässe aus den Löchern gebeutelt, hüpft und düst das Ungeziefer auf dem Korso hin und her. Es wird ein Totentanz der Unterwelt, denn das erste Karnevalsfuhrwerk rollt bereits heran.

Wir haben uns Plätze in der ersten Reihe geleistet, was durchaus erschwinglich war. Ein Sitzplatz kostet umgerechnet € 25,--. Die Kameras sind richtig eingestellt, alles bereit also. Da wird das Licht heruntergedimmt und unsere Vorbereitungen sind zunichte gemacht! Der erste Wagen, effektvoll von hektischen Verfolger-Scheinwerfern bestrahlt, zieht vorbei. Dann lange nichts. Alles wartet gespannt. Und wirklich – jetzt geht es so richtig los. Unsere Hoffnungen erfüllen sich und das Flutlicht flammt wieder auf. In drei Durchgängen zieht die Parade an uns vorbei, jedes Mal mit neuen Choreographien und Themen in teils riesigen Arrangements. Der desfile, wie der Umzug der argentinischen Sambaschulen hier genannt wird, steht wie der brasilianische musikalisch ganz im Zeichen des Samba enredo. Jede Gruppe führt mit jeweils an die fünfzig Musikern und Tänzern ihre eigenen enredos genannten Themen auf.

Die Musik lässt sich analysieren: Polyrhythmik, die unterschiedlichen Ebenen aus Beat und Off-Beat übereinandergelagert, Elementarpulsation und Timeline-Pattern ... Vor allem aber Percussion, Percussion, Percussion. Aber an nichts dergleichen denke ich, als das Feuerwerk an Phantasie und Lebensfreude an mir vorbeizieht. Da sind nur schöne, junge Menschen mit sehr viel bronzefarbener Haut. Da vibriert erotischer Hüftschwung und aufreizendes Popo-Gewackel. Da vollführen grazile Arme ihren autonomen Tanz, der mit den fließenden Bewegungen des restlichen Körpers nichts zu tun hat. Muskelbepackte Jünglinge verkörpern eine männliche Ästhetik zwischen Adonis und Schwarzenegger; anziehend ihr verführerisch lasziv Muskelspiel im goldglänzenden, gebräunten Waschbrettbauch.

Im Laufe des Abends mischen sich immer mehr Wasserspender unter die Protagonisten, denen man, besonders beim dritten

Durchgang, die Anstrengung ansieht. Die exzessiven Bewegungen in den aufwendigen Kostümen und unter dem sicher schweren, opulenten Federschmuck erschöpfen selbst die Durchtrainiertesten unter den Darstellern. Nicht zu vergessen, die Temperaturen liegen jetzt, in der Nacht, bei etwa 28 Grad Celsius, die Luftfeuchtigkeit ist hoch. Wir fragen uns, ob die Tänzer vor unseren Augen lediglich ihre große Leidenschaft ausleben, oder ob sie eine finanzielle Abgeltung für ihren allwöchentlichen Einsatz während der Karnevalszeit erhalten. Reichen die Eintrittsgelder aus, die sicher hohen Kosten der Umzüge mit den aufwändigen Kostümen und allegorisch geschmückten Wagen hereinzuspielen? Wohl eher nicht. Auf alle Fälle gibt es zwischen den Durchgängen Paraden, die auf die Sponsoren der Veranstaltung aufmerksam machen.

Um halb zwei Uhr in der Früh ist die Fiesta des Sambas zu Ende. Sicher wird auf der Straße vor dem Corsódromo noch bis zum Tagesanbruch weitergetanzt. Wir aber holen uns ein paar Stunden Schlaf, ehe wir unsere Rückfahrt nach Buenos Aires antreten.

# Don't cry for me Argentina
## Rückfahrt nach Buenos Aires, Cementerio de la Recoleta

Etwas übernächtigt gehen wir den heutigen Tag an. Weil es heißt, sich nun vom ländlichen Argentinien zu verabschieden, verbringen wir noch eine sehr angenehme Stunde in einem Café, auf einer schattigen Terrasse oberhalb des Flusses. Dann schwingen wir uns auf die Panamericana und queren das Zwischenstromland, der beiden sich ständig umbettenden Flüsse Uruguay und Paraná. Die den großen Strömen angeschlossenen Seen und Sümpfe, sowie der vom Wurzelwerk fixierte Boden bilden gewaltige Schwämme, die sich nach Bedarf vollsaugen und entleeren. Die Straße legt angeblich 150 Kilometer zurück, ehe sie wieder auf festen Fels gelangt. Für den Nord- und den Südarm den Paraná benötigt sie zwei Schrägseilbrücken, deren Fundamente 70 Meter im Grund ankern. Wir können uns gut vorstellen, wie es hier bei Hochwasser aussehen muss. 1983 brauchte der Paraná 200 Tage, um sich nach einer verheerenden Flut wieder in sein Flussbett zurückzuziehen. Damals sollen nicht nur Menschen sondern auch Myriaden von grünen Papageien und Nutrias in langen Kolonnen auf der Straße Schutz gesucht haben.

Nach dreistündiger Fahrt hat uns die Großstadt wieder – die Vororte, noch durchsetzt von Gärten, dann ein Slum und ein Gewerbeviertel mit seinem Geflecht an anarchistischen Stromleitungen. Es folgen die ersten historischen Prachtbauten der Hauptstadt, Bankenzentralen, in denen das Kapital zu Hause ist. Im Viertel Recoleta halten wir an der berühmten Totenstadt, dem Friedhof de la Recoleta, und bestaunen den Figurenschmuck der rund 7.000 Mausoleen, die, wie kleine Häuser aneinandergereiht, schmale Gassen bilden. Die Berühmteste der hier Begrabenen ist Evita Perón in der Familiengruft der Duartes. Blumen im schmiedeeisernen Tor bezeugen die Verehrung, welche ‚der Engel der Armen' bis heute genießt.

Die uneheliche und somit illegitime Tochter eines reichen Grundbesitzers kämpfte sich ehrgeizig zuerst als Schauspielerin, dann als Radiosprecherin nach oben. An der Seite des aufstrebenden Präsidenten Perón wurde sie zur ersten Frau des Staates. Die vornehmen Kreise der Gesellschaft vergaßen ihre Herkunft nie, das Volk sah in ihr eine Frau aus seinen Reihen. An der Seite ihres Mannes trug Evita maßgeblich dazu bei, ihrer beider Macht zu festigen. Einer linken Doktrin folgend, gewannen die Arbeiter in Argentinien nie gesehene Rechte, wie bezahlten Urlaub und gesetzlich verankerten Arbeitsschutz. Dennoch darf nicht übersehen werden, dass das Paar die Gewerkschaften in seine Gefolgschaft zwang und dass unter ihrer Herrschaft Regimekritiker verfolgt wurden. Evita schuf mit öffentlichen Geldern eine Privatstiftung, mit der sie Bedürftigen half, aber auch die Festigung ihrer Position als vermeintliche Retterin der Armen finanzierte. Sechs Jahre begleitete sie ihren Mann an der Macht, ehe sie einem Krebsleiden erlag. Ihren Tod am 26. Juni 1952 betrauerten Millionen. Die arrivierte Gesellschaft hingegen feierte ihn, ebenso wie die Amtskirche des Landes, diese nur heimlicher. Der Geistlichkeit war die Quasi-Heilige des Volkes nämlich schon lange ein Dorn im Auge gewesen, weil sich Evita in deren Zuständigkeit für gute Werke eingemischt hatte. Perón hielt sich nach dem Ableben seiner Frau lediglich drei weitere Jahre an der Macht, ehe er ins Exil gezwungen wurde. Dass man für Alan Parkers Verfilmung von Andrew Lloyd Webbers Musical ‚Evita‘ Madonna als Hauptdarstellerin gewinnen konnte, bezeugt die Anziehungskraft, die so viele Jahre nach Evitas Tod von der charismatischen Frau ausgeht. Wer kennt sie nicht, die schmelzend-sentimentale Melodie von ‚Don´t cry for me, Argentina‘, die Abschiedsworte, die Webber Evita in den Mund legte?

Auch für uns liegt an dem letzten Tag vor unserer Abreise Abschied in der Luft. Wir nehmen im traditionsreichen Lokal La Biela an der Plazoleta Juan XXXIII, im Schatten eines über zweihundert Jahre alten Ficusbaumes, unser verspätetes Mittagessen ein. Die von Eisenträgern gestützten Äste der ehrwürdigen Baumgestalt beschatten einen Kreis mit einem Durchmesser von ca. 40 Metern.

Die restlichen Ziele, die wir glauben, heute noch abklappern zu müssen, erweisen sich als wenig inspirierend. Die riesige Grünfläche des Parkes Tres de Febrero ist von breiten Straßen durchschnitten, die Bäume zu weit auseinander stehend, um ausreichend Schatten zu bieten. Dem Park fehlt die Romantik, die wir von europäischen Grünanlagen gewöhnt sind. Zugegebenermaßen hübsch sind die Lagos de Palermo und der Rosengarten, welcher heute allerdings geschlossen ist. Im Jardín Japonés gewährt man uns glücklicherweise Eintritt. Der japanische Garten mit seinen roten Brücken und Tempelchen, mit streng geschnittenem Buschwerk und Teichen voll prächtiger Kois ist übervoll mit Touristen und Einheimischen. Mitten in der dröhnenden Großstadt kommt auch hier bei uns wenig Stimmung auf.

Von der Plaza San Martin kommend, einem von Palais umgebenen, ansteigenden Areal mit riesigen Bäumen, schlendern wir zuletzt noch durch die Einkaufsmeile La Florida und bestaunen die Galeria Pacifico. In ihr geben sich die Reichen und Schönen unter Freskengemälden dem Luxus-Shopping-Erlebnis hin, während draußen auf der Straße Arbeitslose versuchen mit illegalen Geldwechsel-Angeboten über die Runden zu kommen. „Cambio! Cambio! Cambio!", tönt es aus hunderten Kehlen. Wir entdecken keinen Touristen, der den hoffnungslosen Gestalten in die Falle geht.

Überraschenderweise gestaltet sich die Organisation unseres Gepäcks für die morgige Flugreise als einfach. Wir bleiben unter dem maximal erlaubten Gewicht von 23 Kilogramm pro Koffer. Das Gläschen Wein im Restaurant Gardel schmeckt schal und nach Abschied. Elf Wochen Vagabundierens gehen dem Ende zu. Es wird Zeit, nach Hause zu fahren.

## Adios!

Ein halber Tag bleibt uns noch, um Adios zu sagen. Die Gedanken fliegen voraus in Richtung Heimat. Jetzt endlich schlendern wir entspannt durch die Straßen der Stadt. Die Hitzewelle ist vorbei und wir genießen bei moderaten Temperaturen die schönen Kirchen, kultivierten wie skurrilen Bürgerhäuser, alles in einem erfrischenden Nebeneinander. Wo die Eleganz fehlt, wächst der Mut zur Farbe.

Natürlich gib es noch immer Ecken, die wir nicht kennen. Da sind der Park Lezama in San Telmo, gleich daneben die orthodoxe Kathedrale Rusa de la Santísima Trinidad. Bei ihrer Errichtung wurden die himmelblauen Zwiebeltürme aus St. Petersburg importiert. Faszinierend bleibt Buenos Aires bis zum Schluss. Wir kommen an der Dans Kirke, der dänischen Kirche, und der Svenska Kyrkan, dem schwedischen Gotteshaus vorbei, in dem angeblich auch Tangounterricht erteilt wird. Zuletzt würdigen wir noch einmal die Plaza de Mayo und nehmen in einem der traditionsreichen Cafés einen Imbiss ein. Während wir unseren Espresso Doble trinken, bemerken wir, dass auf den Holzvertäfelungen des Gastraumes der 649 Toten des Falklandkrieges gedacht wird. Jetzt und für immer gehören die Malvinas, so lautet der argentinische Name für die Inselgruppe, zu Argentinien, heißt es in den Bildern voll Nationalstolz. Der Ausgang des Krieges wird offensichtlich nicht zu Kenntnis genommen.

Mit dem Gefühl, Buenos Aires nun ausreichend besichtigt und sowohl seine beeindruckenden als auch weniger angenehmen Seiten kennengelernt zu haben, kehren wir ins Hotel zurück. Weil die komisch-tragischen Ereignisse, die sich während unseres Aufenthalts in den drei bezogenen Zimmern unseres Quartiers zugetragen haben, so typisch für viele unserer Erlebnisse in der Stadt sind, möchte ich sie mit schmunzelnder Nachsicht zuletzt noch erwähnen.

Von der doppelstöckigen Mini-Kemenate mit dem ‚Himmelbett‘ in Schwindel erregender Höhe wechselten wir in das geräumige Zimmer mit der tragisch endenden ‚Wildtierbeobachtung‘. Die zweite Unterkunft verfügte über eine überaus musikalische Klimaanlage, die sich in höchsten Pfeiftönen verwirklichte. Im dritten Raum öffnete und schloss sich die Balkontür, je nachdem, wie es der Wind wollte. Eine Doppelbadewanne mit Massagedüsen entpuppte sich als Spritzfalle, die innerhalb weniger Sekunden mit kräftigem Strahl das Badezimmer flutete. Wir können La Bonita also vor allem Reisenden empfehlen, denen es an Abenteuerlust nicht mangelt. Auf alle Fälle wogen die Freundlichkeit der wechselnden Belegschaft, die recht zentrale, dennoch ruhige Lage und das romantische Ambiente der Unterkunft die kleinen, uns widerfahrenen Unannehmlichkeiten bei weitem auf.

Bei unserer Fahrt zum Flughafen bekommen wir noch einmal die Gelegenheit, an unserem Taxifahrer zwei typisch argentinische Verhaltensweisen zu beobachten. Geschäftstüchtig verlangt er zuerst 1.000 Pesos für den Transfer (umgerechnet € 15,--), schaltet dann aber auf unser Verlangen hin, ohne zu murren den Taxameter ein und verhält sich weiterhin wohlwollend und kooperativ. Als er zuletzt weniger einnimmt, als erwartet, zeigt er seinen Unmut mit keiner Geste. Die Freundlichkeit der Menschen Chiles und Argentiniens macht ihre Heimat für uns noch liebenswerter. Mit chico und chica, zu Deutsch Junge und Mädel, spricht man sich hier kameradschaftlich an, selbst wenn man einander nicht kennt. Nichts wechselt rascher seinen Besitzer als ein Lächeln.

Mein Gefühl, etwas Wichtiges gehe zu Ende, paart sich mit dem Wunsch, dem Moment des Abschieds Bedeutung zu verleihen. Die Begegnungen einer Reise sind flüchtig wie der Wind. Dennoch verändern sie und fügen dem Leben wertvolle Erfahrungen hinzu. Vor allem aber stellen sie die Frage, was es bedeutet, zivilisiert zu sein. Im Augenblick der Rückkehr in mein altes Umfeld erscheint mir die Heimat ebenso neu, wie die Fremde am Beginn der Reise. Von allen Erlebnissen wird mir wohl der Ruf der Wildnis am intensivsten in Erinnerung bleiben. Er wird meinen Wunsch nähren, auch zu Hause in einem Land leben zu dürfen, in dem der Himmel voller Vögel ist, in dem die Flüsse dem Lassoschwung einer Liane gleichen und Bäume erst fallen, lange nachdem sie gestorben sind und ihr morsches Holz Millionen von Lebewesen genährt hat.

Landschaften sind Vergänglichkeit und Ewigkeit in einem. Weil alle Punkte meiner Reise nun einem Ort in meinem Herzen entsprechen, gehören sie zu mir.

## Unser Land

Fortgehen mit Schritten
und stählernen Flügeln,
Senkfuß dabei
in Erde und Haus,

als zöge der Hafen
das Selbst harrend fest,
als webte der Atmen
dort ein und hier aus.

Das Fremde, es dreht sich
im Licht meines Gartens,
das Wild des Pazifiks
in Kornblumenzier.

Am Muster der Wüste
lehnt deine Schulter,
Mäander der Flüsse
wie Schlingen zu dir.

Stein wird zur Mulde
im Liegen und Schmiegen,
Wange an Wange
im Moos deiner Hand.

Der Sturm spricht das Wort
im stählernen Torre,
im Sing-Sang des Vogels,
der kennt unser Land.


Duanna Mund

# BIBLIOGRAPIE
**Duanna Mund / Birgit Winkler**

## Himmelszeichen
Lyrik
Eigenverlag
Erscheinungsjahr: 2014

## Neuseeland - Haere Mai
## Poesie des Reisens / Band 1
Reiseführer
ISBN-13: 9783734725722
Verlag: BoD
Erscheinungsjahr: 2015 / Neuauflage 2020

## Rot wie die Hoffnung
Roman
ISBN-13: 9783743151413
Verlag: BoD
Erscheinungsjahr: 2017 / Neuauflage 2020

## Zwischen Megacity und Dschungel
Essay
ISBN 9783751932554
Verlag: BoD
Erscheinungsjahr: 2017

## Elchi sucht das Glück / Back to the roots
Kinderbuch
ISBN-13: 9783752806823
Verlag: BoD
Erscheinungsjahr: 2018

## Kopfkino / nachtverhangen
Gedichte / Kurzprosa
ISBN 9783750486805
Verlag BoD
Erscheinungsjahr: 2016 / überarbeitete Neuauflage 2020

**mundgescheuert**
Gedichte
Verlag: BoD
Erscheinungsjahr: 2019

**Panoptes / Teil 1**
**Auge**
Roman
Verlag BoD
Erscheinungsjahr 2020

in Arbeit:

**Panoptes / Teil 2**
**Spur**
Roman
Verlag BoD
voraussichtliches Erscheinungsjahr: 2020

**Panoptes / Teil 3**
**Frau**
Roman
Verlag BoD
voraussichtliches Erscheinungsjahr: 2021

Titel ohne ISBN zu beziehen über die Autorin

**www.birgitwinkler.at**
unter Kontakt